Das Zahlenbuch 2

von Erich Ch. Wittmann, Gerhard N. Müller,
Marcus Nührenbörger und Ralph Schwarzkopf

Bearbeitung der Ausgabe Bayern 2021:
Marcus Nührenbörger, Ralph Schwarzkopf,
Melanie Bischoff, Daniela Götze, Birgit Heß

Ernst Klett Verlag
Stuttgart · Leipzig

Inhalt

Wiederholung und Vertiefung   AH
- Plus und Minus   4   3
- Einspluseins und Einsminuseins   6   4
- Zahlen in der Klasse   8   6
- Muster legen   10   7
- Kraft der 10   12   8
- Mit Geld rechnen   14   9
- Zahlen zerlegen in Zehner und Einer 16   10
- Rückblick   18   12
- Forschen und Finden: Zufallsexperimente   19

Geometrie
- Körper in der Umwelt   20   13
- Würfelgebäude   22   14

Orientierung im Hunderterraum
- Die Zahlen bis 100   24   15
- Das Hunderterfeld ⚡ Wie viele?   26   16
- Die Zahlenreihe bis 100 ⚡ Zählen
  ⚡ Ergänzen zum Zehner   28   17
- Der Rechenstrich ⚡ Zählen in Schritten 30 18
- Ergänzen bis 100 ⚡ Ergänzen bis 100 32   19
- Rückblick   34   20
- Forschen und Finden: Die Hundertertafel ⚡ Welche Zahl? 35   21

Messen und Ordnen
- Geldwerte   36   22
- Längen: Meter und Zentimeter   38

Plusaufgaben im Hunderterraum
- Einfache Plusaufgaben
  ⚡ Einfache Plusaufgaben   40   23
- Verdoppeln und Halbieren
  ⚡ Verdoppeln ⚡ Halbieren   42   24
- Schwierige Plusaufgaben   44   25
- Aufgaben am Rechenstrich   48   27
- Rückblick   50   28
- Forschen und Finden: Zahlenmauern   51   29

Geometrie
- Formen legen   52   30
- Falten – Schneiden – Legen   54

Minusaufgaben im Hunderterraum
- Einfache Minusaufgaben ⚡ Einfache Minusaufgaben 56   31
- Schwierige Minusaufgaben   58   32
- Aufgaben am Rechenstrich   62   34
- Abziehen und Ergänzen ⚡ Zerlegen   64   35
- Rückblick   66   36
- Forschen und Finden: Rechenketten   67   37

Geometrie
- Spiegeln   68   38

Einführung der Malaufgaben
- Malaufgaben in der Umwelt   70   39
- Malaufgaben legen und erklären   72   42
- Tauschaufgaben und Quadrataufgaben 74   43
- Einfache Malaufgaben   76   44
- Einfache und schwierige Malaufgaben 78   45
- Schwierige Malaufgaben ⚡ Einmaleins 80 47
- Rückblick   82   48
- Forschen und Finden: Zahlenraupen   83   49

Sachaufgaben
- Einkaufen und Bezahlen   84   50
- Mit Geld rechnen   86   51

Malreihen

			AH
■	Zweier-, Fünfer- und Zehnerreihe	88	52
■	Dreier- und Sechserreihe	90	54
■	Vierer- und Achterreihe	92	56
■	Neuner- und Siebenerreihe	94	58
■	Die Einmaleins-Tafel ⚡ Einmaleins	96	60
■	Rückblick	98	61
■	Forschen und Finden: Maltabellen	99	62

Sachaufgaben

■■	Skizzen zeichnen	100	63

Einführung der Geteiltaufgaben

■■	Teilen in der Umwelt	102	64
■	Umkehraufgaben	104	66
■	Teilen an Malreihen	106	68
■	Rückblick	108	70
■	Forschen und Finden: Rechenketten	109	71

Sachaufgaben

■	Sachrechnen	110	72
■	Legen und Überlegen	112	73

Pläne

■	Sitzpläne: Orientierung im Klassenraum	114	74
■■	Straßenpläne: Eckenhausen	116	75

Aufgaben vergleichen

■	Gleichungen	118	76
■	Rechenwege bei Plusaufgaben beschreiben	120	77
■	Rechenwege bei Minusaufgaben beschreiben	122	78
■	Rechendreiecke	124	

■	Gleichungen und Ungleichungen	126	79
■	Teilen mit Rest	128	80
■	Rückblick	130	81
■	Forschen und Finden: Zahlenmuster	131	82

Sachaufgaben / Daten und Zufall

■■	Maße bei Tieren	132	
■■	Maße am Körper	134	83
■	Tagesablauf: Stunden und Minuten	136	84
■■	Zeitspannen: Uhrzeiten und Kalender	138	85

Miniprojekte

■■	Bald ist Weihnachten	140	86
■■	Bald ist Ostern	142	87

Symbole

Ausgewiesene inhaltsbezogene Kompetenzbereiche:
- ■ Zahlen und Operationen
- ■ Raum und Form
- ■ Größen und Messen
- ■ Daten und Zufall

- ⚡ Blitzrechnen
- AH weist auf Seiten im Arbeitsheft hin.

Ausgewiesene prozessbezogene Kompetenzbereiche:
- P Probleme lösen
- K Kommunizieren
- A Argumentieren
- M Modellieren
- D Darstellungen verwenden

Wiederholung und Vertiefung

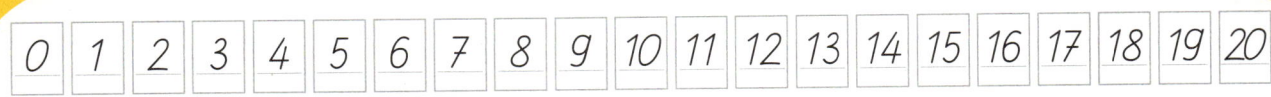

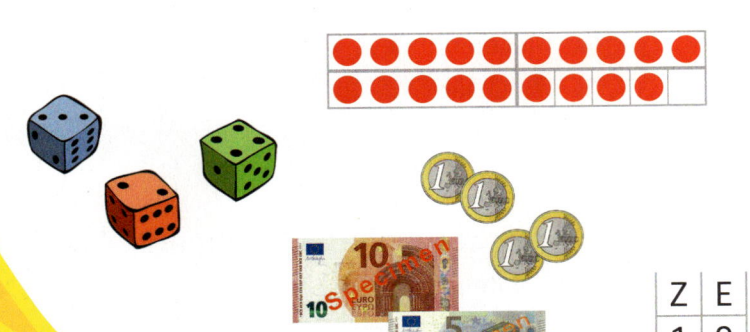

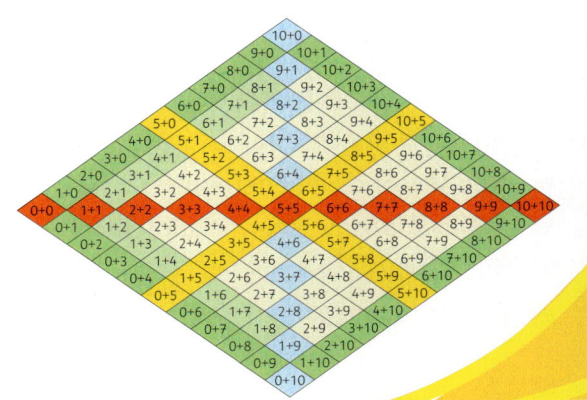

0 1 2 3 4 5 6 7 8 9 10 11 12 13 14 15 16 17 18 19 20

Z	E
1	9

1 Einfach legen – einfach rechnen.   = 10

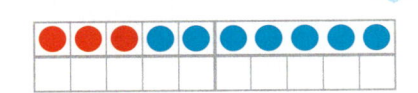

10 = 3 + ☐   10 = 6 + ☐   10 = 9 + ☐   10 = ☐ + 2

10 = 4 + ☐   10 = 1 + ☐   10 = ☐ + 8

2 Einfach legen – einfach rechnen.   mit 10

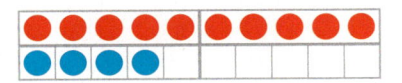

10 + 4

10 + 6   10 + 3   10 + 8   10 + 1

2 + 10   7 + 10   9 + 10   10 + 10

3 Einfach legen – einfach rechnen.   doppelt

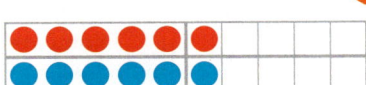

6 + 6

5 + 5   2 + 2   1 + 1   4 + 4

3 + 3   7 + 7   9 + 9   8 + 8

4 Einfach legen – einfach rechnen.   mit 5

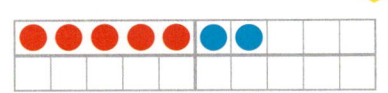

5 + 2

5 + 3   5 + 4   1 + 5   4 + 5

5 + 1   5 + 6   2 + 5   5 + 5

5 Lege, rechne und vergleiche.

a) 2 + 3   b) 4 + 1   c) 3 + 7   d) 9 + 1   e) 6 + 4
   2 + 8   9 + 1   13 + 7   19 + 1   16 + 4

1–4 Einfache Plusaufgaben wiederholen, die Aufgaben mit dem Zwanzigerfeld darstellen und rechnen.   5 Beziehungen zwischen Aufgaben herstellen und mit Bezug auf Fünfer und Zehner erläutern.

(K, D) → Arbeitsheft, Seite 3

Plus und Minus

6 Einfach legen – einfach rechnen. ◇10◇

10 – 3

10 – 6   10 – 9
10 – 1   10 – 7
10 – 5   10 – 10
10 – 2   10 – 0
10 – 4   10 – 8

Till: Ich nehme 3 von der 10 weg.
Marta: Ich kann auch eine Plusaufgabe sehen.

10 – 3

7 Einfach legen – einfach rechnen. ◇10◇

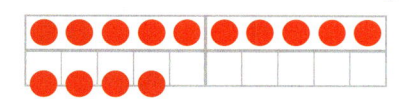

14 – 4

16 – 6	17 – 7	14 – 10	10 – 10
12 – 2	18 – 8	19 – 10	20 – 10
13 – 3	19 – 9	13 – 10	17 – 10

8 Einfach legen – einfach rechnen. ◇5◇

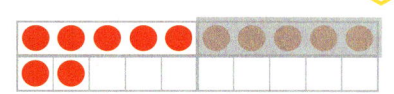

12 – 5

14 – 5	16 – 5	11 – 6	12 – 7
11 – 5	19 – 5	13 – 8	14 – 9
13 – 5	17 – 5	10 – 5	15 – 10

9 Lege, rechne und vergleiche.

a) 6 – 5   b) 8 – 5   c) 12 – 2   d) 14 – 4   e) 15 – 5
   11 – 10   13 – 10   12 – 7   14 – 9   15 – 10

✽ 10 Lege und rechne immer vier Aufgaben.

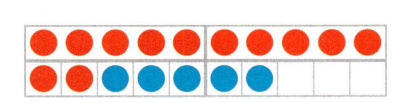

a) 12 5 17

1 0 a)	1 2 +	5 = 1 7	1 7 –	5 =
	5 + 1 2	= 1 7	1 7 – 1 2	=

b) 9 6 15

c) Wähle 3 Zahlen. Findest du immer 4 Aufgaben?

6–8 Einfache Minusaufgaben wiederholen, die Aufgaben mit dem Zwanzigerfeld darstellen und rechnen.   9 Beziehungen zwischen Aufgaben herstellen und mit Bezug auf Fünfer und Zehner erläutern.   10 Umkehraufgaben zu 3 vorgegebenen Zahlen darstellen und bilden. Eigene Aufgaben finden.

(K, A, D)   → Arbeitsheft, Seite 3

Einspluseins und Einsminuseins

1 Die Einspluseins-Tafel. Beschreibt.

Anna: Viele Aufgaben sind einfach.

Finn: Ich kann jede schwierige Aufgabe mit einer einfachen schnell rechnen.

2 Einfache Aufgaben. Rechne. [mit 5] [= 10] [doppelt] [mit 10]

a) 3 + 5
5 + 2
4 + 5

b) 7 + 3
4 + 6
2 + 8

c) 2 + 2
4 + 4
5 + 5

d) 7 + 1
1 + 8
1 + 6

e) 10 + 2
10 + 7
8 + 10

3 Einfache Aufgaben? Rechne. [mit 5] [doppelt]

a) 5 + 6
6 + 5

b) 7 + 5
5 + 7

c) 8 + 5
5 + 8

d) 7 + 7
8 + 8

e) 6 + 6
9 + 9

4 Einfache Aufgaben? Rechnet geschickt.

9 + 3   9 + 7   6 + 9
8 + 3   8 + 6   4 + 8
4 + 7   8 + 7   7 + 6

Ben:
4) 9 + 3 = 12
   10 + 3

Anna:
4) 9 + 3 = 12
   8 + 2

5 Immer dasselbe Ergebnis. Finde Plusaufgaben mit dem ...

a) ... Ergebnis 8.   5a) 5 + 3 = 8
b) ... Ergebnis 10.
c) ... Ergebnis 12.
d) ... Ergebnis 14.
e) ... Ergebnis ■.

1 Einfache und schwierige Aufgaben an der Einspluseins-Tafel wiederholen. 2, 3 Einfache Aufgaben wiederholen und vertiefen. 4 Schwierige Aufgaben mithilfe von einfachen Aufgaben lösen. 5 Aufgaben zum Ergebnis finden und Beziehungen zu den Spalten an der Einspluseins-Tafel entdecken.

(P, K, A, D) → Arbeitsheft, Seiten 4, 5

6 Welche Aufgabe rechnest du?

a) 7 − 5 = ▢
   5 + ▢ = 7

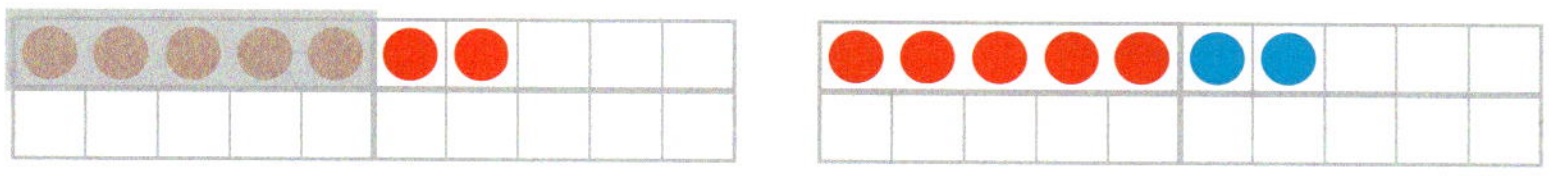

Eric: Ich rechne 7 − 5. Das ist eine einfache Minusaufgabe.

Finn: Ich rechne lieber die einfache Plusaufgabe. 5 plus wie viel gleich 7.

b) 10 − 8 = ▢
   8 + ▢ = 10

c) 17 − 7 = ▢
   7 + ▢ = 17

d) 12 − 6 = ▢
   6 + ▢ = 12

e) 13 − 1 = ▢
   1 + ▢ = 13

7 Einfache Aufgaben. Rechne. ◇5 ◇10 ◇10 ◇halb

a) 8 − 5
   6 − 5
   9 − 5

b) 10 − 2
   10 − 7
   10 − 9

c) 4 − 2
   8 − 4
   10 − 5

d) 9 − 1
   7 − 1
   10 − 1

e) 13 − 3
   18 − 8
   15 − 5

8 Einfache Aufgaben? Rechne. ◇5 ◇10 ◇10 ◇halb

a) 11 − 5
   14 − 5

b) 12 − 5
   13 − 5

c) 12 − 10
   14 − 10

d) 12 − 6
   16 − 8

e) 14 − 7
   18 − 9

9 Schwierige Aufgaben? Rechnet geschickt.

14 − 6   13 − 9   16 − 7
12 − 8   8 − 6   9 − 2
13 − 4   15 − 7   16 − 9

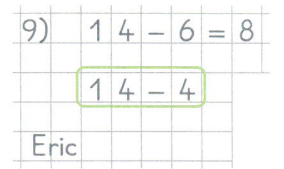

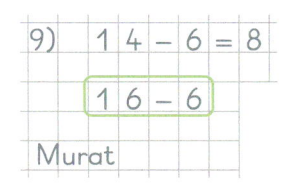

Eric:
9) 14 − 6 = 8
   14 − 4

Murat:
9) 14 − 6 = 8
   16 − 6

10 Immer dasselbe Ergebnis. Finde Minusaufgaben mit dem ...

a) ... Ergebnis 4.   10 a) 9 − 5 = 4
b) ... Ergebnis 6.
c) ... Ergebnis 8.
d) ... Ergebnis 10.
e) ... Ergebnis ▢.

Zahlen in der Klasse

Anton: Wir haben neue Kinder in der Klasse. Sind wir jetzt mehr Jungen als Mädchen?

Lena: Ich habe noch in diesem Monat Geburtstag. Hatte jemand in den Ferien Geburtstag?

Eva: Ich habe Schuhgröße 32. Welche Schuhgröße haben die anderen?

Ben: Wir machen eine Umfrage!
- Geburtstage
- Schuhgrößen
- Jungen und Mädchen in der Klasse

---

1 Unser Umfragethema ist: Jungen und Mädchen in der Klasse.

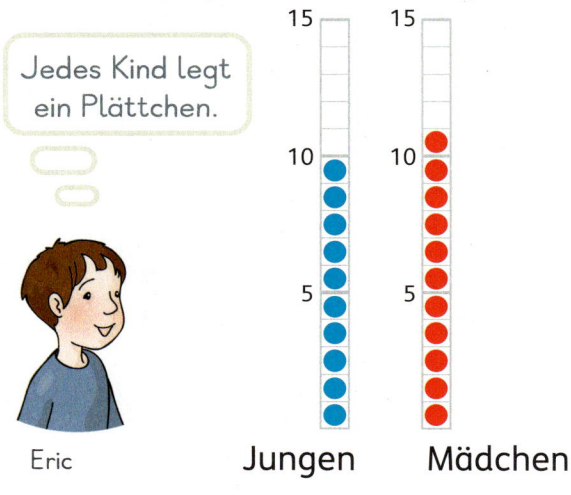

Eric: Jedes Kind legt ein Plättchen.

a) Wie viele Jungen sind es?

    1 a) Es sind 10 Jungen.

b) Wie viele Mädchen sind es mehr als Jungen?

c) Wie viele Mädchen sind es?

d) Wie viele Kinder sind es zusammen?

2 Unser Umfragethema ist: Lieblingsfarben.

Lilly: Jedes Kind macht einen Strich.

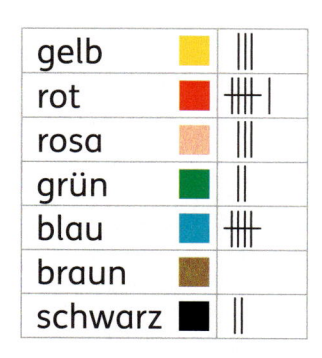

Farbe		Strichliste
gelb		|||
rot		||||	
rosa		|||
grün		||
blau		||||
braun		
schwarz		||

a) Wie viele Kinder haben als Lieblingsfarbe blau?

b) Welche Farbe haben die meisten Kinder als Lieblingsfarbe?

c) Welche Farbe hat kein Kind als Lieblingsfarbe?

d) Finde Fragen.

1, 2 Daten unterschiedlich erheben (mit Wendeplättchen, Steckwürfeln, Holzbausteinen, per Strichliste, mit quadratischem Papier, ...), Ergebnisse auswerten durch Ablesen aus Darstellung, Formulieren passender Fragen und Entnehmen der Antworten aus der Darstellung, zum Vergleich der unterschiedlichen Veranschaulichungen anregen (Was ist gleich? Was ist verschieden?).

(K, M, D) → Arbeitsheft, Seite 6

3 Unser Umfragethema ist: Geburtstage.

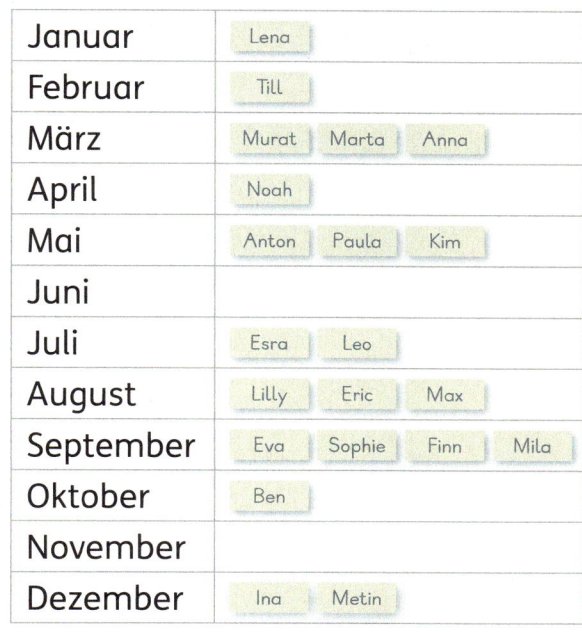

Januar	Lena			
Februar	Till			
März	Murat	Marta	Anna	
April	Noah			
Mai	Anton	Paula	Kim	
Juni				
Juli	Esra	Leo		
August	Lilly	Eric	Max	
September	Eva	Sophie	Finn	Mila
Oktober	Ben			
November				
Dezember	Ina	Metin		

Jedes Kind klebt einen Zettel mit seinem Namen auf. — Murat

a) Wie viele Kinder haben im März Geburtstag?
b) In welchen Monaten hat kein Kind Geburtstag?
c) Der Sommer geht von Juni bis August. Wie viele Kinder haben im Sommer Geburtstag?
d) Finde Fragen.

4 Unser Umfragethema ist: Schuhgrößen.

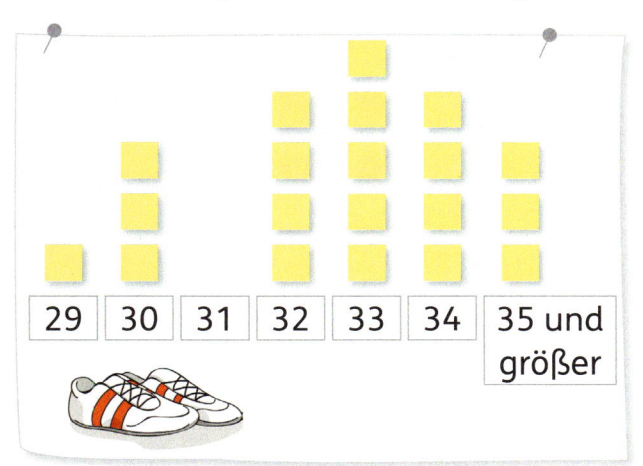

| 29 | 30 | 31 | 32 | 33 | 34 | 35 und größer |

a) Erstelle ein Schaubild. Zeichne für jedes Kind ein Kästchen.
b) Finde Fragen.

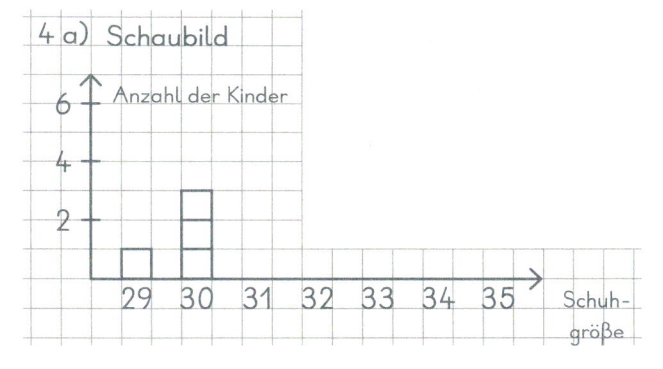

5 Macht eigene Umfragen in eurer Klasse.

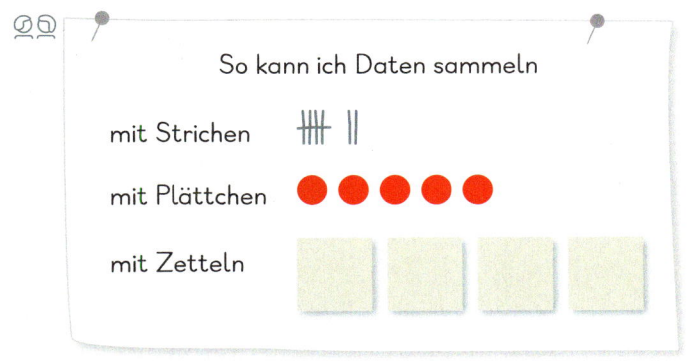

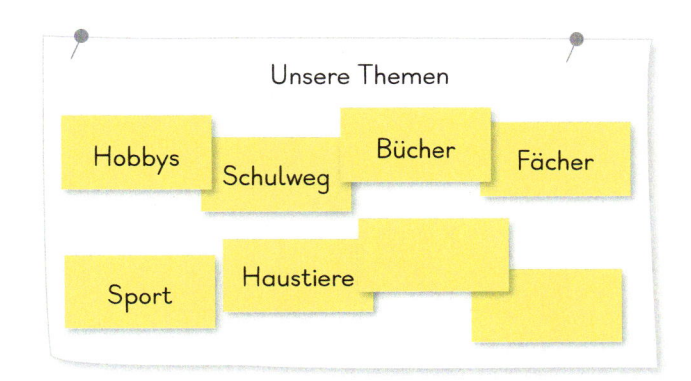

So kann ich Daten sammeln
- mit Strichen: |||| ||
- mit Plättchen: ● ● ● ● ●
- mit Zetteln

Unsere Themen: Hobbys, Schulweg, Bücher, Fächer, Sport, Haustiere

3, 4 Daten unterschiedlich darstellen (Plättchen, Steckwürfel, Strichliste, Papier, …), zur Auswertung passende Fragen formulieren. Antworten aus den Darstellungen entnehmen und Aussagekraft vergleichen. Lineal zum Zeichnen des Schaubildes nutzen. 5 Klassenausstellung planen.

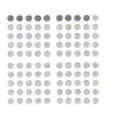

(K, M, D) → Arbeitsheft, Seite 6

Muster legen

"Das ist die Startfigur." — Marta

"Oben rot und blau. Darunter blau und rot." — Eric, Finn

"Die Startfigur hat 4 Plättchen, 2 rote und 2 blaue."

1 Welche Startfigur hat das Muster? Zeichne.

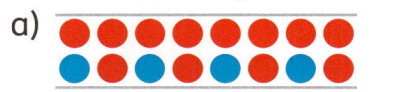

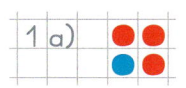

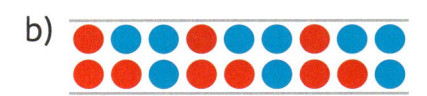

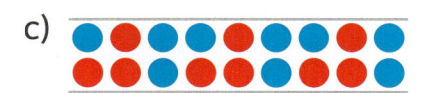

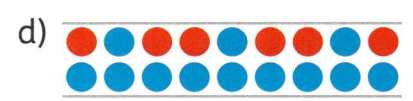

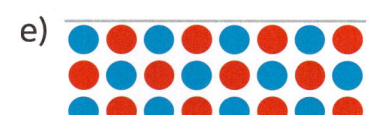

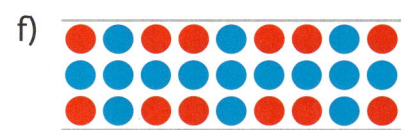

a)   b)

c)   d)

e)   f)

2 a) Legt Muster und zeichnet sie auf. Kreist die Startfigur ein.
  b) Beschreibt eure Muster.

"In der Startfigur sind 3 rote und 3 blaue Plättchen. In der oberen Reihe blau, rot, blau. In der unteren Reihe rot, blau, rot." — Kim

"Und dann immer so weiter." — Mila

1 Startfigur, aus der sich die Plättchenmuster bilden, identifizieren und frei Hand in das Heft zeichnen. 2 Plättchenmuster mit Plättchen legen, zeichnen und einem Partner beschreiben. Begriffe oben, unten und Reihe zur Beschreibung nutzen.

(P, K, D) → Arbeitsheft, Seite 7

3 Setze fort. Zeichne und beschreibe.

a) 1.   2.   3.   4.
   1+1 2+2 3+3 4+4

b) 1.   2.   3.   4.
   1+2 2+3 3+4 4+5

Erst rot und blau. Dann immer 1 rotes und 1 blaues Plättchen mehr.

Paula

4 a) Setze fort. Zeichne und beschreibe.

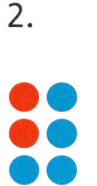

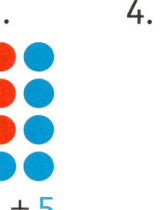

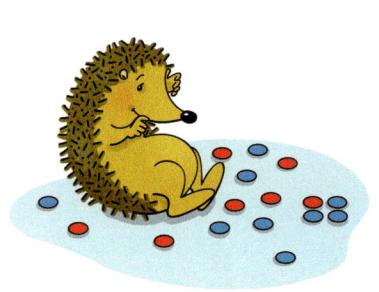

1.   2.   3.   4.
1+3 2+4 3+5 4+6

b) Wie sieht das 10. Bild aus? Zeichne und beschreibe.

5 a) Setze fort. Zeichne und beschreibe.

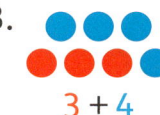

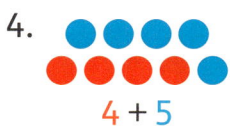

1.   2.   3.   4.
1+2 2+3 3+4 4+5

b) Wie sieht das 10. Bild aus? Zeichne und beschreibe.

6 Legt und zeichnet Muster. Beschreibt.

7 Zählt in anderen Sprachen. Was fällt euch auf?

one	two	three	four	five	six	seven	eight	nine	ten
1	2	3	4	5	6	7	8	9	10
bir	iki	üç	dört	beş	altı	yedi	sekiz	dokuz	on

eleven	twelve	thirteen	fourteen	fifteen	sixteen	seventeen	eighteen	nineteen	twenty
11	12	13	14	15	16	17	18	19	20
on bir	on iki	on üç	on dört	on beş	on altı	on yedi	on sekiz	on dokuz	yirmi

3–5 Muster fortsetzen, bei 4 und 5 mit Plättchen oder über eine Zeichnung herausfinden, wie das 10. Bild aussieht. Bei 3 b), 5 Zusammenhang klären: gleiche Plusaufgaben, aber verschiedene Bilderfolgen.   6 Eigene Plättchenfolge erfinden, zeichnen und beschreiben.   7 Zählen auf Englisch und Türkisch. Besonderheiten der Zahlwörter besprechen.

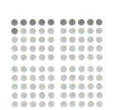

(P, K, D) → Arbeitsheft, Seite 7

Kraft der 10

1 Beschreibt.

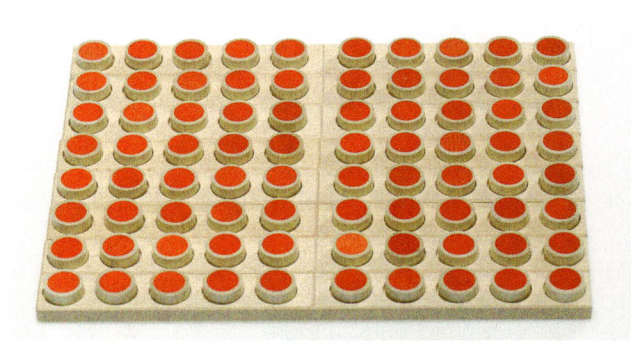

2 Wie viele **Z**ehner sind es? Wie viele Plättchen sind es?

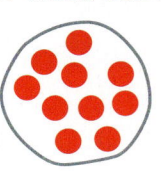

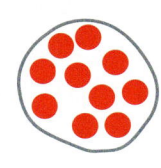

a)

| 2 a) | | 2 | **Z**ehner | = | 2 | 0 |

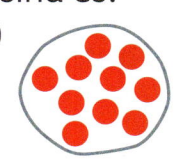

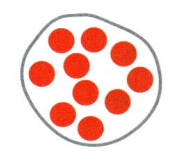

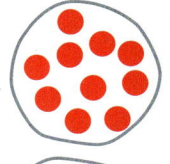

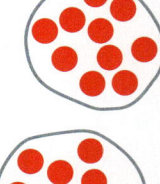

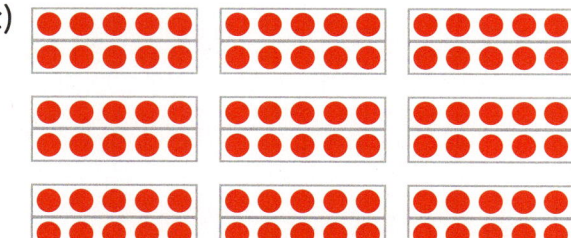

b)

c)

d)

e)

f) Wie viel sind 10 **Z**ehner? Zeichne.

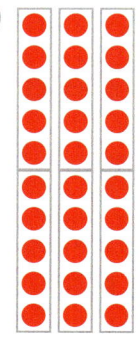

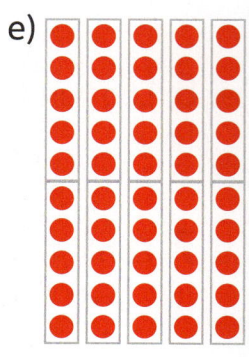

3 Zählt vorwärts und rückwärts.

zehn	zwanzig	dreißig	vierzig	fünfzig	sechzig	siebzig	achtzig	neunzig	hundert
10	20	30	40	50	60	70	80	90	100

12

1 Zehner als neue Einheit (geordnete Darstellung von 10 Einern, Zehnerpack) herausstellen. 2 Schnelles Sehen von Anzahlen hervorheben. Unterschied zwischen 1 Zehner und 10 Einern bewusst machen. 3 Zahlen gemeinsam lesen.

(D) → Arbeitsheft, Seite 8

4 Mit **Zehnern** rechnen. Wie viele sind es zusammen?

Das sind 3 Zehner plus 2 Zehner. — Max

3Z + 2Z = 5Z
30 + 20 = 50

Das ist einfach. Ich rechne wie mit Einern. — Murat

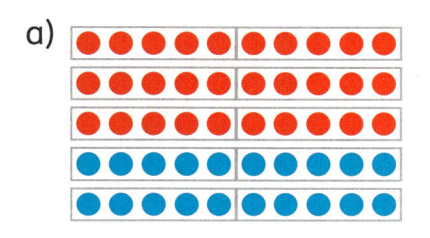

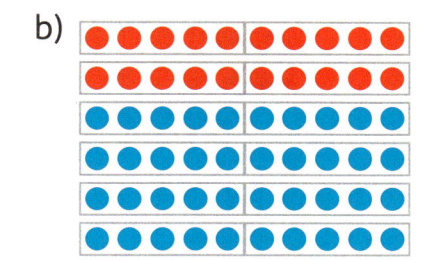

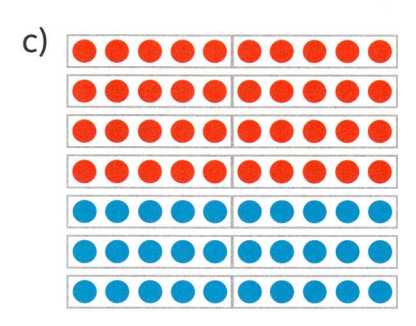

a) b) c)

5 a) 3Z + 4Z b) 2Z + 7Z c) 5Z + 2Z d) 6Z + 4Z
    30 + 40   20 + 70   50 + 20   60 + 40

5a) 3Z + 4Z = 7Z
    30 + 40 = 70

6 a) 9Z − 4Z b) 8Z − 3Z c) 7Z − 5Z d) 8Z − 4Z e) 6Z − 5Z f) 10Z − 5Z
    90 − 40   80 − 30   70 − 50   80 − 40   60 − 50   100 − 50

7 Rechne geschickt.
  a) 40 + 50 − 40   b) 80 + 40 − 40   c) 80 + 20 − 60
     40 + 50 − 50   30 + 90 − 30   70 + 20 − 20
     40 + 60 − 50   70 + 100 − 70   70 + 30 − 20

7a) 40 + 50 − 40 = 50

d) Finde solche Aufgaben mit Zehnern und rechne geschickt.

8 Zählt in anderen Sprachen.

ten	twenty	thirty	fourty	fifty	sixty	seventy	eighty	ninety	hundred
10	20	30	40	50	60	70	80	90	100
on	yirmi	otuz	kırk	elli	altmış	yetmiş	seksen	doksan	yüz

Mit Geld rechnen

Mit Zehnern rechnen wie mit Einern

Ina: Das sind 50 € und 20 € und 10 €.

Finn: Wie bei mir: 5 € und 2 € und 1 € sind 8 €.

1 Wie viel ist es zusammen?

a)

1 a) 1 0 € + 2 0 € + 2 0 € = 5 0 €

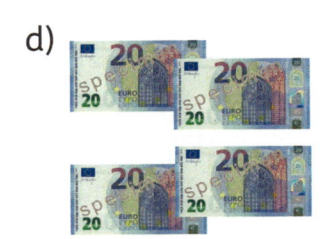

b)

c)

d)

e)

f)

g)

h)

i)

j)

2 a) 6 + 4
10 − 4
60 + 40
100 − 40

2 a) 6 + 4 = 10
10 − 4 = 6
60 + 40 =

4 + 6
10 − 6
40 + 60
100 − 60

b) 5 + 4
9 − 4
50 + 40
90 − 40

4 + 5
9 − 5
40 + 50
90 − 50

c) 7 + 3
10 − 3
70 + 30
100 − 30

3 + 7
10 − 7
30 + 70
100 − 70

d) 6 + 2
8 − 2
60 + 20
80 − 20

2 + 6
8 − 6
20 + 60
80 − 60

e) Finde solche Aufgaben und rechne.

1, 2 Analogie des Rechnens mit Zehnern und Einern besprechen. Beziehungen zwischen verwandten Aufgaben besprechen.

(D) → Arbeitsheft, Seite 9

3

"Ich kaufe die Stifte. Ich habe aber nur ein 50-Cent-Stück."

"40 Cent + 10 Cent = 50 Cent. Dann bekommst du 10 Cent zurück."

Murat — Lena

Angebote: 90 Cent, 10 Euro, 20 Euro, 40 Cent, 80 Cent, 30 Cent

a) Murat kauft: Buntstifte 40 Cent | Er gibt: 50 Cent
Wie viel Geld bekommt er zurück?

b) Till kauft: Heft 80 Cent | Er gibt: 50 Cent + 50 Cent
Wie viel Geld bekommt er zurück?

c) Ina kauft: Karten 30 Cent | Sie gibt: 50 Cent
Wie viel Geld bekommt sie zurück?

d) Metin kauft: Puzzle 90 Cent | Er gibt: 50 Cent + 50 Cent
Wie viel Geld bekommt er zurück?

e) Paula kauft: Auto 10 Euro | Sie gibt: 20 Euro
Wie viel Geld bekommt sie zurück?

f) Eva kauft: Skateboard 20 Euro | Sie gibt: 50 Euro
Wie viel Geld bekommt sie zurück?

g) Denke dir Aufgaben zum Flohmarkt aus.

3 Einkaufssituation als Ergänzen deuten. Differenz zwischen Zehnerzahlen ermitteln. Beziehungen zwischen Euro als 100 Cent besprechen und mit Rechengeld handelnd lösen.

(M, D) → Arbeitsheft, Seite 9

Zahlen zerlegen in Zehner und Einer

Wie viele?

Wir bündeln immer 10.

Das sind 3 Zehner und 9 Einer, also neununddreißig.

Erst die Zehner schreiben, dann die Einer.

Ben — Lilly

1 Wie viele **Z**ehner (**Z**), wie viele **E**iner (**E**) sind es?

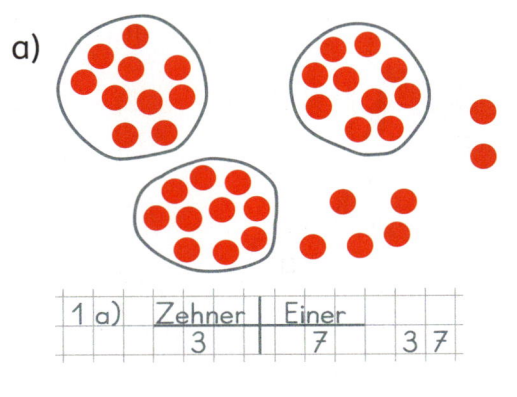

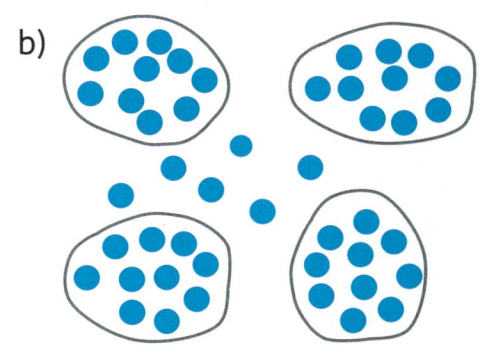

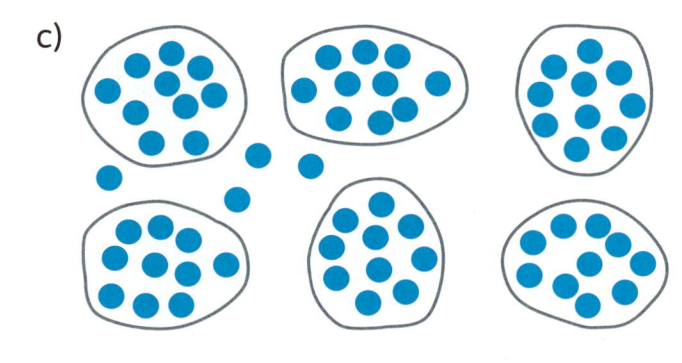

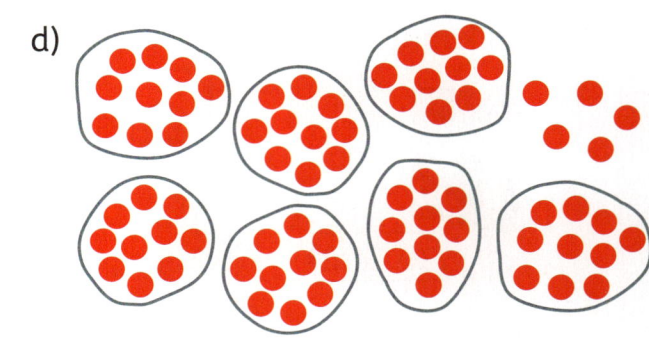

a)

1 a)	Zehner	Einer	
	3	7	37

b)

c)

d)

2 Zeichne **Z**ehner und **E**iner.

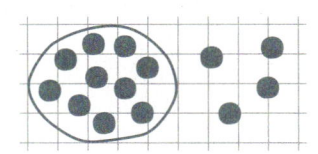

a) | Z | E |
   | 1 | 4 |

b) | Z | E |
   | 4 | 1 |

c) | Z | E |
   | 2 | 3 |

d) | Z | E |
   | 3 | 4 |

3 Zählt in anderen Sprachen. Was fällt euch auf?

zwanzig	einundzwanzig	zweiundzwanzig	dreiundzwanzig	vierundzwanzig
20	21	22	23	24
twenty	twenty-one	twenty-two	twenty-three	twenty-four
yirmi	yirmi bir	yirmi iki	yirmi üç	yirmi dört

1 Schnelles Sehen von Anzahlen hervorheben. Unterschied zwischen 1 Zehner und 10 Einern bewusst machen. Stellenwerttafel und Schreibweise der Zahlen herausstellen. **2** Unterschiede zwischen der Schreibweise und Sprechweise von Zahlen klären. **3** Dt., engl. und türk. Sprechweise der Zahlen ansprechen und vergleichen (erst E, dann Z oder erst Z, dann E).

(D) → Arbeitsheft, Seiten 10, 11

4 Tausche möglichst viele **E**iner in **Z**ehner um.

Das sind 38 von den 1-Euro-Münzen.

Ich tausche immer 10 Einer in 1 Zehner um.

Jetzt sind es 3 Zehner und 8 einzelne Euro.

Es sind immer noch 38 Euro.

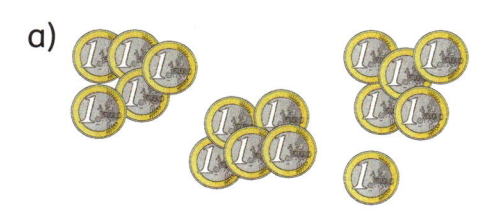

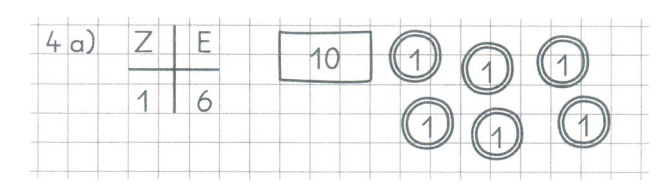

Finn Metin Finn Metin

a) b) c) d) e) f) g)

5 a) 1**Z** 13**E** b) 3**Z** 12**E** c) 2**Z** 34**E** d) 5**Z** 22**E**

6 Zählt in anderen Sprachen. Was fällt euch auf?

fünfundzwanzig	sechsundzwanzig	siebenundzwanzig	achtundzwanzig	neunundzwanzig
25	26	27	28	29
twenty-five	twenty-six	twenty-seven	twenty-eight	twenty-nine
yirmi beş	yirmi altı	yirmi yedi	yirmi sekiz	yirmi dokuz

4, 5 Unterschiedliche Darstellungen einer Zahl in Zehner und Einer besprechen und in der Stellenwerttafel notieren. Wechseln und Bündeln von 10 E in 1 Z bewusst machen. 6 Dt., engl. und türk. Sprechweise der Zahlen ansprechen und vergleichen (erst E, dann Z oder erst Z, dann E).

(D) → Arbeitsheft, Seiten 10, 11

Rückblick

Ich kann Plusaufgaben und Minusaufgaben geschickt verändern.

= 10   mit 10   doppelt   mit 5   5   10   10   halb

Ich kann Zahlen in Zehner (Z) und Einer (E) zerlegen.

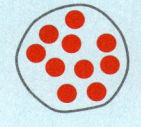

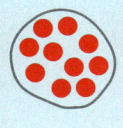

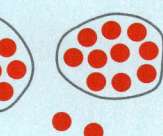

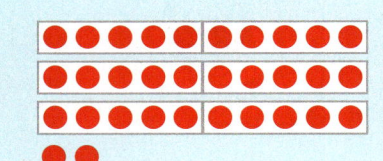

Z	E
3	2
32

10 Einer sind 1 Zehner.
Ich kann mit Zehnern rechnen wie mit Einern: 30 + 40, 3Z + 4Z.

1 Rechne geschickt.

a) 7 + 6	b) 7 + 5	c) 7 + 4	d) 10 − 6	e) 11 − 5	f) 18 − 9
8 + 7	8 + 6	8 + 5	12 − 7	13 − 6	16 − 8
9 + 8	9 + 7	9 + 6	14 − 8	15 − 7	14 − 7
10 + 9	10 + 8	10 + 7	16 − 9	17 − 8	12 − 6

2 Wie viele **Z**ehner sind es? Wie viele **E**iner sind es?

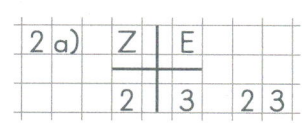

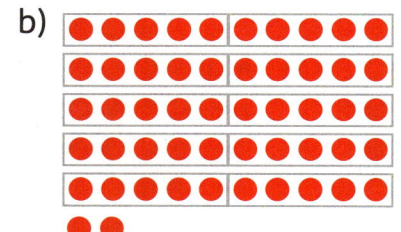

a) 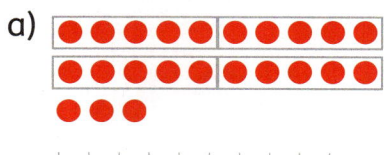 b) c)

2 a)
Z	E
2	3
23

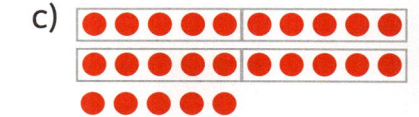

3 Tausche möglichst viele **E**iner in **Z**ehner um.

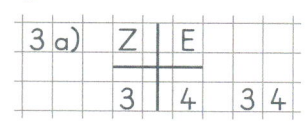

a) 2**Z** 14**E**   b) 1**Z** 24**E**   c) 3**Z** 13**E**   d) 2**Z** 23**E**

3 a)
Z	E
3	4
34

4 Mit **Z**ehnern rechnen wie mit **E**inern.

a) 50 + 20	30 + 30	b) 50 − 20	60 − 30
40 + 50	40 + 40	50 − 40	80 − 40
50 + 30	20 + 20	50 − 30	40 − 20

5 Übt immer weiter Plusaufgaben und Minusaufgaben.

Wesentliche Aspekte des Kapitels noch einmal reflektieren.

(D) → Arbeitsheft, Seite 12

Forschen und Finden: Zufallsexperimente

1 Würfle 40-mal mit einem Würfel.
Zeichne eine Strichliste.
Für jeden Wurf einen Strich.

a) Welche Augenzahlen kommen **oft** vor?

b) Welche Augenzahlen kommen **selten** vor?

c) Sammelt alle Ergebnisse in einer Klassenliste. Was fällt euch auf?

1)	Augenzahl	Anzahl
	1	
	2	
	3	I
	4	
	5	
	6	

2 Das Ergebnis einer Plusaufgabe aus den Augenzahlen heißt Augensumme.
Würfelt 40-mal mit zwei Würfeln.
Zeichnet eine Strichliste.

a) Vor dem Würfeln: Vermutet.
Welche Augensummen kommen **oft** vor?
Welche Augensummen kommen **selten** vor?

b) Nach dem Würfeln: Überprüft eure Vermutung.

c) Warum sind die Augensummen unterschiedlich wahrscheinlich?
Zeichnet eine Tabelle und tragt die Plusaufgaben ein. Was fällt euch auf?

2)	Augensumme	Anzahl
	2	
	3	
	4	
	5	
	6	
	7	I
	8	
	9	
	10	
	11	
	12	

2 c) Augensumme	2		3		4		5		6		7		8	
mögliche Würfe	1 + 1		1 + 2		1 + 3		1 + 4		1 + 5		1 + 6		2 + 6	
			2 +		2 +		2 +		2 +		2 +		3 +	

3 Würfelt 40-mal mit drei Würfeln.
Zeichnet eine Strichliste.

3)	Augensumme	Anzahl

a) Vor dem Würfeln: Vermutet. Welche Augensummen kommen **oft** vor?
Welche Augensummen kommen **selten** vor?

b) Nach dem Würfeln: Überprüft eure Vermutung. Was fällt euch auf?

1, 2 Zufallsexperimente mit 1 (2) Würfel(n) durchführen, Sammeln der Ergebnisse in einer Strichliste, Auffälligkeiten beschreiben, Begründungen finden, warum einige Zahlen häufiger gewürfelt werden, dafür die Tabelle abzeichnen und vervollständigen. 3 Augensummen analog zu Aufgabe 2 mit drei Würfeln untersuchen.

(K, A, M, D)

Körper in der Umwelt

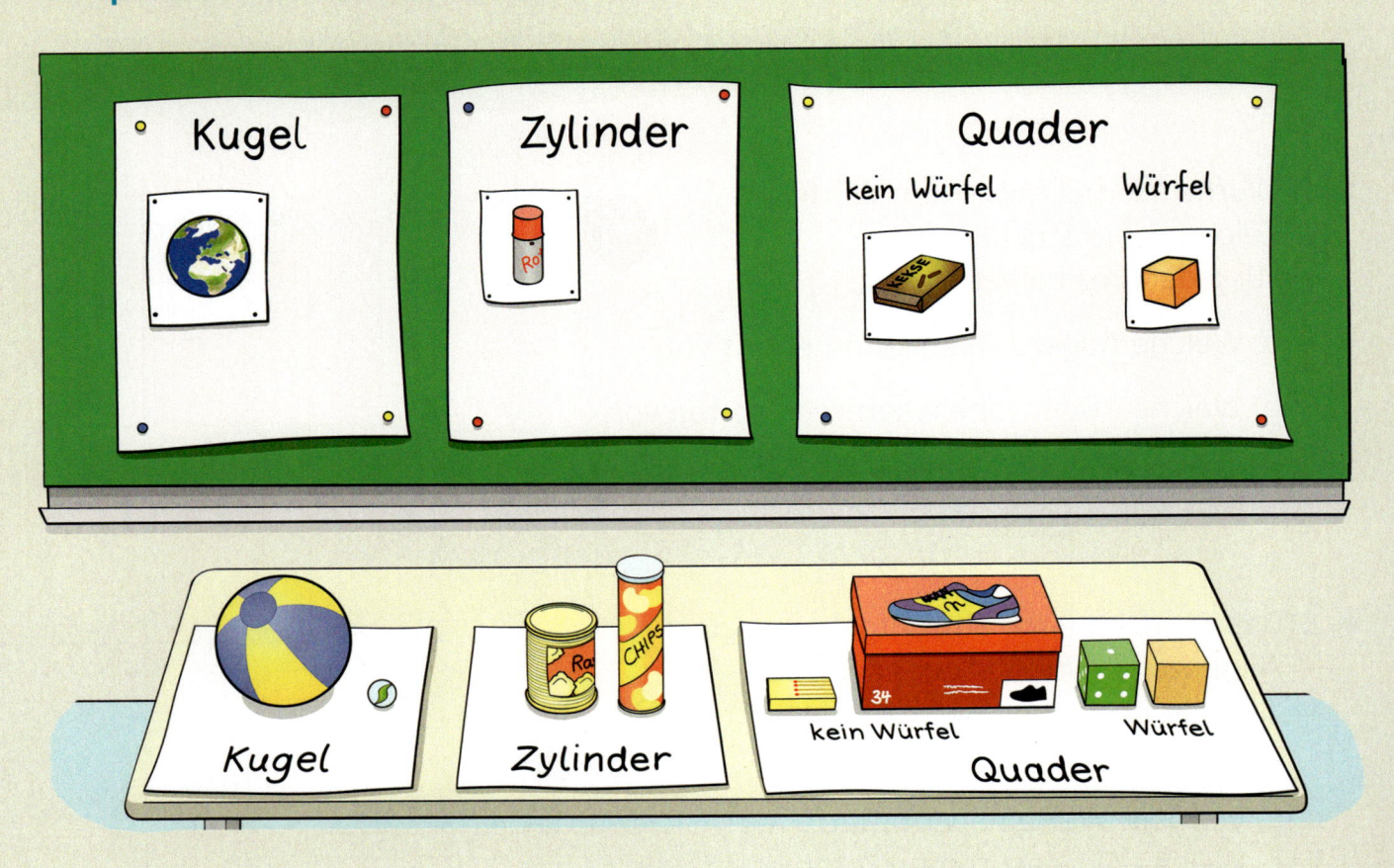

1 Welche Körper sind es?

a)

b)

c)

d)

e)

f)

2 Beschreibt die Körper.

a) Wie viele **Ecken** und **Kanten** haben die Körper?

b) Welche **Seitenflächen** haben die Körper?

c) Welche Körper können rollen, welche können kippen?

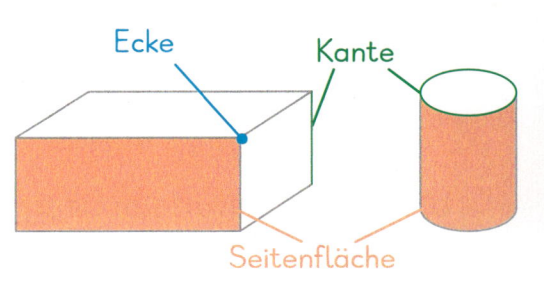

1 Überlegen, welchem Körper der Gegenstand ähnlich sieht. Dabei auch den Einstieg der rechten Seite nutzen. 2 Körper beschreiben. Merkmale der Körper bewusst machen, dabei Würfel und Quader als besondere Prismen hervorheben.

(K, D) → Arbeitsheft, Seite 13

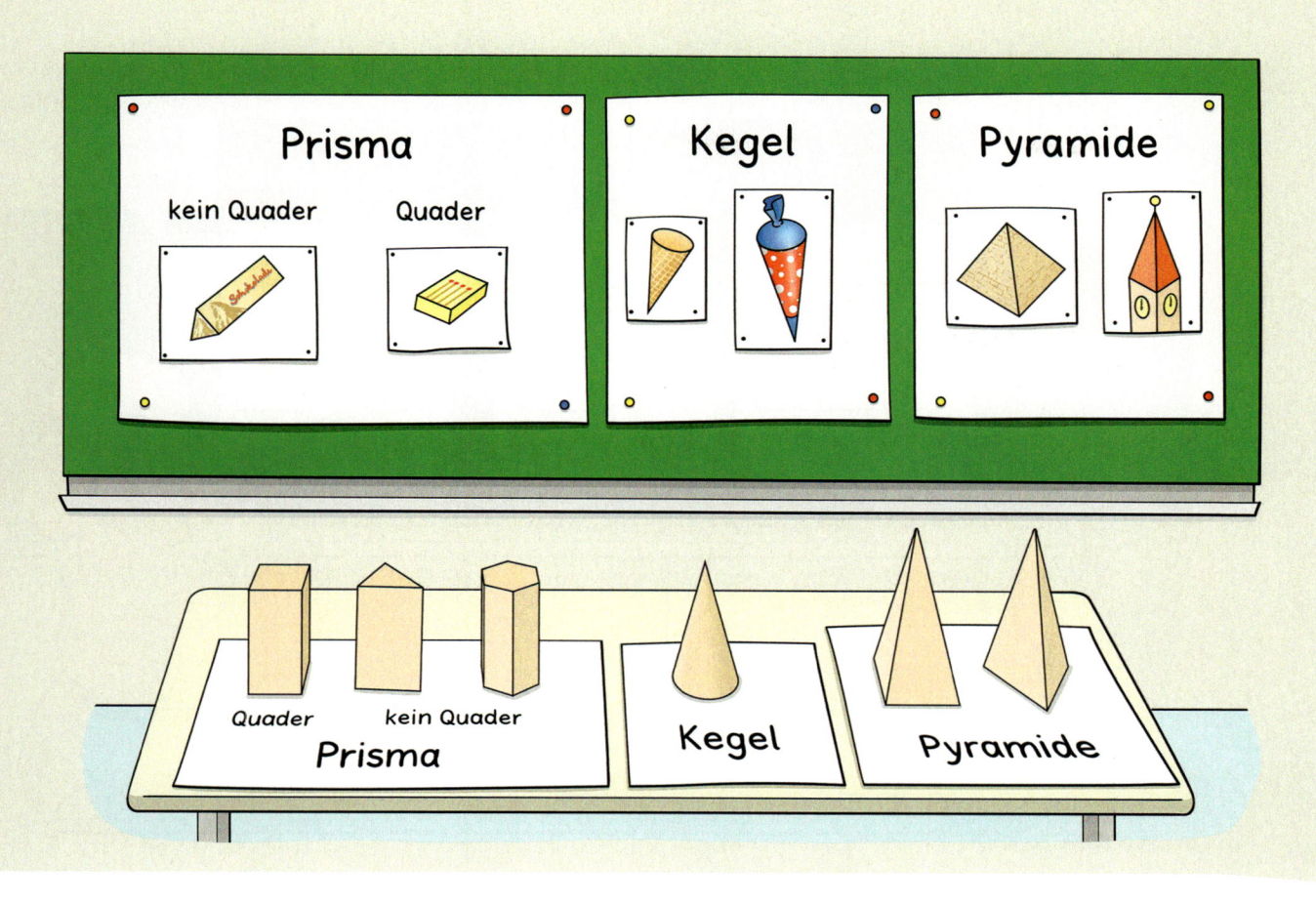

3 Verschiedene Körper.

a) Findet Gegenstände, die ungefähr die Form der Körper haben.

b) Baut Körper.

4 Welcher Körper ist es?

a)
Ina
Der Körper ist ein besonderer Quader. Alle 6 Seitenflächen sind Quadrate.

b)
Leo
Zwei Seitenflächen des Körpers sind Kreise.

c) Findet Rätsel.

5 Welcher Körper kann es sein? Begründe. Eine Seitenfläche ist …

a) … ein Rechteck.   b) … ein Kreis.   c) … ein Fünfeck.   d) … ein Dreieck.

3 Gegenstände aus der Umwelt finden, die die Form der Körper haben. Körper selbst aus verschiedenen Materialien herstellen.   4 Körperrätsel lösen und eigene Rätsel finden. Hieraus ggf. eine Klassenkartei anlegen.   5 Körper finden, die zu den Seitenflächen passen.

(P, K, D)   → Arbeitsheft, Seite 13

Würfelgebäude

Wir haben immer mit 8 Würfeln gebaut. Immer Seitenfläche an Seitenfläche bauen.

Bauplan

Im Bauplan steht, wie viele Würfel übereinander gestapelt werden.

Eric — Eva

1 Immer 6 Würfel. Baut nach. Zeichnet den Bauplan.

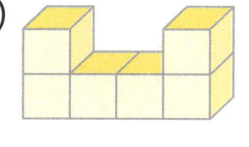

a) b) c) d) e)

1 a) | 2 | 1 | 1 | 2 |

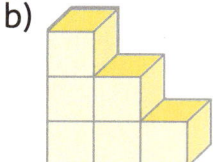

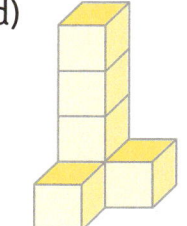

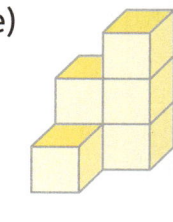

2 Immer 7 Würfel. Baut nach dem Plan. Beschreibt.

a)
1	4	1
	1	

b)
3	2
2	

c)
3	2
1	1

d)
2		2
1	1	1

3 Baut Würfelgebäude …

a) … mit 3 Würfeln.   b) … mit 4 Würfeln.   c) … mit 5 Würfeln.

d) … mit ▇ Würfeln.

Zeichnet die Baupläne. Beschreibt.

22

1 Bauplan zu den abgebildeten Würfelgebäuden zeichnen. **2** Nach Plänen bauen. **3** Eigene Gebäude bauen, Plan zeichnen und das Gebäude einem Partner diktieren. Dabei die Begriffe: *Einer-, Zweier-, Dreierturm, rechts, links, davor, dahinter* benutzen.

(P, K, D) → Arbeitsheft, Seite 14

4 a) Aus ... macht ...

	3
2	1

	2
2	2

b) Aus ... macht ...

	3	
2	1	2

	4	
1	2	1

c) Aus ... macht ...

2	2
2	2

3	2
2	3

d) Aus ... macht ...

| 4 | 2 |

3	2
2	4

e) Aus ... macht ...

| 3 | 2 | 1 |

| 4 | 3 | 2 |

f) Aus ... macht ...

| 4 | 1 | 4 |

| 2 | 2 | 2 |

5 Immer 1 Würfel mehr. Setzt fort. Zeichnet die Baupläne.

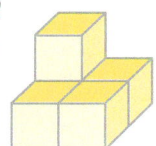

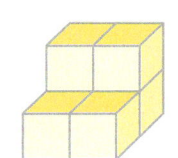

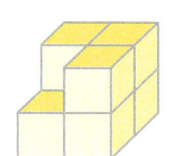

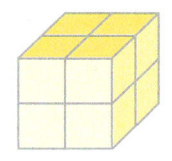

6 Immer 1 Würfel weniger. Setzt fort. Zeichnet die Baupläne.

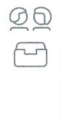

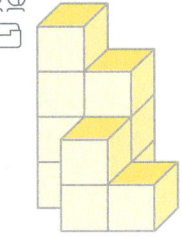

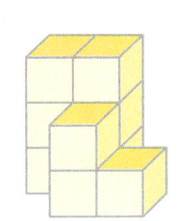

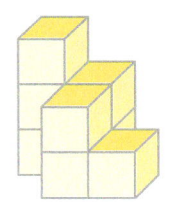

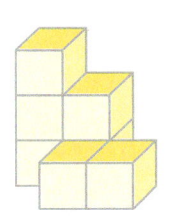

7 Baut auf dem Plan. Zeichnet die Baupläne.

a) Baut mit 6 Würfeln.

b) Baut mit 7 Würfeln.

c) Baut mit ▢ Würfeln.

d) Baut mit 6 Würfeln auf einem eigenen Plan.

Mila

---

4 Linken Bauplan nachbauen, mit rechtem vergleichen. Würfel versetzen, wegnehmen oder ergänzen. **5, 6** Baupläne der Gebäude zeichnen. Serie fortsetzen. Dazu die nächsten zwei Gebäude bauen und die Baupläne zeichnen. **7** Viele verschiedene Lösungen finden. Dabei möglichst systematisch vorgehen. Gemeinsam alle Lösungen an der Tafel sammeln und sortieren.

■ (P, K, D) → Arbeitsheft, Seite 14

23

Orientierung im Hunderterraum

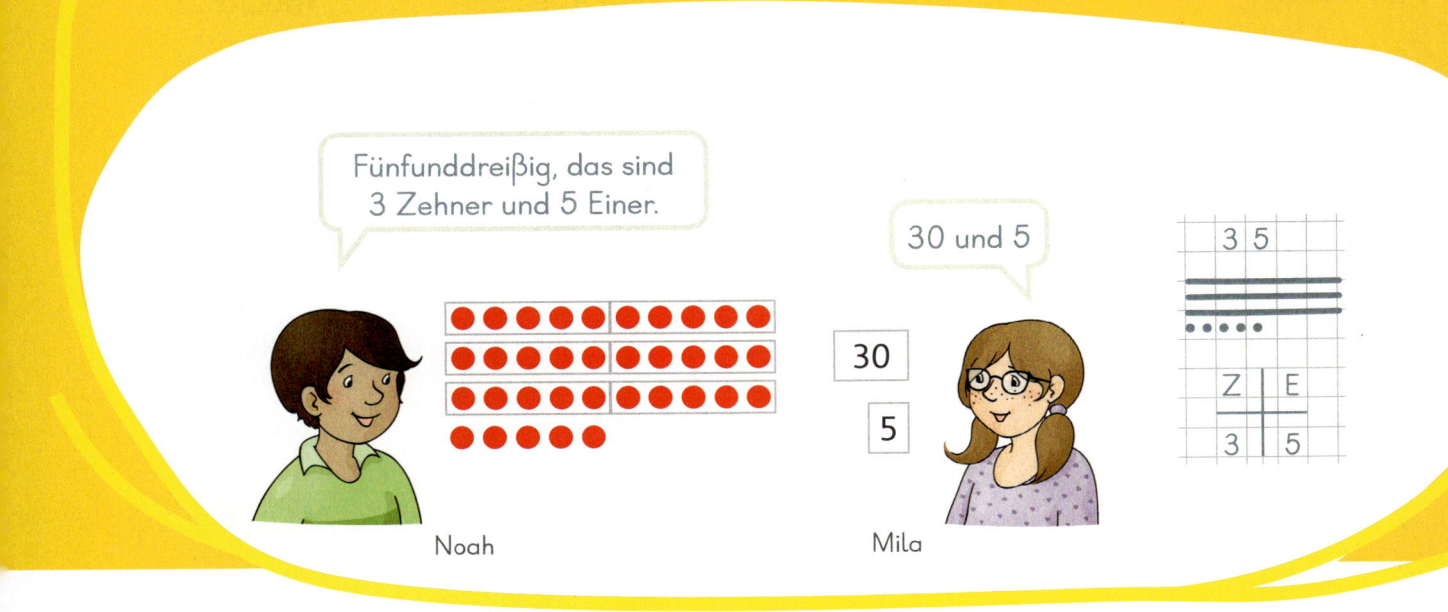

Fünfunddreißig, das sind 3 Zehner und 5 Einer.

30 und 5

Noah   Mila

1 Legt Zahlen mit Zehnerstreifen und Einerplättchen. Wie heißen die Zahlen?
a) 13, 43, 83, 93   b) 18, 81, 8, 80   c) Legt Zahlen.

2 Legt und verändert.

Ich lege einen Zehnerstreifen dazu.

Ich tausche die Zehnerkarte aus.

Lena   Max

a) Aus 13 macht 23.   b) Aus 30 macht 60.   c) Aus 11 macht 22.
   Aus 47 macht 57.   Aus 40 macht 80.   Aus 44 macht 66.
   Aus 85 macht 95.   Aus 50 macht 100.   Aus 33 macht 88.

d) Legt Zahlen und verändert sie.

3 a) Legt die Zahl und die Umkehrzahl. Was stellt ihr fest?

Die Zahl ist 13.   Die Umkehrzahl dazu ist 31.

13 und 31   32 und 23
47 und 74   53 und 35
19 und ▩   61 und ▩
27 und ▩   33 und ▩

Anna   Kim

b) Legt und schreibt Zahlen und Umkehrzahlen.

Die Zahlen bis 100

4 Wie viele sind es ungefähr? Schätze.

5 Lege und zerlege in Zehner und Einer.
a) 15, 35, 55, 75, 95

5a)	1	5	=	1	0	+	5
	3	5	=	3	0	+	5

b) 16, 61, 36, 63, 33

c) 48, 76, 82, 98, 77

35 sind 3 Zehner und 5 Einer, also 30 plus 5.

Lilly

6 Lege und rechne.

a) 13 = 10 + ▢
   13 = 3 + ▢

b) 25 = 20 + ▢
   25 = 5 + ▢

c) 48 = 40 + ▢
   48 = 8 + ▢

d) 57 = 50 + ▢
   57 = 7 + ▢

e) 42 = 40 + ▢
   40 = 42 − ▢

f) 74 = 70 + ▢
   70 = 74 − ▢

g) 57 = 50 + ▢
   50 = 57 − ▢

h) 91 = 90 + ▢
   90 = 91 − ▢

7 Wählt Zahlen. Zerlegt in Zehner und Einer. Findet ihr auch mehrere Zerlegungen?

45 sind 40 plus 5.

45 sind auch 30 plus 10 plus 5.

7)	4	5	=	4	0	+	5				
	4	5	=	3	0	+	1	0	+	5	
	4	5	=	2	0	+	1	0	+	1	0	+	5

Marta   Till

4 Zum Schätzen und Zählen Bündelungseinheiten schaffen oder vorhandene Strukturen nutzen.   5 Zahlen als Summen von Zehner- und Einerzahl schreiben, mit Zehnerstreifen und Einerplättchen legen lassen, evtl. Zahlenkarten hinzuziehen.
6 Besprechen, warum man bei diesen Aufgaben das Ergebnis schnell sehen kann.

(K, A) → Arbeitsheft, Seite 15

Das Hunderterfeld

Wie sieht die 43 am Hunderterfeld aus?

4 Zehner und 3 Einer

In jeder Zeile ein Zehner.

4 Zehnerstreifen und 3 Einer

Marta — Murat — Lilly

✱ 1 Zeigt mit dem Winkel am Hunderterfeld. Beschreibt.

| 10 | 30 | 28 | 25 | 50 | 75 | 50+4 | 40+5 | 30+5 | |

● 2 Verändert die Zahlen geschickt.
 a) Aus 15 macht 45.
    Aus 15 macht 75.
    Aus 15 macht 95.

 b) Aus 18 macht 58, 88, 98.

 c) Stellt euch Aufgaben.

Verschiebe um 3 Zehner nach unten.

Aus 15 macht 45.

Lena — Paula

○ 3 ⚡ Wie viele?

Zahl zeigen und nennen.

37

3 Zehner und 7 Einer

30 und 7

4 Zeichne die Zahlbilder, sprich und schreibe.

a) 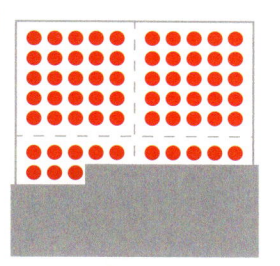 | Z | E |
|---|---|
| 6 | 3 |
63

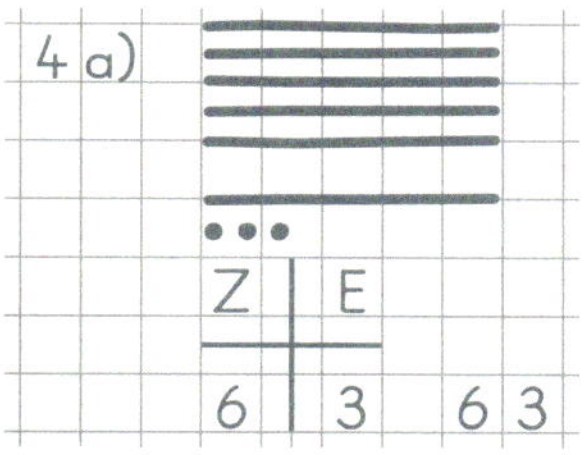

b) 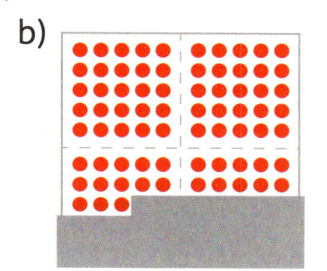 c) 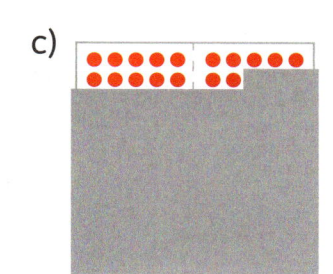 d)  e) 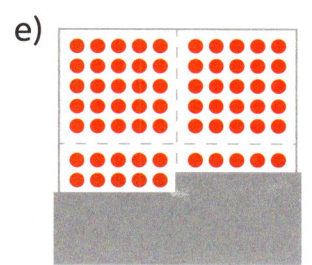 f) 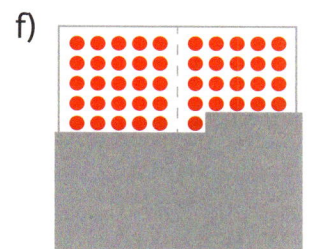 g)

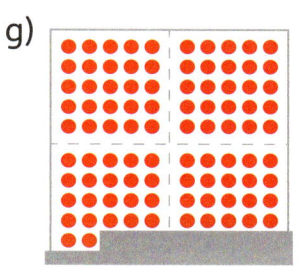

5 Schreibe die Zahlen.

a)  | Z | E |
|---|---|
| 1 | 3 |
10 + 3 = 13

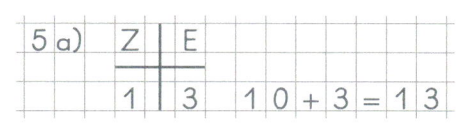

b)  c)  d) e)  f)  g)  h)

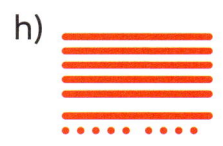

6 Zeichne und schreibe.

a) 41, 43, 45, 47, 49

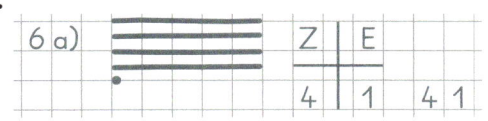

Z	E
4	1
41

b) 50, 52, 54, 56, 58

7 Finde viele verschiedene Zahlen. Zeichne und schreibe.

a) mit 10 → 13, 15

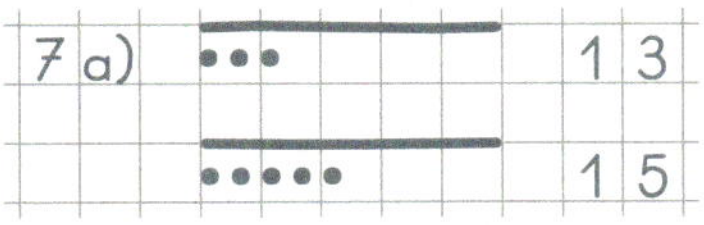

b) mit 20

c) mit 30

d) mit 0

e) mit 5

f) mit 2

g) mit

8 Zeichne ein Hunderterfeld.

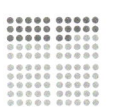

Die Zahlenreihe bis 100

1 Beschreibt die Zahlenreihe.

2 Zeigt und nennt immer 2 Zahlen.
a) 8 und 18   11 und 21
    49 und 59   ▪ und ▪

b) 15 und 51   14 und 41
   19 und 91   ▪ und ▪

c) Beschreibt die Zahlen. Findet weitere.

Lena — 8 und 18 — Marta

3 Zeige die Zahlen und vergleiche sie: < oder >?
a) 36 ● 63   3a) 36 < 63   b) 17 ● 71   c) 20 + 9 ● 32   d) 34 ● 40 + 3
   75 ● 57   20 ● 2   90 + 2 ● 23   92 ● 20 + 2
   54 ● 45   51 ● 49   40 + 9 ● 40   68 ● 80 + 2

4 Nachbarzahlen. Zeige und schreibe auf.
a) 15   4a) 14, 15, 16   b) 73   c) 21   d) 29   e) 80
   35   34, 35,   87   41   49   90
   55   92   81   69   100

f) Schreibe Zahlen mit ihren Nachbarzahlen.

5 Nachbarzahlen. Zurück zum **Vorgänger** und vorwärts zum **Nachfolger**.
a) 10 − 1   b) 50 − 1   c) 19 − 1   d) 77 − 1   e) 55 − 1   f) 99 − 1
   10 + 1   50 + 1   19 + 1   77 + 1   55 + 1   99 + 1

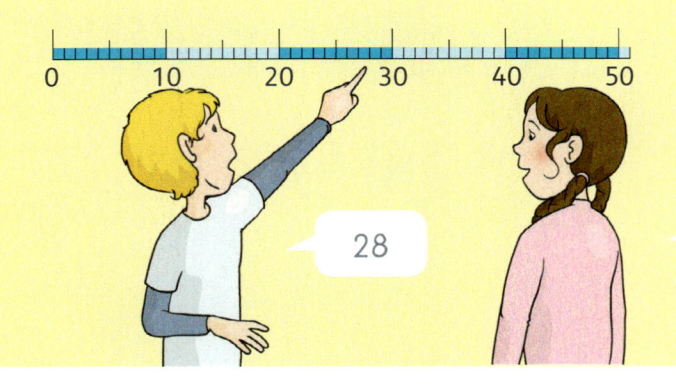

6 Zählen

Zahl an der Zahlenreihe bis 100 zeigen, nennen und weiterzählen.

28 — 29, 30, 31

1, 2 Strukturen der Zahlenreihe bis 100 besprechen.   3 Reihenfolgen besprechen, auf Zahlendreher achten.   4, 5 Die Begriffe *Nachbarzahlen*, *Vorgänger* und *Nachfolger* hervorheben.   5 Die Strukturgleichheit zwischen zwei Zehnern erkennen.

(K, D) → Arbeitsheft, Seite 17

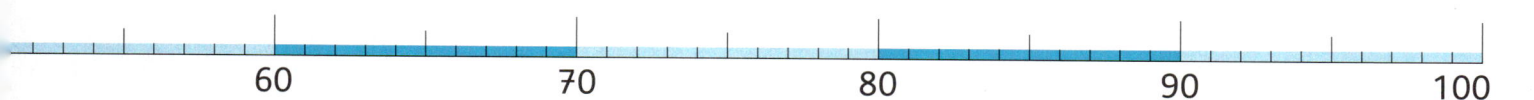

7 Immer zwischen 2 Zehnerzahlen. Zeige die Zahlen an der Zahlenreihe.
  a) 60, 64, 70   b) 30, 37, 40   c) 50, 58, 60

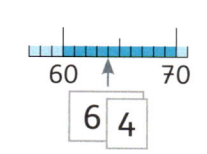

8 Nachbarzehner. Zurück zur Zehnerzahl.
  a) 12 – ▪ = 10   b) 36 – ▪ = 30   c) 87 – ▪ = 80   d) Finde ebenso
     13 – ▪ = 10   35 – ▪ = 30   77 – ▪ = 70   Aufgaben.
     14 – ▪ = 10   34 – ▪ = 30   67 – ▪ = 60

9 Nachbarzehner. Vorwärts zur Zehnerzahl.
  a) 12 + ▪ = 20   b) 36 + ▪ = 40   c) 87 + ▪ = 90   d) Finde ebenso
     13 + ▪ = 20   35 + ▪ = 40   77 + ▪ = 80   Aufgaben.
     14 + ▪ = 20   34 + ▪ = 40   67 + ▪ = 70

10 Nachbarzehner. Zeige und schreibe auf.
  a) 14   b) 75   c) 23   d) 43   e) 20
     34   85   26   21   80
     54   95   28   89   100

  10 a) 10, 14, 20
         30, 34,

11 Finde Zahlen zwischen den **Nachbarzehnern**.
  a) 10 und 20   11 a) 11, 12, 13, 14, 15, 16, 17, 18, 19

  b) 40 und 50   c) 60 und 70   d) 70 und 80   e) 90 und 100

12 ⚡ **Ergänzen zum Zehner**

Zahl zeigen, nennen und zur nächsten Zehnerzahl ergänzen.

56 → 56 + 4 = 60 → 6 + 4 = 10

7–10 Den Begriff *Nachbarzehner* besprechen. 11 Strukturgleichheiten zwischen zwei Zehnerzahlen erkennen und nutzen.

29

(K, D) → Arbeitsheft, Seite 17

Der Rechenstrich

Das ist ungefähr die Mitte von 0 und 50. — Till

Zahlen an der Tafel: 0 — 25 — 35 — 48 — 50 — 100
83, 5, 75, 70, ☐, ☐

Da liegt 25. — Marta

✳ 1 Zeichne einen Rechenstrich und trage Zahlen ungefähr ein.

Überlege und begründe: Welche Zahlen helfen dir?

45 ist nah an der 50. — Kim

● 2 Trage die Zahlen am Rechenstrich ein.

a) 50 10 90 20 80 49 51
b) 50 25 75 85 15 5 95
c) 63 36 81 18 12 24 99
d) 11 66 55 22 88 44 77

✳ 3 Immer 10 weiter. Starte mit
a) 13   b) 6   c) 27   d) 22   e) 49   f) 50   g) Wähle andere Startzahlen.

3 a) 13 →10 23 →10 33 →10 43   — Finn

3 a) 13 →10 23 →10 33 →10 43 →10 53 →10 63   — Mila

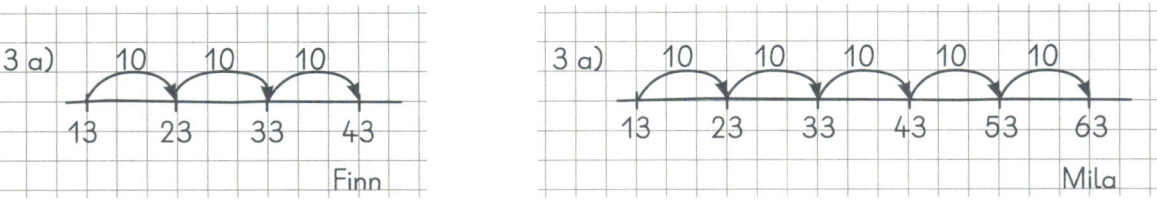

✳ 4 Immer 10 zurück. Starte mit
a) 87   b) 63   c) 77   d) 99   e) 54   f) 50   g) Wähle andere Startzahlen.

4 a) 57 67 77 87   — Till

4 a) 47 57 67 77 87   — Anna

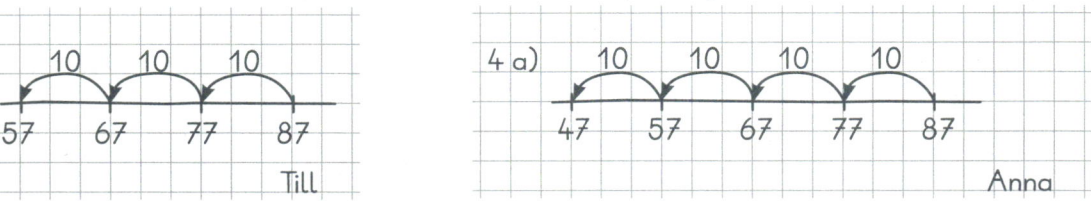

1–4 Einführung des Rechenstrichs als Ordnungshilfe. Auf dem Rechenstrich muss die Lage der Zahlen nur ungefähr passen.

(K, A, D) → Arbeitsheft, Seite 18

5 Immer 5 vor und zurück.
Starte mit 15, 40, 83.

Wähle andere Startzahlen. Was fällt dir auf?

6 Immer 10 vor und zurück.
Zeichne und rechne.
Starte mit 15, 40, 83.

Wähle andere Startzahlen. Was fällt dir auf?

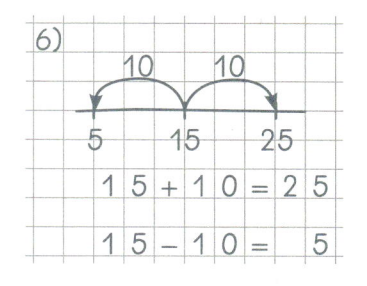

6)
```
    10    10
  5   15   25
15 + 10 = 25
15 − 10 =  5
```

7 Starte mit den Zahlen 25, 47, 73.
Immer 5 weiter. 2-mal.

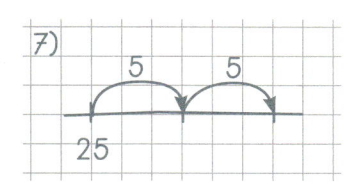

Immer 2 weiter. 5-mal.

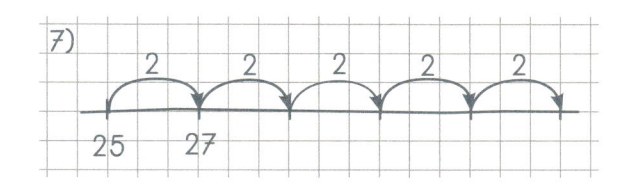

7)
```
     5   5
  25
```

7)
```
     2  2  2  2  2
  25  27
```

Wähle andere Startzahlen. Was fällt dir auf?

8 Starte mit den Zahlen 45, 57, 63.
Immer 5 weiter. 4-mal.

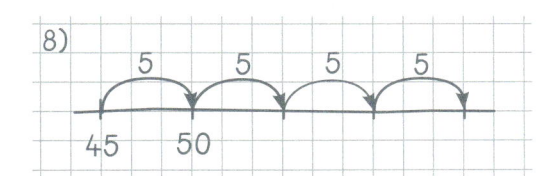

Immer 10 weiter. 2-mal.

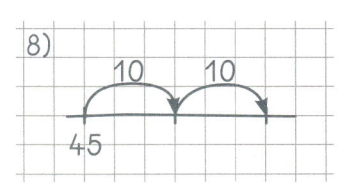

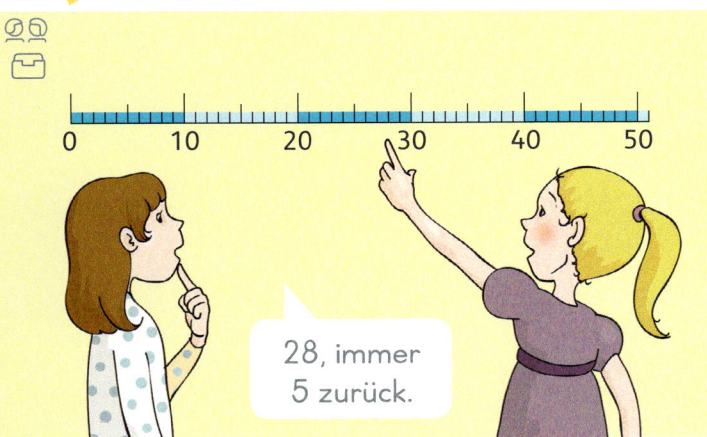

8)
```
     5  5  5  5
  45  50
```

8)
```
     10  10
  45
```

Wähle andere Startzahlen. Was fällt dir auf?

9 ⚡ Zählen in Schritten

```
0   10   20   30   40   50
```

Startzahl und Schritte nennen,
in Schritten zählen und zeigen.

28, immer 5 zurück.

28, 23, 18, ...

5–8 Sprünge an der Zahlenreihe mithilfe des Rechenstrichs notieren, dabei auf die Einer achten.

(K, A, D) → Arbeitsheft, Seite 18

Ergänzen bis 100

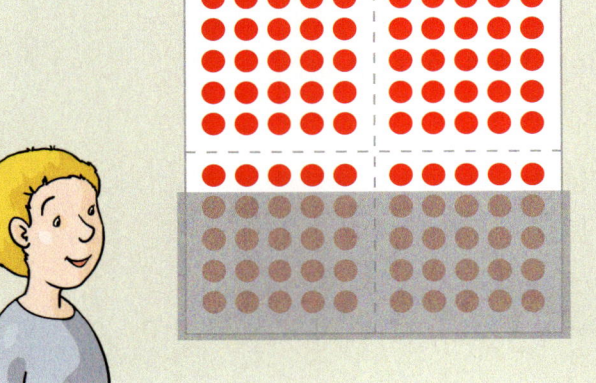

Bis zur Hundert fehlen noch 40.
Ben

60 + 40 = 100
Lilly

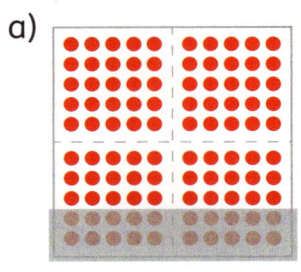

1 Immer 100.

a) b) c) d)

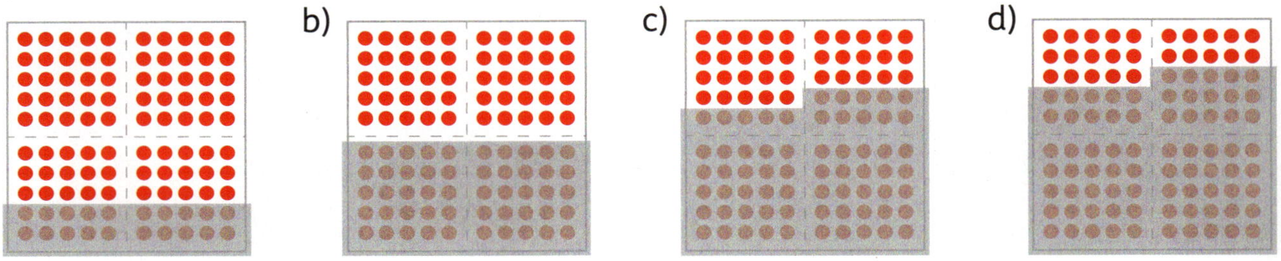

1a) 8 0 + 2 0 = 1 0 0

2 Rechne und zeige am Hunderterfeld.

a) 90 + ■ = 100   b) 20 + ■ = 100   c) 92 + ■ = 100   d) 95 + ■ = 100
   80 + ■ = 100   25 + ■ = 100   94 + ■ = 100   84 + ■ = 100
   70 + ■ = 100   30 + ■ = 100   96 + ■ = 100   73 + ■ = 100
   60 + ■ = 100   35 + ■ = 100   98 + ■ = 100   62 + ■ = 100

e) Schreibe Aufgaben mit dem Ergebnis 100.

3 Ergänzen bis 100

Zahl legen, nennen und bis 100 ergänzen.

77

77 + 23

3 bis zur 80,
23 bis zur 100

80 + 20

1 Struktur des Hunderterfelds beim Ergänzen hervorheben: Wie kann man ohne abzuzählen die Anzahl der abgedeckten Zehner und Einer herausbekommen?   2 Struktur zwischen den Aufgaben beschreiben und nutzen.

(K, D) → Arbeitsheft, Seite 19

4 Immer 100.

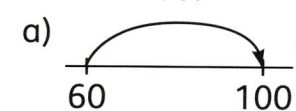

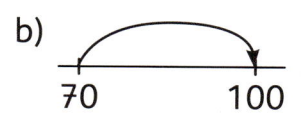

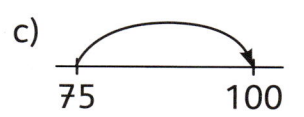

a) 60 ──→ 100   4a) 60 + 40 = 100
b) 70 ──→ 100
c) 75 ──→ 100

5 Rechne und zeichne am Rechenstrich.

a) 30 + ☐ = 100
   35 + ☐ = 100

5a) 30 ──70──→ 100   30 + 70 = 100
    30 35 ──65──→ 100   35 + 65 = 100

b) 40 + ☐ = 100
   45 + ☐ = 100

c) 20 + ☐ = 100
   27 + ☐ = 100

d) 70 + ☐ = 100
   74 + ☐ = 100

e) 50 + ☐ = 100
   52 + ☐ = 100

f) 40 + ☐ = 100
   49 + ☐ = 100

6 Immer 3 Aufgaben. Was fällt dir auf?

a) 17 + ☐ = 20
   17 + ☐ = 50
   17 + ☐ = 100

b) 13 + ☐ = 20
   13 + ☐ = 50
   13 + ☐ = 100

c) 18 + ☐ = 20
   18 + ☐ = 50
   18 + ☐ = 100

d) 12 + ☐ = 20
   12 + ☐ = 50
   12 + ☐ = 100

e) Finde immer 3 Aufgaben, die zusammen passen.

7 Rechne die einfachste Aufgabe zuerst. Kreuze an.

a) 37 + ☐ = 100
   40 + ☐ = 100
   43 + ☐ = 100

b) 64 + ☐ = 100
   60 + ☐ = 100
   56 + ☐ = 100

c) 17 + ☐ = 100
   20 + ☐ = 100
   27 + ☐ = 100

d) 33 + ☐ = 100
   23 + ☐ = 100
   30 + ☐ = 100

e) 42 + ☐ = 100
   58 + ☐ = 100
   50 + ☐ = 100

f) 20 + ☐ = 100
   19 + ☐ = 100
   21 + ☐ = 100

40 + 60 = 100 ist die einfachste Aufgabe.

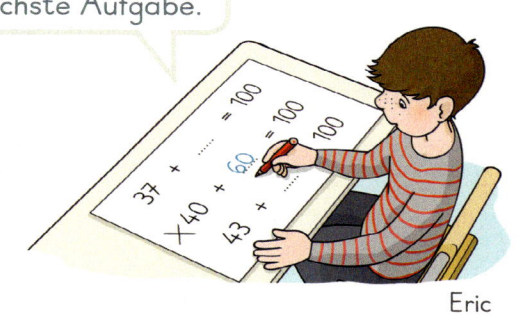

g) Finde ebenso Aufgaben.

Eric

8 Finde eine einfache Aufgabe, die beim Rechnen helfen kann.

a) 57 + ☐ = 100

8a) 57 + ☐ = 100
    60 + 40 = 100

b) 71 + ☐ = 100
e) 13 + ☐ = 100
h) 43 + ☐ = 100

c) 17 + ☐ = 100
f) 11 + ☐ = 100
i) 26 + ☐ = 100

d) 39 + ☐ = 100
g) 91 + ☐ = 100
j) 68 + ☐ = 100

k) Finde ebenso Aufgaben.

4, 5 Ergänzen am Rechenstrich darstellen, Vorgehen beschreiben und nutzen. 6–8 Struktur zwischen den Aufgaben beschreiben und begründen. 7, 8 Beziehungen zwischen einfachen und schwierigen Ergänzungen nutzen und begründen.
7 Erst alle Aufgaben in das Heft übertragen und dann die einfachste Aufgabe als erstes rechnen und ankreuzen.

(K, A)

Rückblick

Ich kann die Zahlen bis 100 lesen, schreiben und vergleichen.

| 26 | ▬▬ ⋯ | 2 | 6 | Z E / 2 6 | 20 + 6 |

Vorgänger und **Nachfolger** einer Zahl heißen **Nachbarzahlen**: 25, 26, 27

Die Zehnerzahlen vor und nach einer Zahl heißen **Nachbarzehner**: 20, 26, 30

1 Schreibe die Zahlen.
a) b) c) d) e)

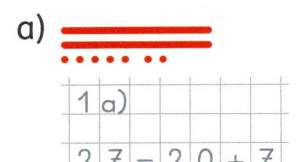

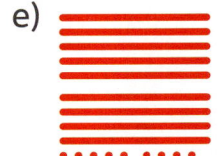

1 a)
2 7 = 2 0 + 7

2 Zeichne die Zahlbilder.
a) 12   b) 71   c) 55   d) 25   e) 75   f) 100

3 Zeichne einen Rechenstrich und trage die Zahlen ungefähr ein.

| 0 | 100 | 10 | 75 | 30 | 25 | 90 | 99 | 1 |

4 a) Schreibe die **Nachbarzahlen** zu 12, 25, 57, 90.
b) Schreibe die **Nachbarzehner** zu 12, 25, 57, 90.

5 Ergänze zur 100.
a) 30   5 a) 3 0 + 7 0 = 1 0 0   b) 40   c) 25   d) 55
e) 51   f) 49   g) 99

6 ⚡ **Übt immer wieder.**

Wie viele? (Seite 26)   Zählen in Schritten (Seite 31)
Zählen (Seite 28)   Ergänzen bis 100 (Seite 32)
Ergänzen zum Zehner (Seite 29) Welche Zahl? (Seite 35)

Wesentliche Aspekte des Kapitels noch einmal reflektieren.

(K) → Arbeitsheft, Seite 20

Forschen und Finden: Die Hundertertafel

✱ 1 Jede Zahl hat ihren Platz.
Beschreibt die Hundertertafel.

- In der 1. Zeile stehen ...
- Wie viele Zeilen?
- In der 10. Spalte stehen ...
- Wie viele Spalten?
- Wo stehen gerade und wo ungerade Zahlen?
- Die Zahlen in einer Spalte vergrößern sich um ...

1	2	3	4	5	6	7	8	9	10
11	12	13	14	15	16	17	18	19	20
21	22	23	24	25	26	27	28	29	30
31	32	33	34	35	36	37	38	39	40
41	42	43	44	45	46	47	48	49	50
51	52	53	54	55	56	57	58	59	60
61	62	63	64	65	66	67	68	69	70
71	72	73	74	75	76	77	78	79	80
81	82	83	84	85	86	87	88	89	90
91	92	93	94	95	96	97	98	99	100

10. Spalte · 1. Zeile

✱ 2 Trefft die Umkehrzahl.
Legt ein Plättchen auf die 14 und geht damit:
a) erst 3 Zehner weiter, dann 3 Einer zurück.

b) erst 3 Einer zurück, dann 3 Zehner weiter.

c) Verfahrt genauso mit den Startzahlen 25, 36, 47, 59.

Bei welchen Zahlen trefft ihr die Umkehrzahl? Begründet.

d) Wählt Startzahlen.

○ **3** ⚡ **Welche Zahl?**

47 — Zahl zeigen und nennen.

---

1 Strukturen der Hundertertafel besprechen. 2 Wege in der Hundertertafel erkunden. 3 Zahlen durch Nachbarschaftsbeziehungen herausfinden.

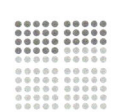

(K, A, P) → Arbeitsheft, Seite 21

Geldwerte

Euro-Münzen

Euro-Scheine

100 Cent sind 1 Euro. 1 € = 100 ct

1 Wer hat mehr Geld? Begründe.

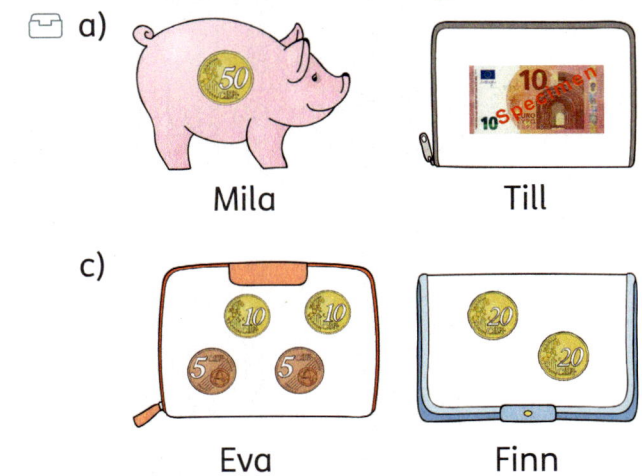

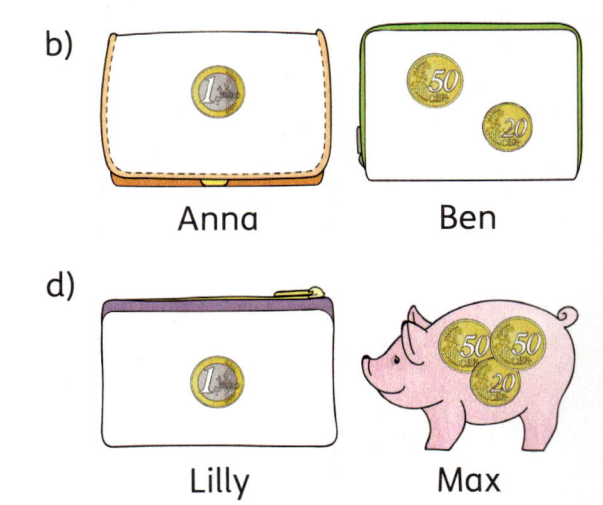

a) Mila / Till
b) Anna / Ben
c) Eva / Finn
d) Lilly / Max

2 Wie viel Euro sind es?

a) 2a) 5 2 €
b)
c)
d)

3 Wie viel Cent sind es?

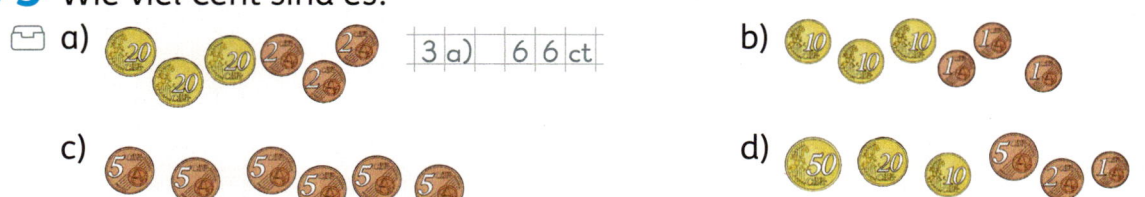

a) 3a) 6 6 ct
b)
c)
d)

4 Lege und zeichne.

a) 28 ct
36 ct
67 ct

4 a) ⟨20⟩ ⟨5⟩ ⟨2⟩ ⟨1⟩

b) 34 €
75 €
42 €

c) 12 € 55 ct
31 € 31 ct
56 € 73 ct

✱ d) Lege und zeichne eigene Beträge.

5 Immer 100 €.

a) Lege den Betrag mit 1, 2, 4, 5, 6, 7, 8, … Geldscheinen.

5 a) 1 Geldschein — 100
2 Geldscheine — 50 50

Ich habe vier Geldscheine bekommen.

b) Warum kann man 100 € nicht mit 3 Geldscheinen legen?

6 a) Lege mit 5 Geldscheinen.
25 €, 30 €, 35 €, 40 €

6 a) 25 €: 5 5 5 5 5

b) Lege mit 3 Geldscheinen.
60 €, 70 €, 80 €, 90 €

c) Lege mit 4 Geldscheinen.
30 €, 50 €, 70 €, 90 €

7 Wie viel Geld kann es sein? Finde Möglichkeiten.
In einem Sparschwein sind …

a) … zwei Geldscheine,
b) … zwei Münzen,
c) … ein Geldschein und eine Münze.

8

Weniger als 50 Euro | Zwischen 50 und 100 Euro | Mehr als 100 Euro

Till

Sammelt Beispiele.

4–7 Über Banknoten sprechen. Wechseln von Eurobeträgen mit Rechengeld vornehmen. 8 Plakate gestalten, um den Wert des Geldes begreifbar zu machen.

(P, K, A, M, D) → Arbeitsheft, Seite 22

Längen: Meter und Zentimeter

1 Erzähle.

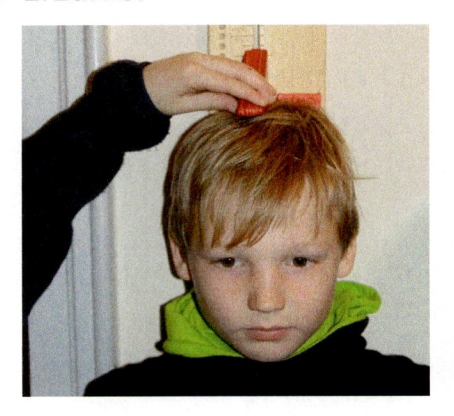

2 Zeichne Strecken.

a) 5 cm   b) 10 cm   c) 9 cm
d) 1 cm   e) 4 cm   f) 12 cm
g) 15 cm   h) 20 cm   i) ▩ cm

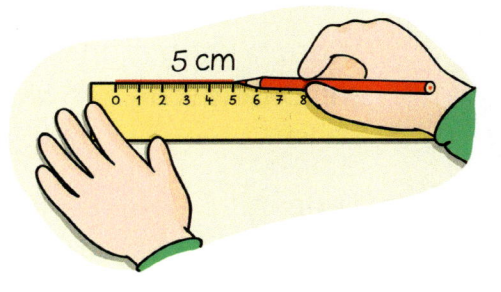

3 Ein Metermaß selbst gemacht.

1. Nimm einen Papierstreifen von 1 Meter Länge.

2. Halbiere.   3. Halbiere nochmals.

4. Du erhältst:

5. Trage die Zentimeter ein.

---

100 Zentimeter sind 1 Meter.   1 m = 100 cm

1 Die im ersten Schuljahr erworbenen Kompetenzen zum Messen aktivieren. Über den Nutzen verschiedener Messinstrumente sprechen.   **2** Zeichnen mit dem Lineal. Auf Messskala achten.   **3** Ein Metermaß selbst herstellen, um eine Vorstellung von den Längen „1 Meter" und „100 mal 1 Zentimeter" aufzubauen. Kurzschreibweise besprechen: 1 m = 100 cm.

(P, D)

4 Mein Körperbuch.

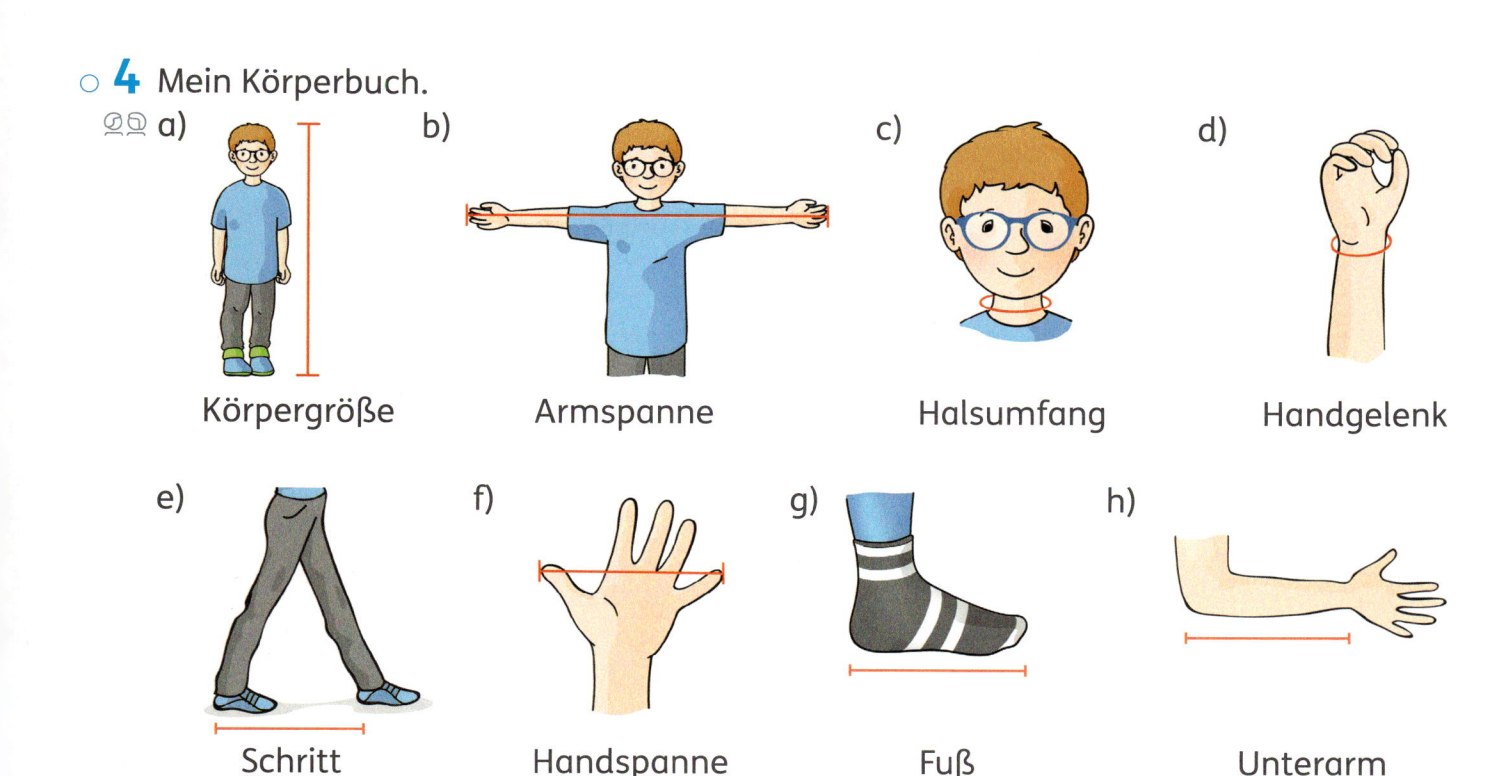

a) Körpergröße b) Armspanne c) Halsumfang d) Handgelenk

e) Schritt f) Handspanne g) Fuß h) Unterarm

5 Vergleiche. Was fällt dir auf?

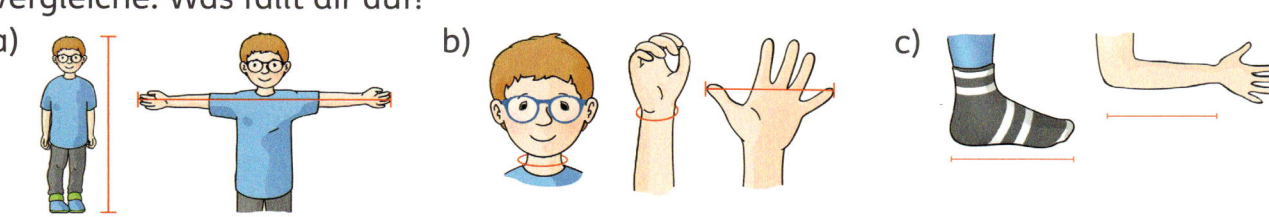

a) b) c)

6 Schätzt und messt.

a) Tisch b) Stuhl c) Zahlenbuch

6 a) Tisch	geschätzt	gemessen
lang	1m 50cm	
breit		
hoch		

d) Sucht und sammelt Gegenstände, die ungefähr 1 cm (30 cm, 1 m und 2 m) lang sind. Schätzt zuerst und überprüft durch Messen.

Der Tisch ist länger als ein Meter, denn ein großer Schritt ist ungefähr ein Meter.

Gut geschätzt.

Sophie

Ben

4 Eigenen Körper ausmessen und Stützpunktvorstellungen aufbauen. Körperbuch anlegen.   5 Körpermaße vergleichen. Regelmäßigkeiten erkennen.   6 Schätzen, dabei Körpermaße zum Schätzen heranziehen. Gegenstände mit angegebenen Längen suchen, z. B. auf Plakaten sammeln bzw. Plakate aus dem ersten Schuljahr erweitern.

(P, D)

Plusaufgaben im Hunderterraum

17 + 28

Ich rechne Zehner und Einer extra.

Ich rechne schrittweise erst bis zur 20. Dann müssen noch 25 dazu gerechnet werden.

```
      3        25
  17     20        45
```

1	7	+	2	8	=	4	5
1	0	+	2	0	=	3	0
	7	+		8	=	1	5
3	0	+	1	5	=	4	5

1	7	+	2	8	=	4	5
1	7	+		3	=	2	0
2	0	+	2	5	=	4	5

Finn   Ina

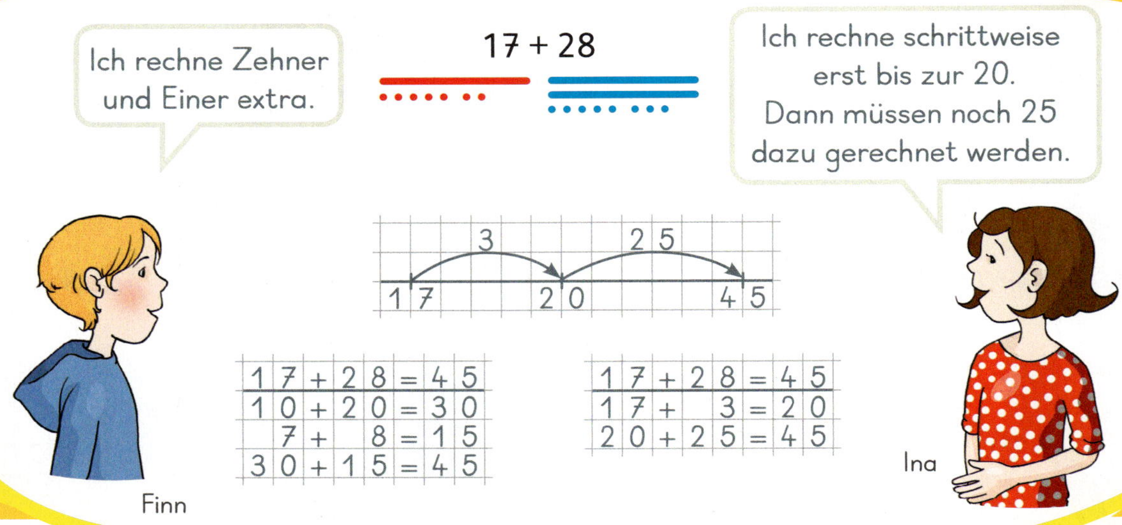

1 Mit Zehnern rechnen. Vergleiche die Ergebnisse.

a) 10 + 34
   20 + 34
   30 + 34

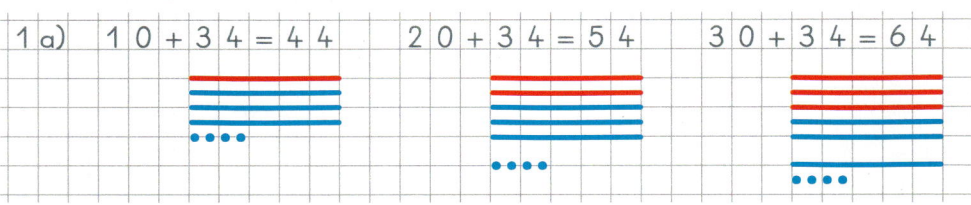

1 a) 10 + 34 = 44   20 + 34 = 54   30 + 34 = 64

b) 20 + 15	c) 30 + 18	d) 20 + 26	e) 40 + 13	f) 40 + 11
40 + 15	30 + 28	20 + 46	50 + 23	40 + 31
60 + 15	30 + 38	20 + 66	60 + 33	40 + 51

2 Mit Einern rechnen. Vergleiche die Ergebnisse.

a) 15 + 3
   25 + 3
   35 + 3

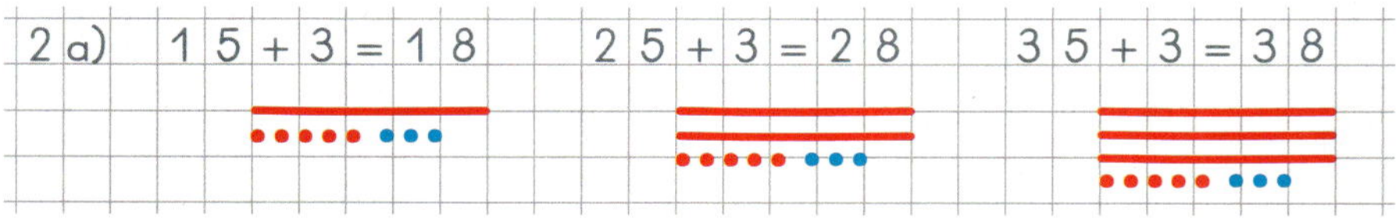

2 a) 15 + 3 = 18   25 + 3 = 28   35 + 3 = 38

b) 13 + 2	c) 15 + 4	d) 8 + 5	e) 6 + 8	f) 3 + 9
23 + 2	35 + 4	28 + 5	36 + 8	43 + 9
33 + 2	55 + 4	48 + 5	66 + 8	83 + 9

3
a) 16 + 3	b) 25 + 2	c) 33 + 5	d) 54 + 4	e) 98 + 1
16 + 4	25 + 5	33 + 7	54 + 6	98 + 2
16 + 5	25 + 8	33 + 9	54 + 8	98 + 3

Aufgaben sammeln, die für die Kinder einfach bzw. schwierig sind. Listen erstellen und immer wieder aufgreifen. In nächster Zeit öfter kontrollieren, ob bislang als schwierig geltende Aufgaben mittlerweile einfach(er) zu rechnen sind. **1–3** Grundstock an einfachen Aufgaben im Hunderterraum aufbauen.

(K, D) → Arbeitsheft, Seite 23

Einfache Plusaufgaben

Tauschaufgaben haben immer dasselbe Ergebnis: 27 + 30 = 30 + 27

4 Rechne die Aufgabe oder ihre Tauschaufgabe.
- a) 27 + 30
 40 + 16
 41 + 20
- b) 10 + 58
 26 + 40
 12 + 70
- c) 47 + 3
 7 + 62
 5 + 31
- d) Finde Aufgaben, die du einfacher mit der Tauschaufgabe rechnest.

5 Zwei Aufgaben, ein Ergebnis. Begründe.
- a) 27 + 2
 22 + 7
- b) 45 + 4
 44 + 5
- c) 54 + 3
 53 + 4
- d) 82 + 5
 85 + 2
- e) 73 + 6
 76 + 3
- f) 51 + 9
 59 + 1
- g) 22 + 8
 28 + 2
- h) 63 + 7
 67 + 3
- i) 37 + 6
 36 + 7
- j) 48 + 5
 45 + 8
- k) 22 + 9
 29 + 2
- l) Finde passende Aufgaben.

6 Zwei Aufgaben, ein Ergebnis. Begründe.
- a) 23 + 5
 20 + 8
- b) 74 + 3
 70 + 7
- c) 27 + 6
 20 + 13
- d) 38 + 5
 30 + 13
- e) 12 + 9
 10 + 11
- f) Finde passende Aufgaben.

7 Beginne immer mit einer einfachen Aufgabe. Kreuze sie an und vergleiche.
- a) 32 + 8
 32 + 9
 32 + 10
- b) 27 + 8
 27 + 9
 27 + 10
- c) 57 + 10
 57 + 8
 57 + 6
- d) 83 + 6
 83 + 8
 83 + 10
- e) 71 + 9
 72 + 9
 73 + 9

8 Finde Plusaufgaben. Das Ergebnis ist ...
- a) ... größer als 50. `8 a) 23 + 30 > 50`   `23 +`
- b) ... zwischen 40 und 50.
- c) ... eine Zehnerzahl.
- d) ... kleiner als 50.

9 Einfache Plusaufgaben

Zehner dazu oder Einer dazu: Aufgabe nennen, legen oder zeichnen und rechnen.

14 + 40 — 54 — Erst 40 plus 10 und dann noch plus 4. — 40 + 4 und dann +10.

---

4 Von den beiden Tauschaufgaben die einfachere erkennen und rechnen. 5, 6 Operations- und Zahlverständnis für zweistellige Zahlen vertiefen. 7 Das Ableiten im Hunderterraum anbahnen. 8 Grundlagen des Überschlagsrechnens besprechen.

(P, K, A, D) → Arbeitsheft, Seite 23

Verdoppeln und Halbieren

1 Wie verdoppeln die Kinder 26? Beschreibt.

Das Doppelte von 26

Anna:
20 + 20 = 40
6 + 6 = 12
26 + 26 = 52

Erst 20 verdoppeln, dann 6 verdoppeln.

Lena: 40 + 10 + 2 = 52

Ich rechne mit Geld. Erst zwei Zwanziger.

Verdoppelt ebenso.
a) 14   b) 25   c) 33   d) 36   e) 49

2 Verdopple. Zeichne und rechne.

a) 30 + 30
    2 + 2
  32 + 32

2 a)
30 + 30 = 60
 2 + 2 = 4
32 + 32 = 64

b) 20 + 20
   8 + 8
  28 + 28

c) 30 + 30
   7 + 7
  37 + 37

d) 40 + 40
   4 + 4
  44 + 44

3
a) Ben bekommt 8 € Taschengeld. Mara bekommt **doppelt so viel** Taschengeld wie Ben. [?]

b) Max hat 12 €. Er hat **doppelt so viel** Geld wie Paula. [?]

c) Julia hat 15 € mehr als Meret. Sie hat **doppelt so viel** Geld wie Meret. [?]

d) Mila und Eva haben zusammen 60 €. Mila hat **doppelt so viel** Geld wie Eva. [?]

e) Finde weitere Rechengeschichten zum Verdoppeln.

4 Verdoppeln

35 — Das Doppelte ist 70.

Zehner- oder Fünferzahl nennen, legen oder zeichnen und verdoppeln.

35 + 35

30 + 30
5 + 5

1, 2 Lösungswege selbst entwickeln und besprechen. Mit Material legen, zeichnen und rechnen. Stellenwertgerechte Notation besprechen (Vorübung für halbschriftliches Rechnen). 3 Aufgaben mit Rechengeld lösen. Mathematische Fragen entwickeln und besprechen. Auf Formulierungen *zusammen, mehr als, doppelt so viel* besonders eingehen.

(K, D) → Arbeitsheft, Seite 24

5 Wie halbieren die Kinder 56? Beschreibt.

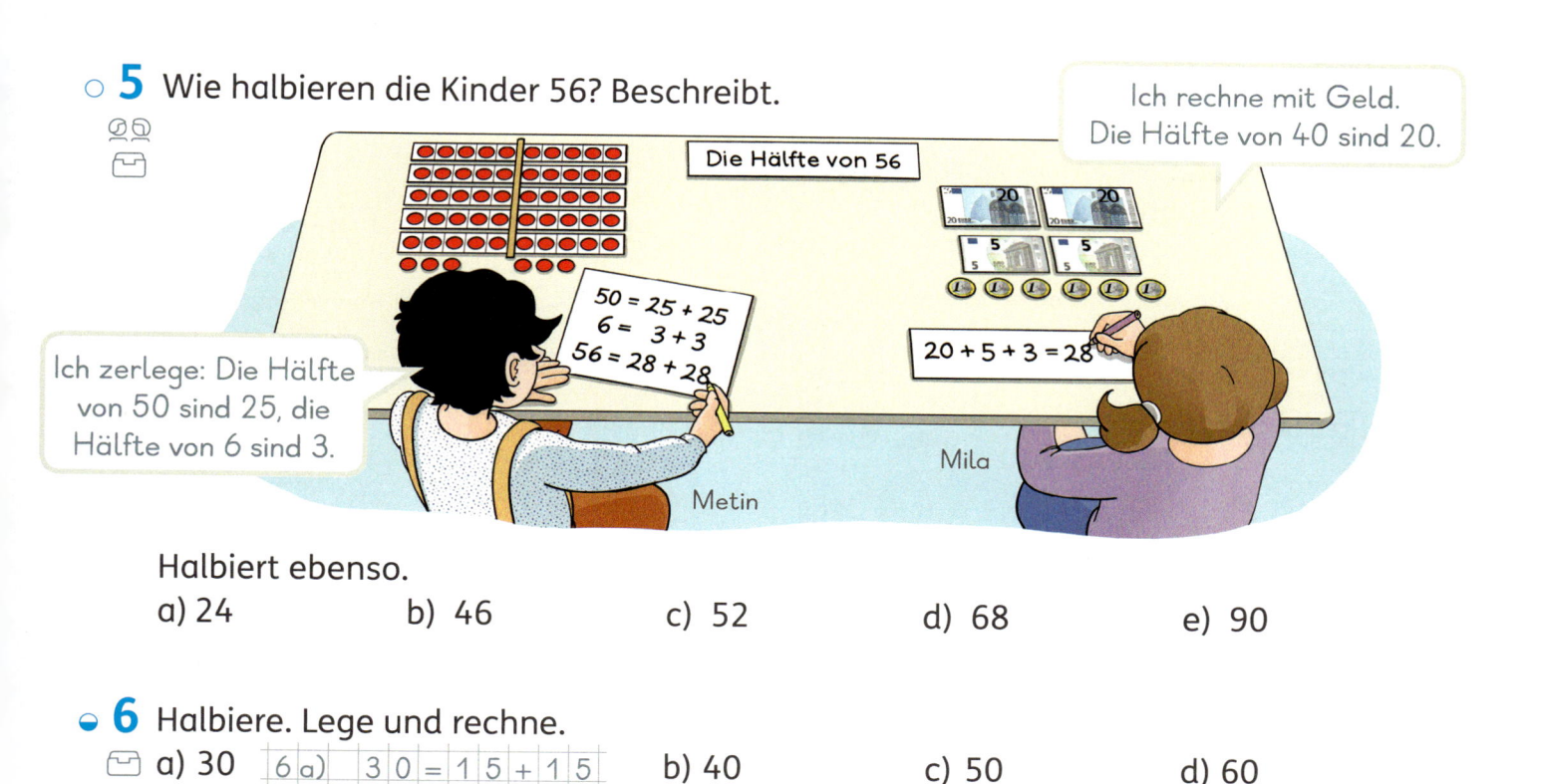

Die Hälfte von 56

Ich rechne mit Geld. Die Hälfte von 40 sind 20.

Ich zerlege: Die Hälfte von 50 sind 25, die Hälfte von 6 sind 3.

50 = 25 + 25
6 = 3 + 3
56 = 28 + 28

20 + 5 + 3 = 28

Metin   Mila

Halbiert ebenso.
a) 24   b) 46   c) 52   d) 68   e) 90

6 Halbiere. Lege und rechne.

a) 30
   8
   38

6 a) 30 = 15 + 15
     8 = 4 + 4
    38 = 19 + 19

b) 40
   8
   48

c) 50
   6
   56

d) 60
   6
   66

7
a) Marie bekommt 12 € Taschengeld. Ihr kleiner Bruder Till bekommt **halb so viel** Taschengeld wie Marie. ?

b) Noah hat 16 €. Er hat **halb so viel** Geld wie Frida. ?

c) Lisa hat 20 € weniger als Kim. Sie hat **halb so viel** Geld wie Kim. ?

d) Marta und Ina haben zusammen 60 €. Beide haben **gleich viel** Geld. ?

e) Finde weitere Rechengeschichten zum Halbieren.

8 Halbieren

70

Die Hälfte ist 35.

Zehnerzahl nennen, legen oder zeichnen und halbieren.

60 = 30 + 30
10 = 5 + 5

70 = 35 + 35

5, 6 Lösungswege selbst entwickeln und besprechen. Mit Material legen, zeichnen und rechnen. Stellenwertgerechte Notation besprechen (Vorübung für halbschriftliches Rechnen). 7 Aufgaben mit Rechengeld lösen. Mathematische Fragen entwickeln und besprechen. Auf Formulierungen *zusammen, weniger als, halb so viel* besonders eingehen.

(K, D) → Arbeitsheft, Seite 24

Schwierige Plusaufgaben

35 + 48 = ▢

Ich rechne zuerst die Zehner zu 35 dazu und dann die Einer.

Ich rechne erst beide Zehner zusammen und dann die Einer.

48 ist nah an 50. Wir rechnen mit einer Hilfsaufgabe.

Plus 50 ist einfach. Dann müssen wir vom Ergebnis noch 2 wieder abziehen.

Anna:
35 + 48 = 83
35 + 40 = 75
75 + 8 = 83

Kim:
35 + 48 = 70 + 13
30 + 40
5 + 8

Till:
50
  2
35   83 85

Mila:
35 + 48 =
35 + 50 = 85
85 − 2 = 83

---

1 Zwei Aufgaben, ein Ergebnis. Beschreibt.

a) 27 + 12
   37 + 2

b) 52 + 17
   62 + 7

c) 35 + 32
   65 + 2

d) 11 + 47
   51 + 7

e) 28 + 53
   78 + 3

2 Schrittweise. Rechne und schreibe den Rechenweg wie Anna oder wie Max.

a) 35 + 46
   35 + 40
   75 + 6

b) 23 + 41
   23 + 40
   63 + 1

c) 54 + 32
   54 + 30
   ▢ + 2

d) 43 + 37
   43 + 30
   ▢ + 7

e) 25 + 46
   25 + 40
   ▢ + ▢

f) 57 + 35
   57 + 30
   ▢ + ▢

g) 28 + 27

h) 17 + 16

i) 15 + 38

j) 37 + 38

Ich schreibe den Rechenweg auf. Erst die Zehner dazu, dann die Einer.

Anna:
35 + 46 = 81
35 + 40 = 75
75 + 6 = 81

Ich zeichne den Rechenweg auf. Von 35 erst 40 dazu und dann noch die 6 Einer.

Max:
     40   6
35   75   81

3 Rechne schrittweise. Was fällt dir auf? Erkläre.

a) 27 + 13
b) 58 + 32
c) 65 + 25
d) 39 + 41
e) 36 + 34
f) 25 + 25
g) 27 + 43
h) 29 + 51
i) 23 + 47
j) 28 + 52

4 Zwei Aufgaben, ein Ergebnis. Beschreibt.

a) 43 + 29
 73 − 1

b) 35 + 19
 55 − 1

c) 58 + 39
 98 − 1

d) 26 + 59
 86 − 1

e) 17 + 49
 67 − 1

f) 54 + 18
 74 − 2

g) 67 + 18
 87 − 2

h) 47 + 28
 77 − 2

i) 34 + 48
 84 − 2

j) 58 + 38
 98 − 2

5 Hilfsaufgaben. Rechne und schreibe den Rechenweg wie Mila oder wie Till.

a) 27 + 19
 27 + 20
 47 − 1

b) 54 + 29
 54 + 30
 ▨ − ▨

c) 15 + 49
 15 + ▨
 ▨ − ▨

d) 17 + 69
 17 + ▨
 ▨ − ▨

e) 13 + 79
 13 + ▨
 ▨ − ▨

f) 35 + 48
 35 + ▨
 ▨ − ▨

g) 16 + 28

h) 26 + 38

i) 45 + 18

j) 24 + 58

> 19 ist nah an 20. Meine Hilfsaufgabe ist 27 + 20. Dann muss ich von 47 nur noch 1 abziehen.

> Ich schreibe die Aufgabe mit einem Rechenstrich. Erst 20 weiter, dann einen zurück.

Mila Till

6 Rechne mit Hilfsaufgaben.

a) 29 + 34
 30 + 34
 64 − 1

b) 19 + 46
 20 + 46
 ▨ − ▨

c) 29 + 54
 30 + 54
 ▨ − ▨

d) 49 + 43
 50 + 43
 ▨ − ▨

e) 33 + 49
 33 + 50
 ▨ − ▨

f) 56 + 18
 56 + 20
 ▨ − ▨

g) 16 + 39

h) 64 + 29

i) 25 + 59

j) 48 + 28

k) 47 + 17

l) 53 + 27

> Die erste Zahl ist nah an einem Zehner. Dann kann ich auch mit einer Hilfsaufgabe rechnen.

Eva

✶ 7 Finde Aufgaben, die du gut mit Hilfsaufgaben rechnen kannst.

---

4 Strategie „Hilfsaufgabe" vorbereiten. 5, 6 Strategie „Hilfsaufgabe" erkunden und bewusst anwenden, dabei mit Nebenrechnungen notieren oder am Rechenstrich darstellen. 7 Strategiebewusstheit anbahnen.

(K, D) → Arbeitsheft, Seite 25

Schwierige Plusaufgaben

1 Zehner und Einer extra. Rechne und schreibe den Rechenweg wie Sophie.

a) 35 + 46
30 + 40
5 + 6

b) 24 + 54
20 + 50
4 + 4

c) 28 + 32
20 + 30
8 + 2

> Zehner plus Zehner, Einer plus Einer.

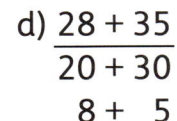

d) 28 + 35
20 + 30
8 + 5

e) 47 + 26
40 + ■
■ + ■

f) 79 + 13
70 + ■
■ + ■

g) 67 + 25
60 + ■
■ + ■

h) 32 + 27
30 + ■
■ + ■

i) 27 + 41
20 + ■
■ + ■

Sophie: 35 + 46 = 70 + 11 = 81
30 + 40
5 + 6

2 Zwei Aufgaben, ein Ergebnis. Beschreibe.

a) 17 + 21
30 + 8

b) 11 + 38
40 + 9

c) 45 + 31
70 + 6

d) 51 + 16
60 + 7

e) 32 + 64
90 + 6

f) Finde ebenso Aufgaben mit einem Ergebnis.

3 Wie rechnest du? Schreibe deinen Rechenweg auf.

32 + 49	15 + 18	17 + 61	38 + 29	26 + 47	53 + 19
21 + 37	55 + 33	27 + 11	17 + 18	14 + 14	29 + 34
71 + 12	29 + 43	19 + 31	68 + 19	58 + 34	18 + 65

Schrittweise

32 + 49 = 81

32 + 40 = 72
72 + 9 = 81

40 ↷ 9 ↷
32 — 72 — 81

Hilfsaufgabe

32 + 49 = 81

32 + 50 = 82
82 − 1 = 81

50 ↷ 1 ↶
32 — 81 82

Zehner und Einer extra

32 + 49 = 70 + 11 = 81

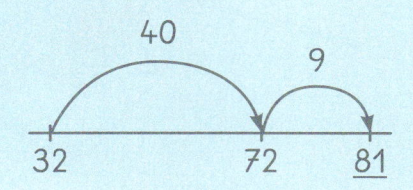

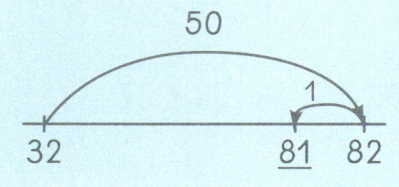

30 + 40
2 + 9

1, 2 Strategien „Zehner und Einer extra" erproben und vertiefen, dabei auf korrekte Notation der Nebenrechnung achten.
3 Rechenwege mit Bezug zu den Zahlen bewusst auswählen und anwenden.

(K, D) → Arbeitsheft, Seite 26

4 Schöne Päckchen. Beschreibe und begründe.

a) 39 + 16
44 + 16
49 + 16

```
4 a)  [39] + [16] = [55]   Die 1. Zahl wird
      [44] + [16] = [60]   immer 5 größer.
      [49] + [16] = [65]   Ich rechne aber
        ↓      ↓      ↓    immer die gleiche
       +5     +0     +5    Zahl dazu. Also
                           wird das Ergebnis
      1. Zahl  2. Zahl  Ergebnis   um 5 größer.
```

b) 27 + 19
30 + 19
33 + 19

c) 17 + 44
19 + 44
21 + 44

d) 17 + 43
22 + 38
27 + 33

e) 48 + 43
50 + 41
52 + 39

5 Rechne. Was fällt dir auf?

a) 23 + 15
20 + 18

b) 35 + 34
30 + 39

c) 31 + 18
30 + 19

d) 45 + 17
40 + 22

e) 14 + 49
10 + 53

f) Finde ebenso zwei Aufgaben mit einem Ergebnis.

6 Die Kinder haben die Plusaufgabe 25 + 23 gerechnet.

a) Max erhöht die erste Zahl um 8 und die zweite Zahl um 2.
Wie ändert sich das Ergebnis?

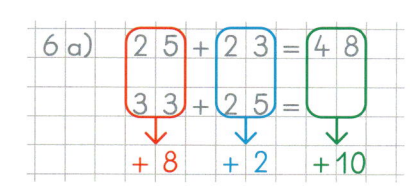

```
6 a)  [25] + [23] = [48]
      [33] + [25] =
        ↓      ↓      ↓
       +8     +2    +10
```

Wenn ich 8 und 2 dazu rechne, wird das Ergebnis um 10 größer.

Ina

b) Till erhöht die erste Zahl um 3 und die zweite Zahl um 2.
Wie ändert sich das Ergebnis?

c) Paula erhöht die erste Zahl um 7 und verringert die zweite Zahl um 5.
Wie ändert sich das Ergebnis?

d) Lena verringert die erste Zahl um 6 und die zweite Zahl um 4.
Wie ändert sich das Ergebnis?

e) Eric verdoppelt beide Zahlen.
Wie ändert sich das Ergebnis?

f) Metin ändert beide Zahlen und erhält das Ergebnis 58.
Wie könnte er die Zahlen verändert haben?
Finde verschiedene Möglichkeiten.

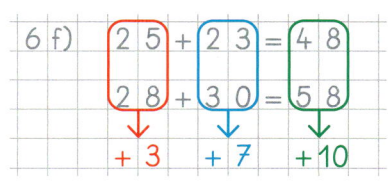

```
6 f)  [25] + [23] = [48]
      [28] + [30] = [58]
        ↓      ↓      ↓
       +3     +7    +10
```

4, 5 Regelmäßigkeiten erkunden und begründen, u. a. auch mit Forschermitteln (z. B. mit Pfeilen oder Farben).
6 Strukturen in Rätselform erkennen und nutzen.

Aufgaben am Rechenstrich

1 Wie rechnen die Kinder? Beschreibe und notiere die Rechenwege.

- Ich fange mit den Einern an. (Noah)
- Ich fange mit den Zehnern an. (Mila)
- Ich springe erst zum Nachbarzehner vor. (Metin)
- 29 ist nah an 30. Ich gehe 30 vor, dann 1 zurück. (Leo)

42 + 29

2 Wie rechnest du? Zeichne am Rechenstrich.
a) 64 + 17   b) 37 + 59   c) 75 + 18   d) 25 + 29   e) 39 + 18
   58 + 24   46 + 49   64 + 28   34 + 19   27 + 29

Kontrolliere: Die Ergebnisse sind immer Nachbarzahlen.

3 Wie rechnest du? Zeichne am Rechenstrich.
a) 42 + 39   b) 28 + 62   c) 47 + 24   d) 58 + 17   e) 59 + 24
   49 + 42   29 + 71   44 + 37   49 + 36   79 + 14

Kontrolliere: Die Ergebnisse unterscheiden sich immer um 10.

4 Welche Plusaufgabe wurde gerechnet?

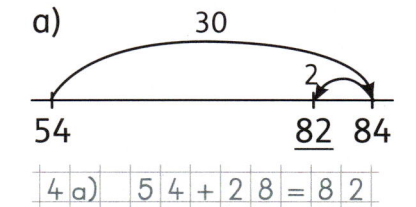

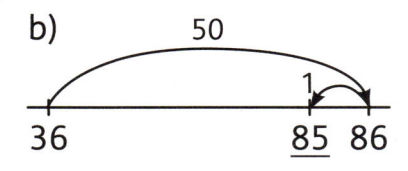

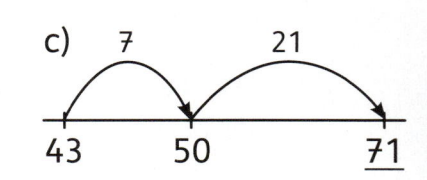

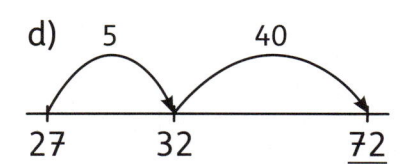

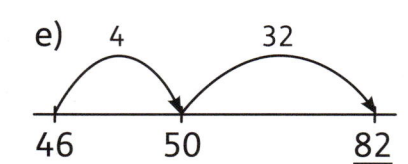

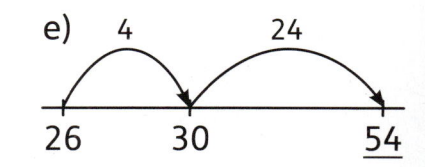

a) 54 →(30)→ 82 →(2)→ 84
4a) 54 + 28 = 82

b) 36 →(50)→ 85 →(1)→ 86

c) 43 →(7)→ 50 →(21)→ 71

d) 27 →(5)→ 32 →(40)→ 72

e) 46 →(4)→ 50 →(32)→ 82

e) 26 →(4)→ 30 →(24)→ 54

5 Finde Plusaufgaben mit dem Ergebnis.
a) 51   b) 47   c) 81   d) 77   e) Wähle ein Ergebnis und finde Aufgaben dazu.

30 + 21 = 51
25 + ☐ = 51

Die 1. Zahl ist 5 kleiner als 30, also muss der Bogen um 5 länger werden. Dann ist das Ergebnis wieder 51.

Max

6 Zahlenrätsel. Wie heißt die Aufgabe?
a) Ich rechne schrittweise: Erst 6 zum Zehner vor und dann 12 weiter. Ich erhalte 52.

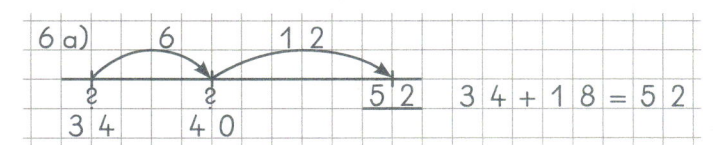

6 a)   6   12
34   40   52   34 + 18 = 52

b) Ich rechne schrittweise: Erst 3 zum Zehner vor und dann 21 weiter. Ich erhalte 71.

c) Ich rechne mit einer Hilfsaufgabe: Erst 20 vor, dann 1 zurück. Ich erhalte 38.

d) Ich rechne mit einer Hilfsaufgabe: Erst 50 vor und dann 2 zurück. Ich erhalte 61.

e) Finde Zahlenrätsel.

7 Finde Plusaufgaben zu den Rechenstrichen.

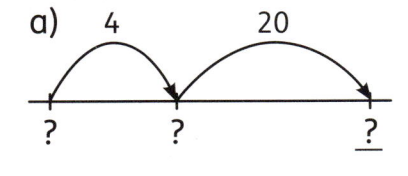

a) 4   20   ?   ?   ?

7 a)   16 + 24 = 40
       26 + 24 = 50
       36 + 24 = 60

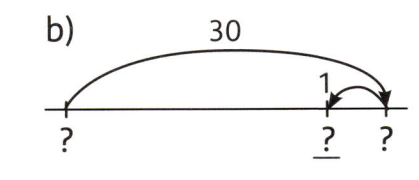

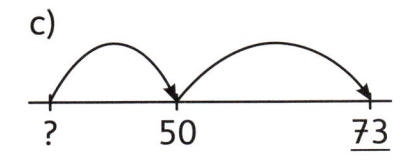

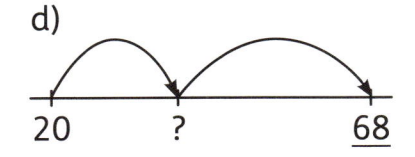

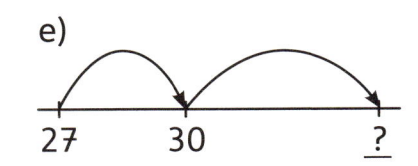

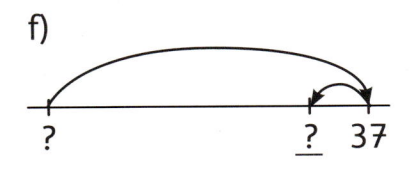

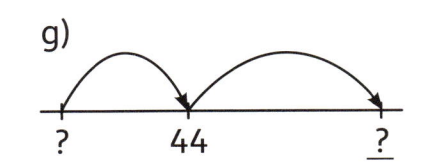

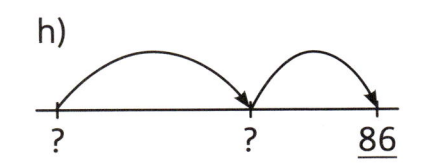

b) 30   1   ?   ?   ?

c) ?   50   73

d) 20   ?   68

e) 27   30   ?

f) ?   ?   37

g) ?   44   ?

h) ?   ?   86

5 Eigenständig Aufgaben am Rechenstrich zu einem Ergebnis finden und am Rechenstrich darstellen.   6 Rechenstrich als Darstellungsmittel zum Problemlösen besprechen und eigene Rätsel erfinden.   7 Verschiedene Aufgaben zu den Rechenstrichen finden.

(P, K, D)   → Arbeitsheft, Seite 27

Rückblick

Ich kann einfache Plusaufgaben erkennen und rechnen. Ich kann Zahlen verdoppeln und halbieren.
Ich kann Rechenwege für schwierige Plusaufgaben finden und notieren.

1 Einfache Plusaufgaben.
a) 32 + 10
   62 + 10
b) 25 + 30
   55 + 30
c) 30 + 23
   60 + 23
d) 20 + 37
   40 + 37
e) 11 + 7
   41 + 7

f) 25 + 3
   75 + 3
g) 6 + 52
   6 + 22
h) Finde 5 einfache Plusaufgaben.

2 a) Verdopple: 32, 34, 36, 38   b) Halbiere: 40, 50, 60, 70   c) Halbiere: 80, 78, 76, 74

3 Schrittweise, Zehner und Einer extra oder **Hilfsaufgabe**? Wie rechnest du?

13 + 25	57 + 29	25 + 14	55 + 24	14 + 36	72 + 28
54 + 46	62 + 35	53 + 39	42 + 18	23 + 37	63 + 27
17 + 19	43 + 45	32 + 49	32 + 25	23 + 54	13 + 34

4 Finde 5 Aufgaben, die zum Rechenweg **Hilfsaufgabe** passen.

5 Welche Plusaufgabe wurde gerechnet? Schreibe den Rechenweg auf.

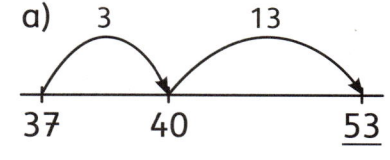

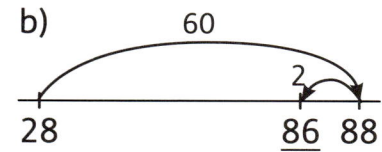

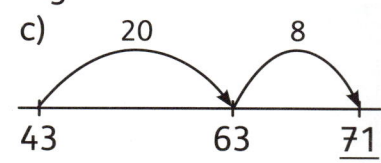

a) 37 →(+3)→ 40 →(+13)→ 53
b) 28 →(+60)→ 88 →(−2)→ 86
c) 43 →(+20)→ 63 →(+8)→ 71

6 Finde Plusaufgaben. Das Ergebnis ist ...
a) ... größer als 75.
b) ... zwischen 50 und 75.
c) ... kleiner als 50.

7 Übt immer wieder.

Einfache Plusaufgaben (Seite 41)   Verdoppeln (Seite 42)

Halbieren (Seite 43)

Forschen und Finden: Zahlenmauern

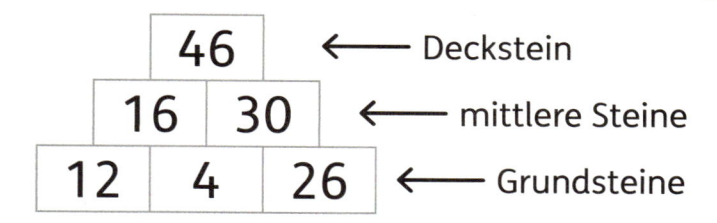

```
        46      ← Deckstein
     16   30    ← mittlere Steine
   12   4   26  ← Grundsteine
```

1 Vergleiche und beschreibe.

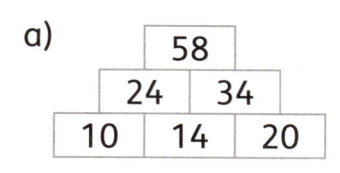

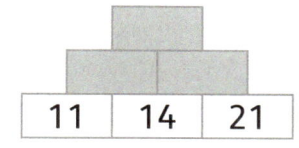

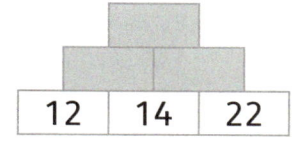

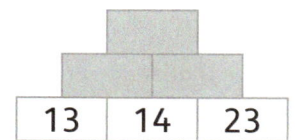

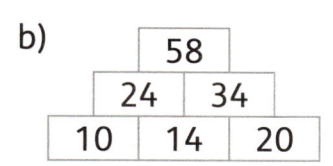

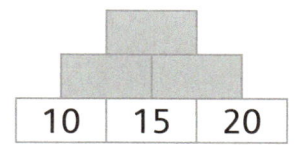

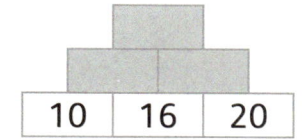

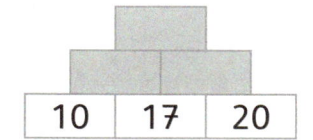

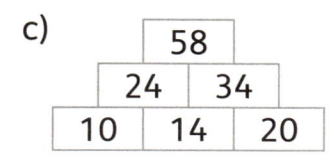

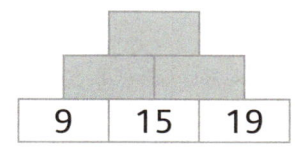

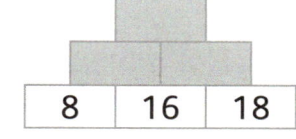

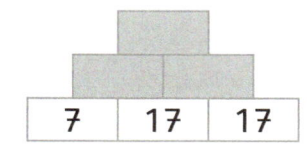

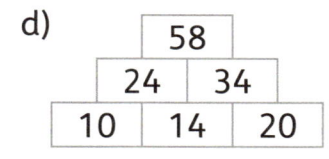

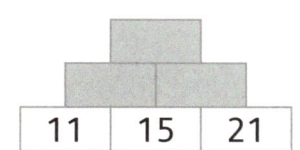

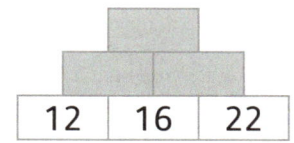

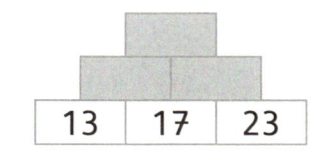

a)
	58	
24		34
10	14	20

11	14	21
12	14	22
13	14	23

b)
	58	
24		34
10	14	20

10	15	20
10	16	20
10	17	20

c)
	58	
24		34
10	14	20

9	15	19
8	16	18
7	17	17

d)
	58	
24		34
10	14	20

11	15	21
12	16	22
13	17	23

> Der Deckstein bleibt immer gleich und der mittlere Grundstein wird immer 1 größer.
> — Lena

2 Finde geschickt eine Lösung. Erkläre.

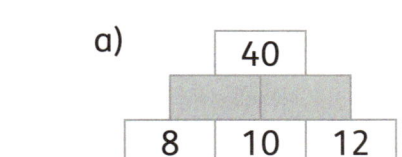

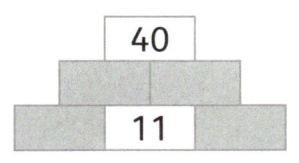

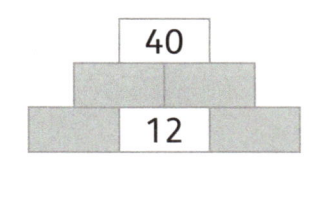

a)
Deckstein 40; Grundsteine: 8, 10, 12
Deckstein 40; mittlerer Grundstein: 11
Deckstein 40; mittlerer Grundstein: 12

b)
Deckstein 100; Grundsteine: 20, 25, 30
Deckstein 100; mittlerer Grundstein: 20
Deckstein 100; mittlerer Grundstein: 15
Deckstein 100; mittlerer Grundstein: 10

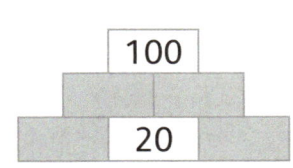

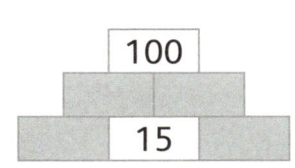

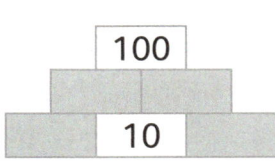

Formen legen

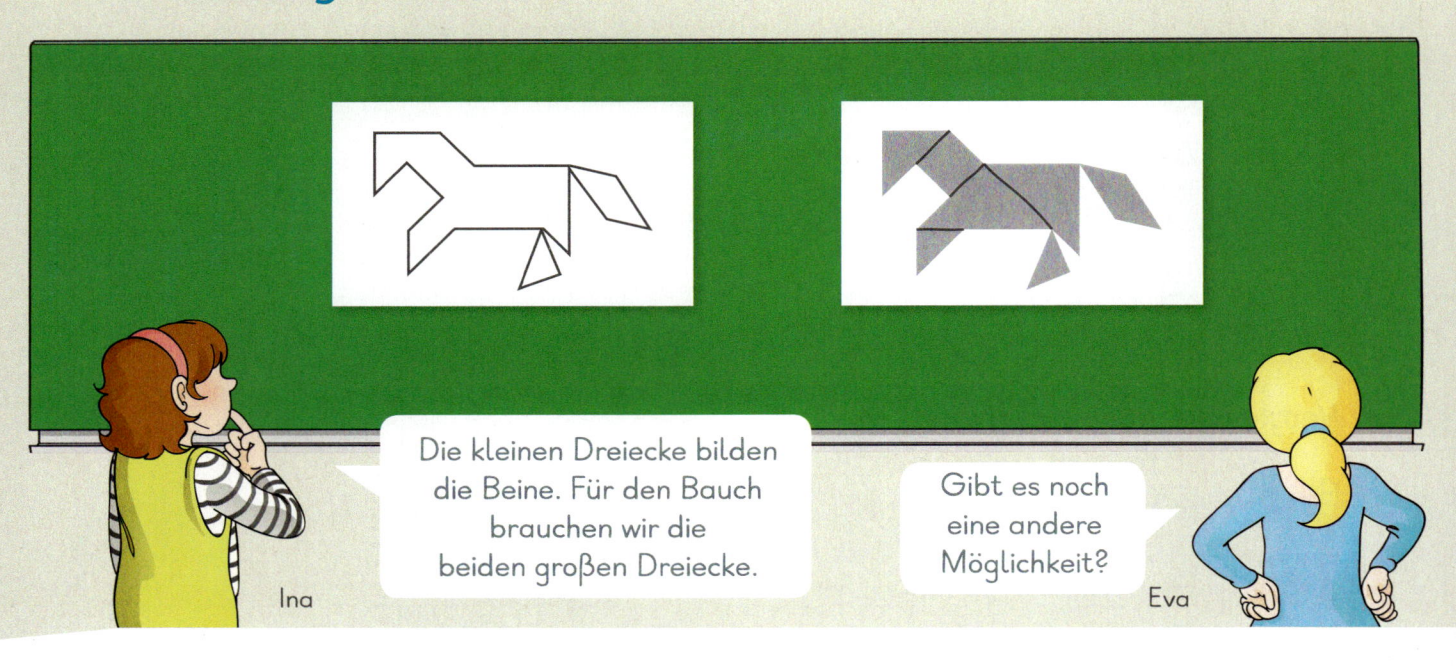

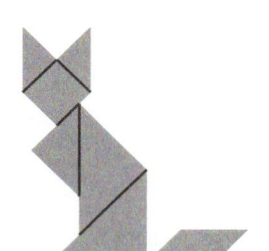

Ina: Die kleinen Dreiecke bilden die Beine. Für den Bauch brauchen wir die beiden großen Dreiecke.

Eva: Gibt es noch eine andere Möglichkeit?

1 Lege nach.
a) b) 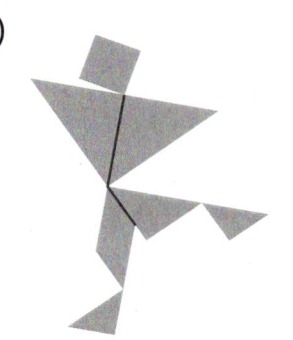 c)  d)

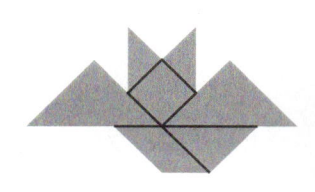

2 Lege nach.
a) b) 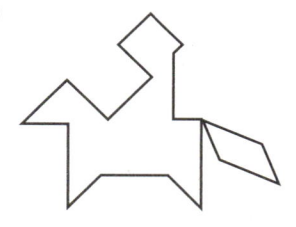 c) 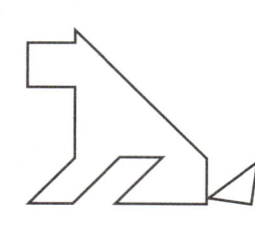 d)

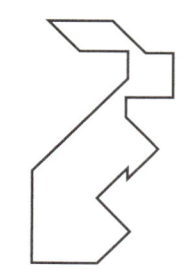

Max: Ich sehe sofort, wohin das Quadrat gehört.

3 Finde Figuren. Zeichne.

52

1 Tangramformen nachlegen.   2 Strategien entwickeln, wie Umrissfiguren nachgelegt werden können.
3 Figuren aus Tangramformen legen und zeichnen. Bei Problemen die Figuren umfahren. Wörter: *(kleines, mittleres, großes) Dreieck, Quadrat, schiefes Viereck* nutzen.

(P, D)   → Arbeitsheft, Seite 30

4 Verändere die Formen. Verschiebe immer nur ein Teil. Der **Flächeninhalt** bleibt gleich.

a) Aus ... mache ...

b) Aus ... mache ...

c) Aus ... mache ...

d) Aus ... mache ...

e) Aus ... mache ...

f) Aus ... mache ...

5 Legt mit allen Teilen nach. Vergleiche den **Flächeninhalt**.

a)   b)   c)   d)

Ich lege das Rechteck aus zwei Quadraten. — Lilly

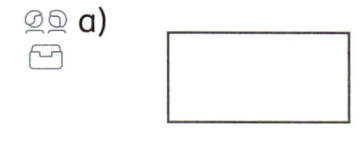

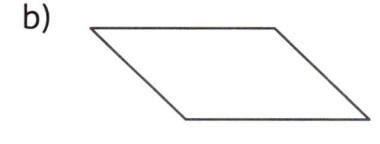

6 Legt Dreiecke und Quadrate. Findet und zeichnet verschiedene Möglichkeiten.

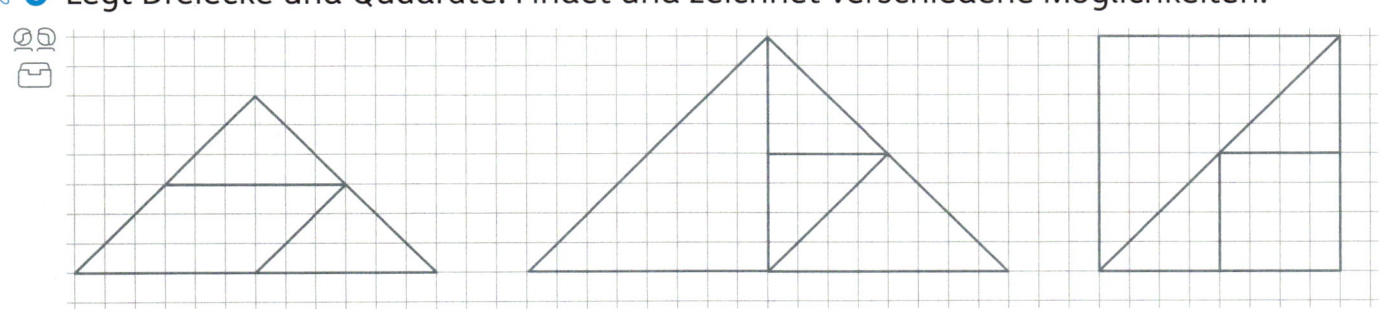

---

4 Formen nachlegen und durch Umlegen eines Teils verändern. Flächeninhalt als Größe einer Fläche thematisieren.
5 Erkennen, dass alle vier Umrissfiguren aus gleichen Teilfiguren bestehen und der Flächeninhalt gleich ist.   6 Strategien entwickeln, möglichst viele Auslegemöglichkeiten zu finden.

(P, D) → Arbeitsheft, Seite 30

Falten – Schneiden – Legen

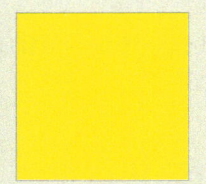

1. Faltet jedes Quadrat zweimal diagonal.
2. Zerschneidet in 4 Dreiecke.

1 Legt mit Dreiecken verschiedene Rechtecke.

Wie viele Dreiecke benötigt ihr jeweils für ein Rechteck?

2 Legt Quadrate …
 a) … mit 2 Dreiecken.
 b) … mit 4 Dreiecken.
 c) … mit 8 Dreiecken.
 d) … mit ■ Dreiecken.

3 Legt Dreiecke …
 a) … mit 2 Dreiecken.
 b) … mit 4 Dreiecken.
 c) … mit 8 Dreiecken.
 d) … mit ■ Dreiecken.

4 a) Legt Figuren mit gleichem Flächeninhalt aus 6 Dreiecken.
 Welche Flächenform entsteht?

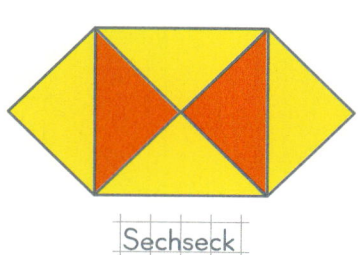

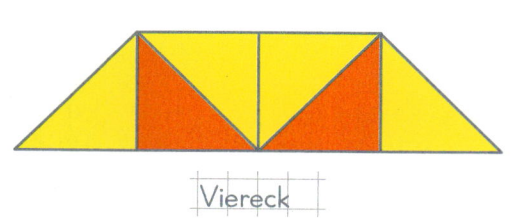

Sechseck   Viereck

 b) Legt ebenso Figuren mit 8 Dreiecken.

○ **5** Würfel falten. Beschreibt, wie ihr vorgeht.

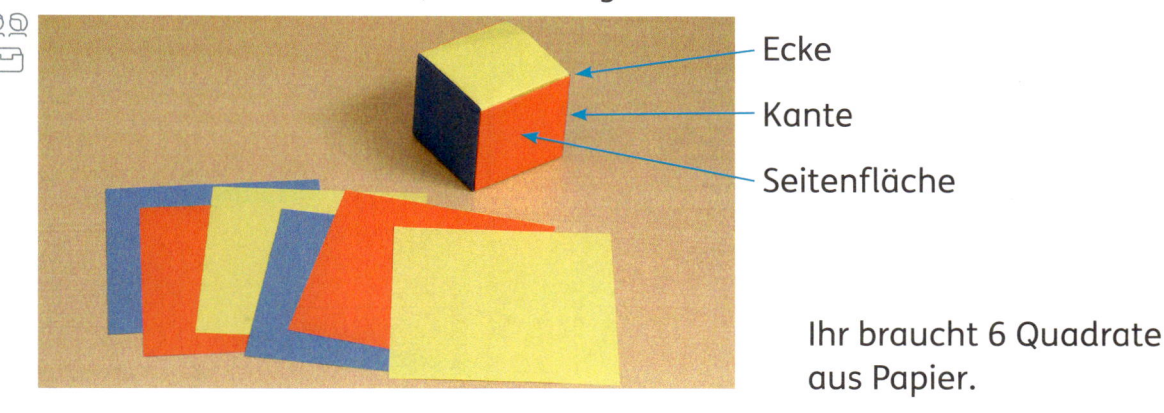

Ecke
Kante
Seitenfläche

Ihr braucht 6 Quadrate aus Papier.

a) Faltet eine Würfelfläche aus einem Quadrat aus Papier.
 1. Markiert die Seitenmitten durch Falten.
 2. Faltet links und rechts zur Mitte.
 3. Faltet oben und unten zur Mitte.

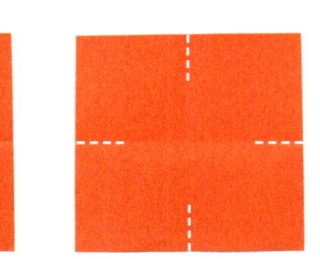

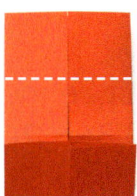

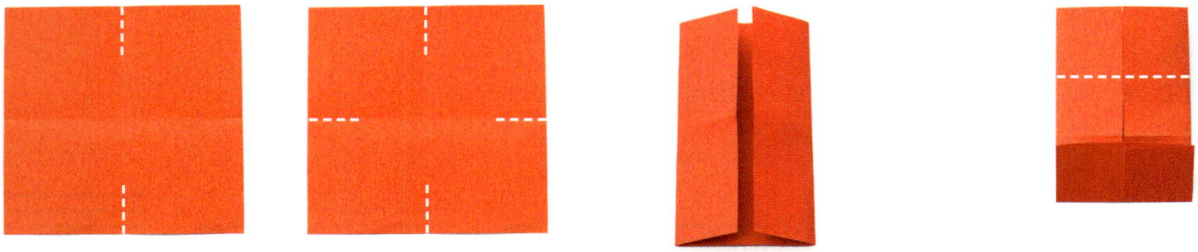

b) Stellt so insgesamt 6 Würfelflächen her.

c) Steckt den Würfel zusammen.
 1. 
 2. 
 3.

5 Faltanleitung nachvollziehen und durchführen (Begriffe *Ecke, Kante, Seitenfläche* wiederholen). Faltvorgänge beschreiben und evtl. als Faltanleitung zusammentragen. Kleine Klebepunkte an den fertigen Laschen erleichtern das Zusammenfügen der sechs Module zu einem Würfel.

■ (P)

Minusaufgaben im Hunderterraum

57 − 26

Ich rechne Zehner und Einer extra.

57 − 26 = 30 + 1 = 31
50 − 20
7 − 6

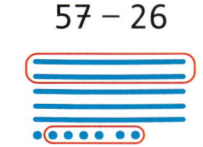

Paula

Ich rechne schrittweise und ziehe erst die Zehner und dann noch die Einer ab.

57 − 26 = 31
57 − 20 = 37
37 − 6 = 31

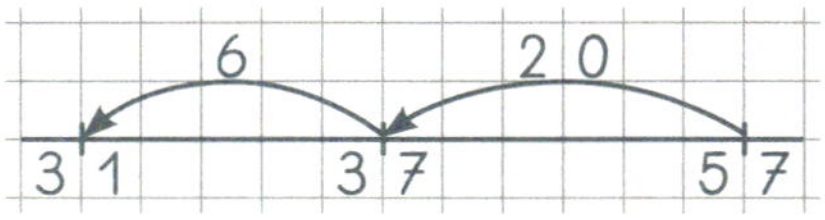

Eva

1 Mit Zehnern rechnen. Vergleiche die Ergebnisse.

a) 34 − 20
   44 − 20
   54 − 20

1a) 34 − 20 = 14   44 − 20 = 24   54 − 20 = 34

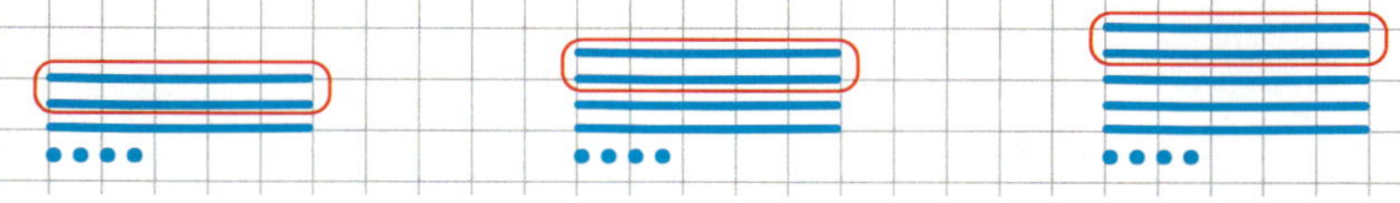

b) 23 − 10
   43 − 10
   63 − 10

c) 56 − 20
   76 − 20
   96 − 20

d) 44 − 30
   45 − 30
   46 − 30

e) 72 − 50
   75 − 50
   78 − 50

f) 83 − 60
   86 − 60
   89 − 60

2 Mit Einern rechnen. Vergleiche die Ergebnisse.

a) 17 − 4
   37 − 4
   57 − 4

2a) 17 − 4 = 13   37 − 4 = 33   57 − 4 = 53

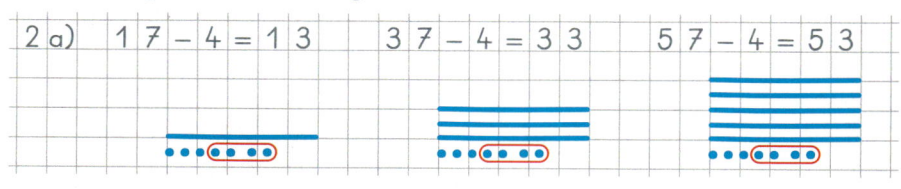

b) 14 − 3
   34 − 3
   54 − 3

c) 17 − 4
   47 − 4
   77 − 4

d) 16 − 2
   56 − 2
   96 − 2

e) 19 − 5
   39 − 5
   59 − 5

f) 17 − 7
   57 − 7
   97 − 7

3
a) 16 − 3
   16 − 6
   16 − 9

b) 25 − 2
   25 − 5
   25 − 8

c) 33 − 1
   33 − 3
   33 − 5

d) 54 − 2
   54 − 4
   54 − 6

e) 98 − 7
   98 − 8
   98 − 9

Aufgaben sammeln, die für die Kinder einfach bzw. schwierig sind. Listen erstellen und vorhalten. In nächster Zeit öfter kontrollieren, ob bislang als schwierig geltende Aufgaben mittlerweile einfach(er) zu rechnen sind. **1–3** Grundstock einfacher Aufgaben aus dem Zwanzigerraum auf den Hunderterraum übertragen.

(K, D) → Arbeitsheft, Seite 31

Einfache Minusaufgaben

4 Schöne Päckchen. Beschreibe. Wann musst du einen Zehner anbrechen?

a) 46 – 4
46 – 6
46 – 8

4a) 46 – 4 = 42   46 – 6 = 40   46 – 8 = 38

b) 34 – 3
34 – 4
34 – 5

c) 57 – 4
57 – 7
57 – 10

d) 86 – 5
86 – 6
86 – 7

e) 34 – 2
34 – 4
34 – 6

f) 75 – 3
75 – 5
75 – 7

5 Lege und rechne.

a) Lege 35 Euro, nimm 4 Euro weg.
Lege 34 Euro, nimm 5 Euro weg.

b) Lege 27 Euro, nimm 5 Euro weg.
Lege 25 Euro, nimm 7 Euro weg.

c) Lege 97 Euro, nimm 6 Euro weg.
Lege 96 Euro, nimm 7 Euro weg.

Wann muss ich wechseln? — Eric

6 Beginne immer mit einer einfachen Aufgabe. Kreuze sie an und vergleiche.

a) 34 – 3
34 – 5
34 – 7

b) 45 – 11
45 – 8
45 – 5

c) 78 – 12
78 – 10
78 – 8

d) 67 – 4
67 – 5
67 – 6

e) 89 – 9
89 – 11
89 – 13

7 Finde Minusaufgaben. Das Ergebnis ist ...

a) ... kleiner als 50.   7a) 54 – 10 < 50

b) ... zwischen 50 und 60.

c) ... größer als 60.

8 Einfache Minusaufgaben

65 – 20   45

Zehner weg oder Einer weg:
Aufgabe nennen, legen oder zeichnen und rechnen.

Nur die Zehner weg, das ist einfach.

65 minus 10, minus 10.

60 minus 20 und dann noch plus 5.

4, 5 Den Zehnerübergang bewusst machen.   6 Das Ableiten von Minusaufgaben vorbereiten.   7 Grundlagen des Überschlagsrechnens auf Minusaufgaben übertragen.

(P, K, A, D) → Arbeitsheft, Seite 31

Schwierige Minusaufgaben

57 − 25 = ☐

Wir rechnen mit dem Rechenstrich. Erst in Zehnerschritten 20 zurück, dann in Einerschritten 5 zurück.

Ich ziehe erst die Einer ab und dann die Zehner.

Ich schreibe die Rechenschritte auf. Erst 2 Zehner weg und dann noch die Einer.

Ich rechne erst nur mit den Zehnern und dann die Einer extra.

57 − 25 = 32
57 − 20 = 37
37 − 5 = 32

57 − 25 = 30 + 2 = 32
50 − 20
7 − 5

Anna   Kim   Till   Mila

○ **1** Zwei Aufgaben, ein Ergebnis. Beschreibe.
  a) 38 − 13   b) 47 − 12   c) 35 − 21   d) 85 − 16   e) 72 − 24
     28 − 3   37 − 2   15 − 1   75 − 6   52 − 4

○ **2 Schrittweise.** Rechne und schreibe den Rechenweg wie Eric oder Anna.

  a) 47 − 23   b) 56 − 32
     47 − 20   56 − 30
     27 − 3   26 − 2

  c) 63 − 12   d) 49 − 28
     63 − 10   49 − 20
      ☐ − 2   ☐ − 8

  e) 84 − 33   f) 59 − 38
     84 − ☐   59 − ☐
      ☐ − ☐   ☐ − ☐

  g) 64 − 25   h) 43 − 27

  i) 61 − 35   j) 72 − 58

Ich schreibe den Rechenweg auf. Erst die Zehner weg, dann die Einer.

Ich benutze den Rechenstrich. Erst die Zehner zurück, dann die Einer. Ich könnte auch mit den Einern starten.

47 − 23 = 24
47 − 20 = 27
27 − 3 = 24

Eric   Anna

58 (K, D) → Arbeitsheft, Seite 32

Verschiedene Rechenwege und mögliche zeichnerische Darstellungen („Punkt-Strich" und „Rechenstrich") besprechen. Herausstellen, dass man einfache Aufgaben als Rechenhilfe für die Bewältigung schwieriger Aufgaben heranziehen kann.
1, 2 Strategie „Schrittweise" vorbereiten und vertiefen, dabei mit Nebenrechnungen notieren oder am Rechenstrich darstellen.

3 Zwei Aufgaben, ein Ergebnis. Wie rechnet ihr?

a) 83 − 29
   53 + 1

b) 65 − 29
   35 + 1

c) 47 − 19
   27 + 1

d) 94 − 38
   54 + 2

e) 86 − 28
   56 + 2

f) 83 − 18
   63 + 2

g) 74 − 19
   54 + 1

h) 87 − 18
   67 + 2

Murat: 29 ist 1 weniger als 30. Wir rechnen erst 83 − 30 = 53.

Paula: Dann sind wir 1 zu weit zurück gegangen. Also müssen wir noch 53 + 1 rechnen.

4 Hilfsaufgaben. Rechne und schreibe den Rechenweg wie Lena oder wie Till.

a) 43 − 19
   43 − 20
   23 + 1

b) 71 − 29
   71 − 30
   41 + 1

c) 43 − 28
   43 − 30
   13 + 2

d) 94 − 27
   94 − 30
   64 + 3

e) 83 − 49

f) 56 − 18

g) 86 − 39

h) 47 − 19

Lena: 19 ist nah an 20. Ich rechne eine Hilfsaufgabe.

Till: Ich rechne mit einem Rechenstrich. Erst 20 zurück, dann einen vor.

5 Finde Aufgaben, die du gut mit Hilfsaufgaben rechnen kannst.

6 Welche Aufgaben wurden gerechnet?

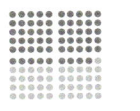

a) 42 43 ──30── 72
   6a) 72 − 29 = 43

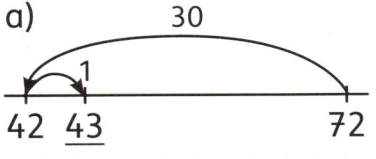

b) 64 65 ──20── 84

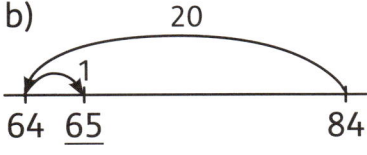

c) 55 56 ──40── 95

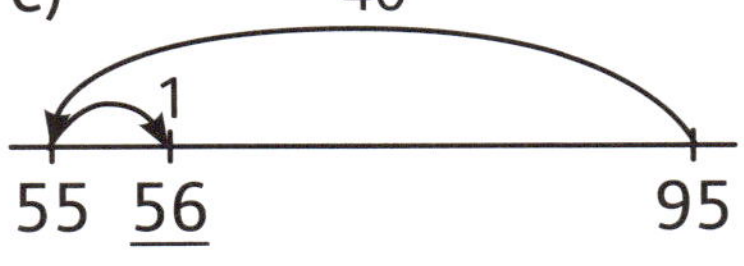

d) ▢ ▢ ──20── 47 (Sprung: 2)

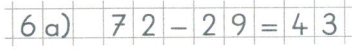

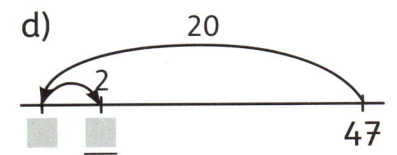

e) ▢ ▢ ──50── 93 (Sprung: 1)

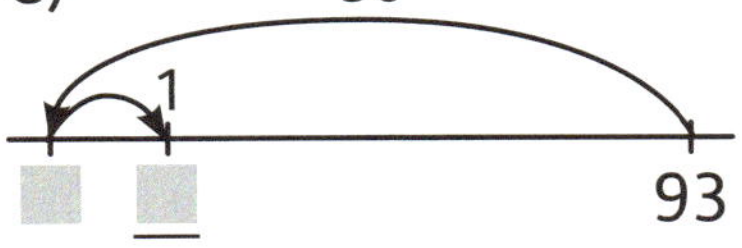

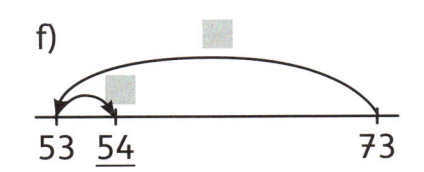

f) 53 54 ──▢── 73

Schwierige Minusaufgaben

1 Zehner und Einer extra. Rechne und schreibe den Rechenweg wie Mila.

Zehner minus Zehner, Einer minus Einer.

47 − 23 = 20 + 4 =
40 − 20
7 − 3

Mila

a) 47 − 23
40 − 20
7 − 3

b) 78 − 12
70 − 10
8 − 2

c) 75 − 23
70 − 20
5 − 3

d) 56 − 24
50 − 20
6 − 4

e) 53 − 22
50 − ☐
☐ − ☐

f) 94 − 43
90 − ☐
☐ − ☐

g) 84 − 32
80 − ☐
☐ − ☐

e) 69 − 47
60 − ☐
☐ − ☐

e) 45 − 14
40 − ☐
☐ − ☐

2 Rechne. Was fällt dir auf?

a) 47 − 16
47 − 17
47 − 18

b) 53 − 22
53 − 23
53 − 24

c) 65 − 24
65 − 25
65 − 26

d) 38 − 17
38 − 18
38 − 19

e) 74 − 33
74 − 34
74 − 35

3 Zwei Aufgaben, ein Ergebnis. Beschreibe.

a) 61 − 24
40 − 3

b) 53 − 25
30 − 2

c) 72 − 53
20 − 1

d) 45 − 38
10 − 3

e) 73 − 49
30 − 6

f) 31 − 16
20 − 5

1 minus 4. Ich muss den Zehner anbrechen und noch 3 wegnehmen, also 40 minus 3.

61 − 24 = 40 − 3
60 − 20
1 − 4

Max

4 Zehner und Einer extra. Rechne und schreibe den Rechenweg wie Mila.

Ich muss den Zehner anbrechen: 20 − 4.

43 − 27 = 20 − 4 =
40 − 20
3 − 7

Mila

a) 43 − 27
40 − 20
3 − 7

b) 32 − 14
30 − 10
2 − 4

c) 63 − 17
60 − 10
3 − 7

d) 45 − 28
40 − 20
5 − 8

e) 74 − 38
70 − 30
4 − 8

f) 92 − 53
90 − ☐
☐ − ☐

g) 82 − 34

h) 54 − 27

i) 62 − 18

60

1, 2 Strategie „Zehner und Einer extra" erproben und vertiefen, dabei auf korrekte Notation der Nebenrechnung achten.
3, 4 Schwierigkeiten des Zehnerübergangs reflektieren. Auf mathematisch korrekte Notation des Rechenweges achten.

(K, A, D) → Arbeitsheft, Seite 33

5 Wie rechnest du? Schreibe deinen Rechenweg auf.

| 47 – 19 | 54 – 28 | 61 – 17 | 67 – 23 | 94 – 34 | 75 – 34 | 74 – 29 |
| 54 – 19 | 46 – 13 | 62 – 31 | 71 – 12 | 43 – 29 | 65 – 47 | 53 – 19 |

Schrittweise

47 – 19 = 28
47 – 10 = 37
37 – 9 = 28

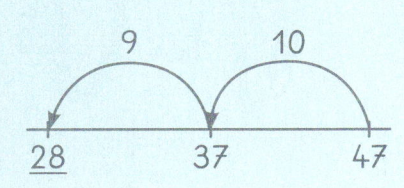

Hilfsaufgabe

47 – 19 = 28
47 – 20 = 27
27 + 1 = 28

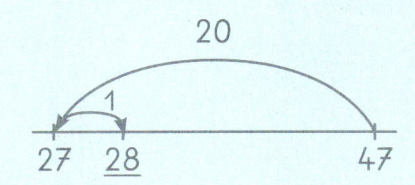

Zehner und Einer extra

47 – 19 = 30 – 2 = 28
40 – 10
 7 – 9

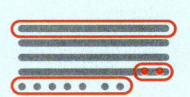

6 Schöne Päckchen. Beschreibe und begründe.

a) 40 – 6
   45 – 6
   50 – 6

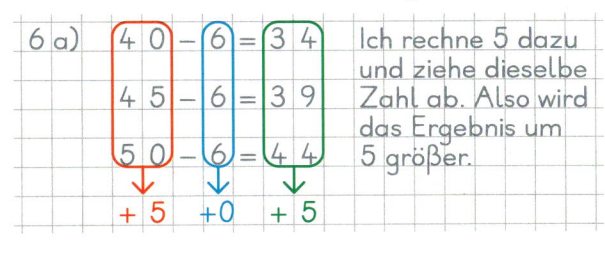

Ich rechne 5 dazu und ziehe dieselbe Zahl ab. Also wird das Ergebnis um 5 größer.

b) 52 – 8
   54 – 8
   56 – 8

c) 32 – 10
   32 – 12
   32 – 14

d) 37 – 6
   42 – 11
   47 – 16

e) 62 – 20
   60 – 18
   58 – 16

7 Die Kinder haben die Minusaufgabe 69 – 21 gerechnet.

a) Max erhöht die erste Zahl um 2 und die zweite Zahl um 12.
   Wie ändert sich das Ergebnis?

   69 – 21 = 48
   71 – 33 =
   +2   +12   –10

   Wenn ich 2 dazu rechne und 12 mehr abziehe, dann wird das Ergebnis um 10 kleiner.
   Ina

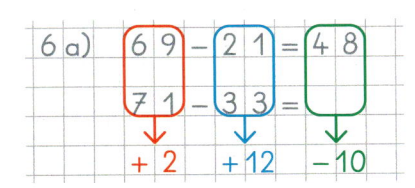

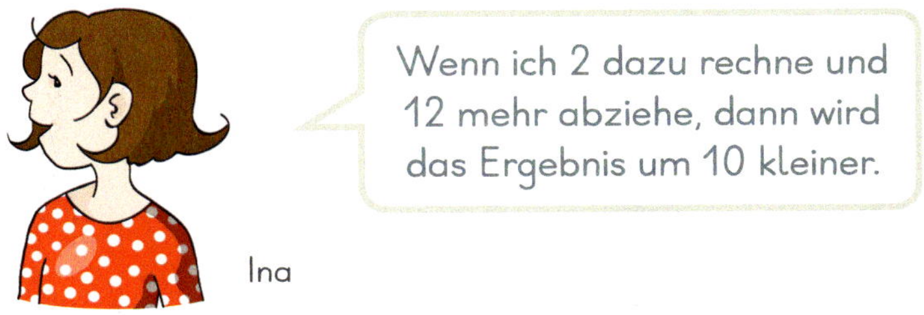

b) Till erhöht die erste Zahl um 10 und die zweite Zahl um 5.
   Wie ändert sich das Ergebnis?

c) Paula erhöht die erste Zahl um 10 und verringert die zweite Zahl um 5.
   Wie ändert sich das Ergebnis?

d) Metin ändert beide Zahlen und erhält das Ergebnis 40.
   Wie könnte er die Zahlen verändert haben? Finde verschiedene Möglichkeiten.

5 Rechenwege mit Bezug zu den Zahlen bewusst auswählen und anwenden. 6 Regelmäßigkeiten erkunden und begründen, u. a. auch mit Forschermitteln (z. B. mit Pfeilen oder Farben). 7 Strukturen in Rätselform erkennen und nutzen.

(P, K, A, D) → Arbeitsheft, Seite 33

Aufgaben am Rechenstrich

1 Wie rechnen die Kinder? Beschreibe und notiere die Rechenwege.

Ich fange mit den Einern an. Erst minus 8, dann minus 20.

Ich fange mit den Zehnern an.

75 − 28

Ich springe erst zum Nachbarzehner zurück.

28 ist nah an 30. Ich gehe 30 zurück, dann 2 vor.

Lilly Eva Murat Max

2 Wie rechnest du? Zeichne am Rechenstrich.
a) 78 − 32   b) 53 − 14   c) 62 − 36   d) 81 − 29   e) 49 − 13   f) 95 − 45
   64 − 17   77 − 39   85 − 58   93 − 42   61 − 24   82 − 31

Kontrolliere: Die Ergebnisse sind immer Nachbarzahlen.

3 Wie rechnest du? Zeichne am Rechenstrich.
a) 65 − 32   b) 83 − 27   c) 59 − 33   d) 72 − 24   e) 42 − 17   f) 66 − 57
   86 − 43   91 − 45   72 − 56   85 − 27   84 − 49   88 − 69

Kontrolliere: Die Ergebnisse unterscheiden sich immer um 10.

4 Welche Minusaufgabe wurde gerechnet?

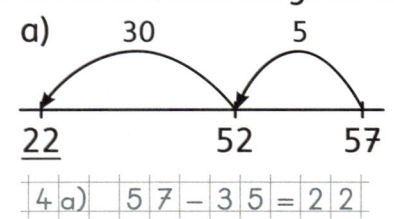

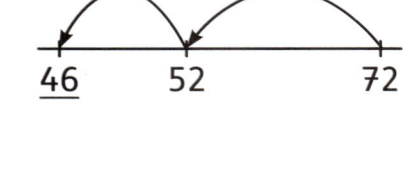

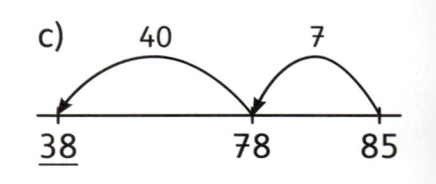

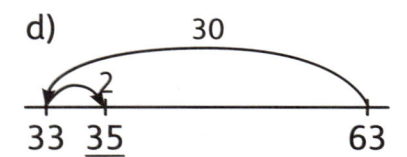

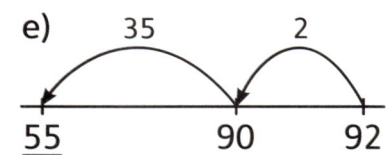

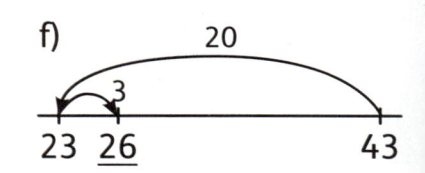

a) 22 — 30 → 52 — 5 → 57

4a) 57 − 35 = 22

b) 46 ← 6 — 52 — 20 → 72

c) 38 — 40 → 78 — 7 → 85

d) 33 ← 2 — 35 — 30 → 63

e) 55 — 35 → 90 — 2 → 92

f) 23 — 3 → 26 — 20 → 43

62

1 Rechenwege an Darstellungen den Strategien der vorigen Seiten zuordnen.   2, 3 Rechenstrich anwenden und als Darstellungsmöglichkeit für Rechenwege vertiefen.   4 Darstellungen am Rechenstrich nachvollziehen.

(K, D)   → Arbeitsheft, Seite 34

5 Finde Minusaufgaben mit dem Ergebnis.
a) 31   b) 57   c) 12   d) 39   e) Wähle ein Ergebnis und finde Aufgaben dazu.

Metin:
61 − 30 = 31
56 − ⎵ = 31

56 ist 5 kleiner als 61. Also ist der Bogen zurück zur 31 auch 5 kürzer.

6 Zahlenrätsel. Wie heißt die Startzahl?
a) Ich rechne schrittweise: Erst 10 zurück und dann 4 zurück. Ich erhalte 32.

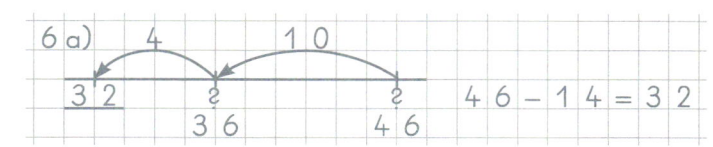

6 a)   4   10
   32 ← ? ← ?   46 − 14 = 32
        36   46

b) Ich rechne schrittweise: Erst 5 zurück und dann 20 zurück. Ich erhalte 19.

c) Ich rechne mit einer Hilfsaufgabe: Erst 30 zurück und dann 1 vor. Ich erhalte 46.

d) Ich rechne mit einer Hilfsaufgabe: Erst 20 zurück und dann 2 vor. Ich erhalte 18.

e) Finde Zahlenrätsel.

7 Finde Minusaufgaben zu den Rechenstrichen.

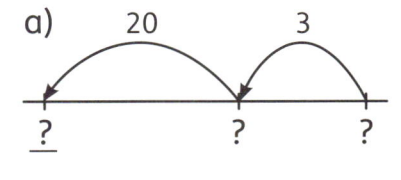

a) 20   3
   ?   ?   ?

7 a) 53 − 23 = 30
      86 − 23 = 63
      45 − 23 = 22

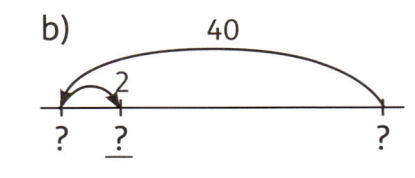

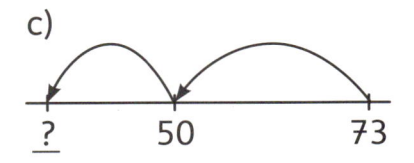

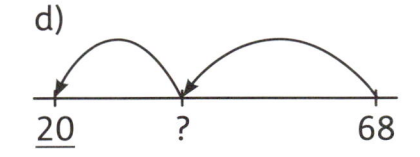

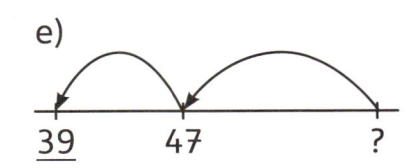

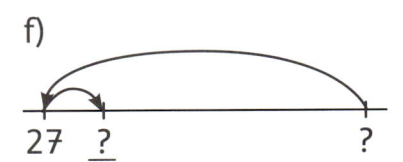

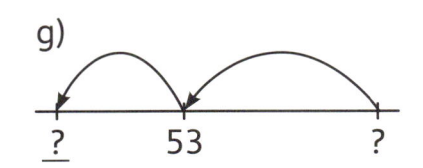

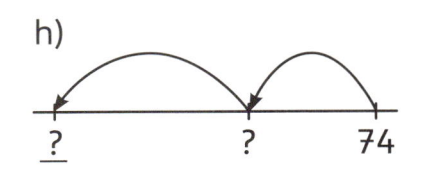

b) 40
   2
   ? ?   ?

c) ?   50   73

d) 20   ?   68

e) 39   47   ?

f) 27 ?   ?

g) ?   53   ?

h) ?   ?   74

Abziehen und Ergänzen

1 Finde immer vier Aufgaben: Tauschaufgaben und Umkehraufgaben.

a) 31 56 87

b) 47 26 21

c) 52 17 35

d) 66 33 99

e) 81 27 54

1a) 31 + 56 = 87   56 + 31 = 87
     87 − 56 = 31   87 − 31 = 56

2 Wählt eine dritte Zahl und findet vier Aufgaben. Vergleicht.

a) 24 61 ▮   b) 81 17 ▮   c) 37 28 ▮   d) 51 12 ▮

3 Ergänze zu Zehnerzahlen.

a) 25 + ▮ = 50   b) 23 + ▮ = 70   c) 48 + ▮ = 60   d) 75 + ▮ = 100

e) 45 + ▮ = 80   f) 17 + ▮ = 30   g) 55 + ▮ = 90   h) 63 + ▮ = 90

4 Ergänze schrittweise. Rechne und schreibe wie Ben oder Till.

58 + ▮ = 74

Ich ergänze erst zum nächsten Zehner.

Ben:
58 + 16 = 74
58 + 2 = 60
60 + 14 = 74

Ich ergänze erst zum passenden Einer.

Till:
58 + 16 = 74
58 + 6 = 64
64 + 10 = 74

a) 58 + ▮ = 74   b) 46 + ▮ = 73   c) 17 + ▮ = 61   d) 34 + ▮ = 63

e) 45 + ▮ = 81   f) 29 + ▮ = 51   g) 47 + ▮ = 81   h) 22 + ▮ = 71

5 Zerlegen

Zehnerzahl wählen, zerlegen und Plusaufgabe nennen.

„90 gleich"

„90 gleich 37 + 53"

1, 2 Zusammenhang zwischen Plus- und Minusaufgaben wiederholen.   3 Einfache Ergänzungsaufgaben üben.
4 Das Ergänzen auf den Hunderterraum übertragen und am Rechenstrich zeichnen.

(K, A, D) → Arbeitsheft, Seite 35

6 Löse durch Ergänzen.

a) 63 – 56	b) 92 – 83	c) 100 – 81	d) 55 – 45	e) 90 – 81
56 – 49	83 – 75	81 – 64	45 – 36	81 – 72
49 – 42	75 – 68	64 – 49	36 – 28	72 – 63
42 – 35	68 – 62	49 – 36	28 – 21	63 – 54
35 – 28	62 – 57	36 – 25	21 – 15	54 – 45

7 Schöne Päckchen. Setze fort.

a) 99 + ▨ = 100
88 + ▨ = 100
77 + ▨ = 100
66 + ▨ = 100
55 + ▨ = 100

b) 31 + ▨ = 60
32 + ▨ = 59
33 + ▨ = 58
34 + ▨ = 57
35 + ▨ = 56

Die erste Zahl wird immer um 11 kleiner, also muss die zweite Zahl …

99 + 1 = 100
88 + 12 = 100

Lena

8 Wie rechnen die Kinder 76 – 58?
Wie geht es noch? Findet Rechenwege und vergleicht.

Ich ziehe schrittweise ab, zuerst die Zehner. — Finn

Ich ergänze von 58 zuerst auf den gleichen Einer, also 58 + 8 = 66. — Anna

58 ist nah an 60. Ich rechne eine Hilfsaufgabe. — Sophie

Ergänzen oder Abziehen
76 – 58

9 Wie rechnest du? Schreibe deinen Rechenweg auf oder zeichne einen Rechenstrich.

a) 58 – 12	b) 88 – 29	c) 34 – 31	d) 65 – 26	e) 99 – 88
47 – 25	64 – 38	67 – 63	94 – 35	73 – 12
97 – 46	71 – 49	79 – 71	46 – 27	87 – 56
53 – 21	82 – 69	63 – 58	77 – 48	39 – 18
76 – 44	90 – 78	94 – 92	83 – 74	43 – 12

6, 7 Strukturen in Ergänzungsaufgaben erkennen.   8, 9 Verschiedene Rechenwege sammeln und besprechen.

(K, A, D) → Arbeitsheft, Seite 35

Rückblick

Ich kann Minusaufgaben erkennen und rechnen. Ich kann Rechenwege für schwierige Minusaufgaben finden und darstellen. Ich kann Minusaufgaben durch Ergänzen lösen.

1 Einfache Minusaufgaben.
a) 83 – 30
    83 – 50
b) 54 – 10
    54 – 40
c) 66 – 40
    68 – 40
d) 94 – 50
    98 – 50
e) 38 – 6
    58 – 6

f) 35 – 4
   75 – 4
g) 43 – 5
   43 – 7
h) Finde 5 einfache Minusaufgaben.

2 Schrittweise, Zehner und Einer extra oder **Hilfsaufgabe**? Wie rechnest du?

47 – 23	87 – 43	55 – 32	67 – 48	47 – 19	75 – 26
57 – 28	71 – 39	63 – 35	83 – 45	45 – 16	76 – 18
74 – 13	54 – 19	84 – 23	91 – 39	75 – 42	96 – 28

3 Finde 5 Aufgaben, die zum Rechenweg **Hilfsaufgabe** passen.

4 Löse durch Ergänzen. Schreibe deinen Rechenweg auf und zeichne den Rechenstrich.
a) 87 – 65
   67 – 45
b) 74 – 71
   94 – 91
c) 32 – 18
   72 – 58
d) Finde 5 Aufgaben, die zu diesem Rechenweg passen.

5 Welche Minusaufgabe wurde gerechnet? Schreibe den Rechenweg auf.
a) 57 →(+13)→ 70 →(+6)→ 76
b) 32 →(+8)→ 40 →(+25)→ 65
b) 25 →(+1)→ 26 →(+40)→ 65

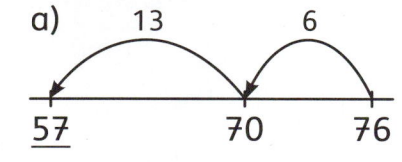

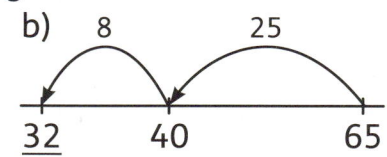

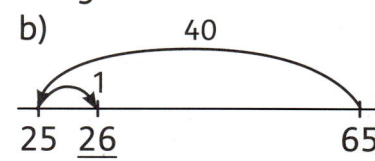

6 Finde Minusaufgaben. Das Ergebnis ist …
a) … kleiner als 25.
b) … zwischen 50 und 60.
c) … größer als 75.

7 ⚡ **Übt immer wieder.**
Einfache Minusaufgaben (Seite 57)
Zerlegen (Seite 64)

Wesentliche Aspekte des Kapitels noch einmal reflektieren.

(D) → Arbeitsheft, Seite 36

Forschen und Finden: Rechenketten

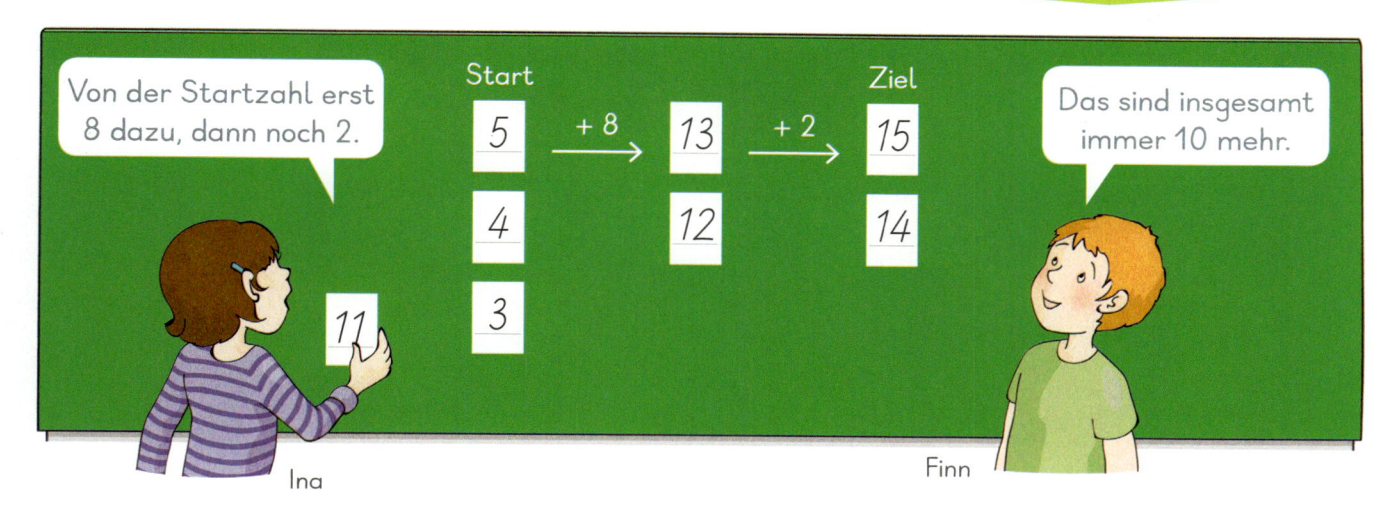

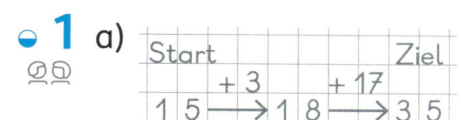

Von der Startzahl erst 8 dazu, dann noch 2.

Start: 5 →+8→ 13 →+2→ 15 :Ziel

4 → 12 → 14

11 → 3 →

Das sind insgesamt immer 10 mehr.

Ina Finn

1 a)
```
Start           Ziel
   +3    +17
15 → 18 → 35
```
Startet die Rechenkette auch mit 19, 34 und 58.

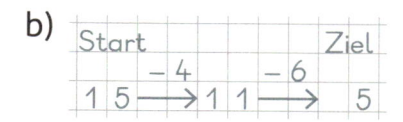

b)
```
Start           Ziel
   -4    -6
15 → 11 → 5
```
Startet die Rechenkette auch mit 37, 58 und 99.

c) Vergleicht Start- und Zielzahl. Was fällt euch auf? Begründet.

2 Finde verschiedene Rechenketten zu den Start- und Zielzahlen.

a) Start	Ziel	b) Start	Ziel	c) Start	Ziel
17	47	13	35	38	47
29	59	42	64	65	74

3 Umkehrzahlen.

a)
```
Start           Ziel
   +20    -2
13 → 33 → 31
```
Starte die Rechenkette auch mit 24, 35, 46, 57 und 68.

b)
```
Start           Ziel
   +10    -1
12 → 22 → 21
```
Starte die Rechenkette auch mit 23, 34, 45, 56 und 67.

c) Vergleiche die Zahlen in der Rechenkette. Was fällt dir auf? Beschreibe.

d) Zeige an der Hundertertafel. Lege für jede Rechenkette Plättchen auf die Startzahl, das Zwischenergebnis und die Zielzahl. Begründe.

11	12	13	14
21	22	23	24
31	32	33	34
41	42	43	44

e) Finde auch Rechenketten für andere Startzahlen.

Spiegeln

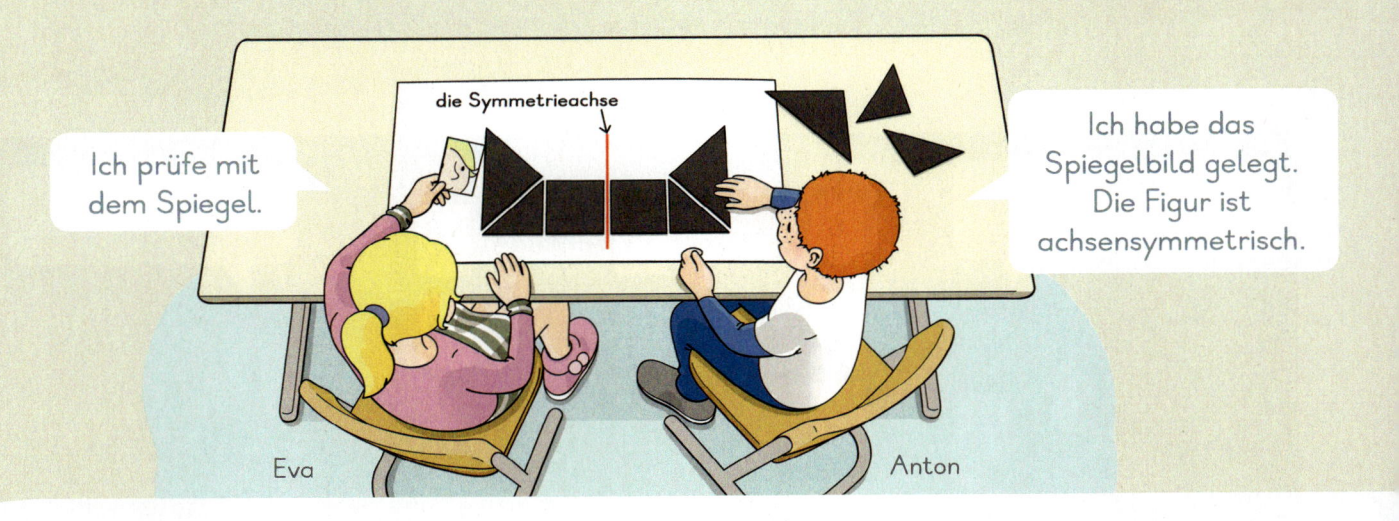

"Ich prüfe mit dem Spiegel." — Eva

"Ich habe das Spiegelbild gelegt. Die Figur ist achsensymmetrisch." — Anton

1 Legt Figuren und das Spiegelbild. Prüft mit dem Spiegel.

2 Finde Figuren mit dem Spiegel. Zeichne die Symmetrieachse.
a)  b) 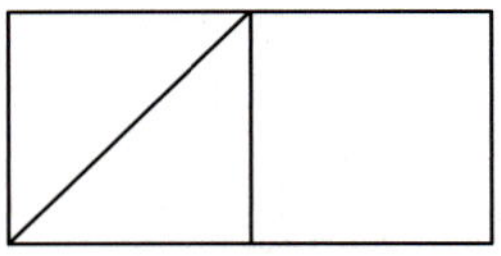 c) 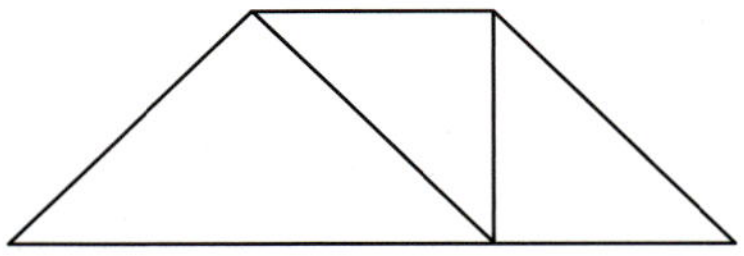 d)

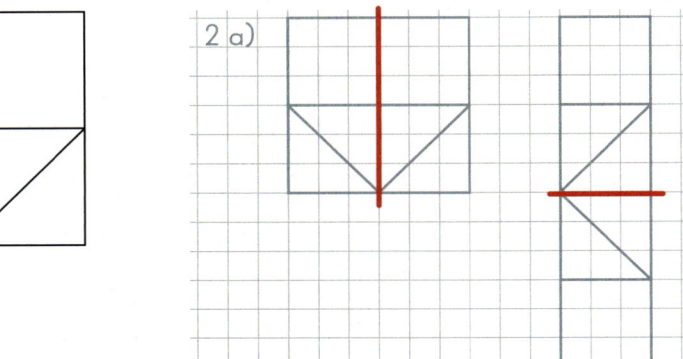

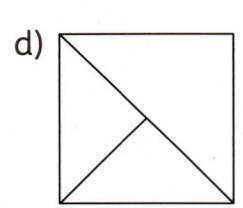

3 Lege Figuren. Spiegle und zeichne.

4 Sind die Figuren achsensymmetrisch? Erkläre und zeichne neu.
a) b) 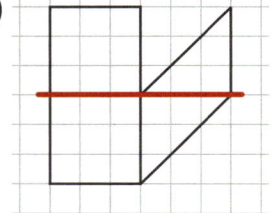 c)

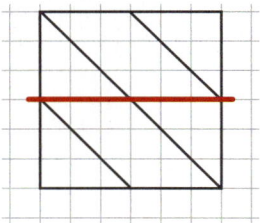

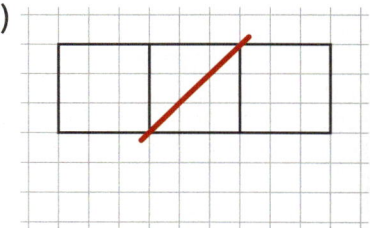

1 In Partnerarbeit Spiegelbilder mit den Tangramformen erzeugen. Ein Kind legt eine Hälfte, das andere ergänzt symmetrisch. Mit dem Spiegel prüfen.   **2** Legefigur nachlegen. Möglichst systematisch den Spiegel an unterschiedlichen Stellen platzieren. Symmetrische Figur zeichnen.   **3** Eigene Legefigur wählen. Spiegeln und zeichnen.   **4** Fehler finden. Neu zeichnen.

(K, D) → Arbeitsheft, Seite 38

5 Zeichne ab. Ergänze achsensymmetrisch.

a) b) 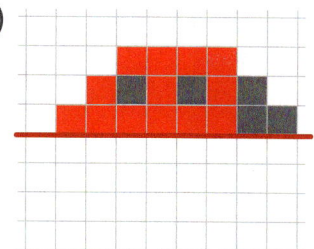 c)

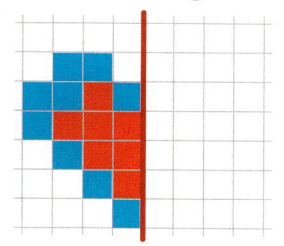

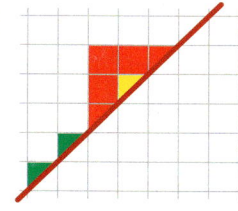

d) 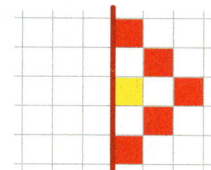 e) 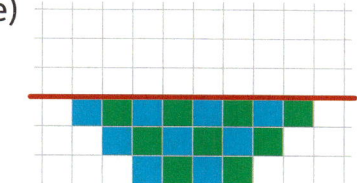 f)

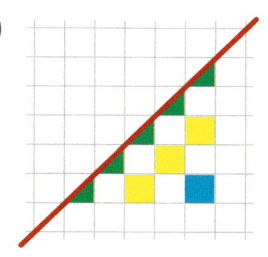

g) Zeichne achsensymmetrische Figuren.

6 Sind die Figuren achsensymmetrisch? Erkläre und zeichne neu.

a) b) 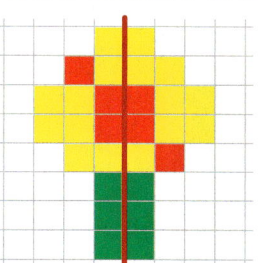 c)

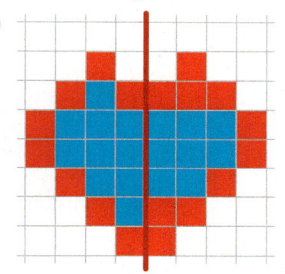

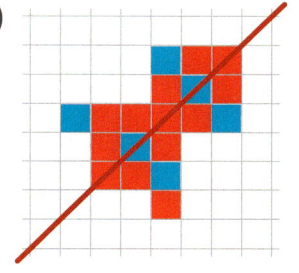

7 Spiegle und zeichne. Setze fort.

a)

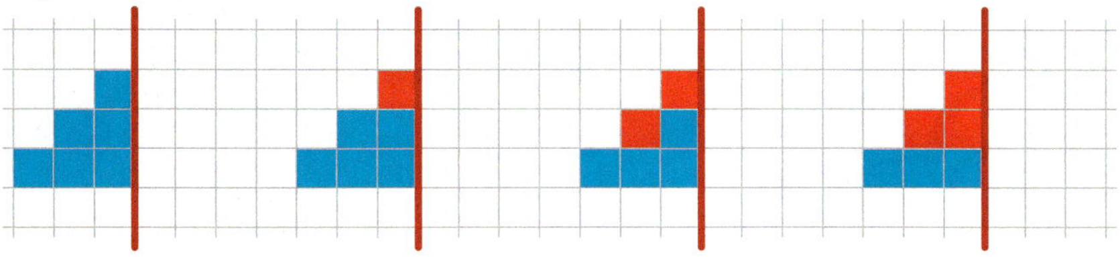

b)

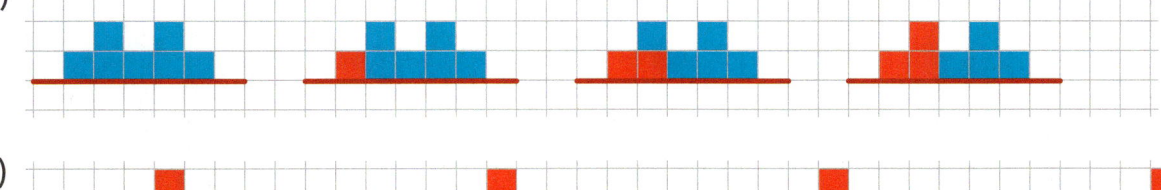

c)

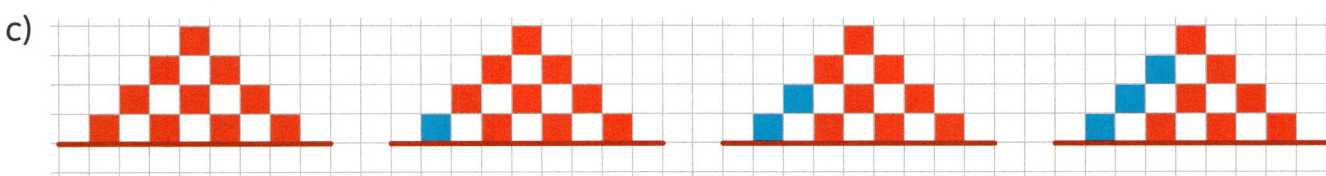

d) Finde Muster. Spiegle und zeichne.

5 Figuren achsensymmetrisch ergänzen. 6 Begründen, warum die Figuren nicht achsensymmetrisch sind. Fehler korrigieren. Verschiedene Lösungen möglich. 7 Figuren achsensymmetrisch ergänzen. Muster fortsetzen. Verschiedene Fortsetzungen möglich. Eigene Muster aus Spiegelbild finden.

(P, D) → Arbeitsheft, Seite 38

Einführung der Malaufgaben

3 · 4 = 12
3 mal 4 gleich 12
4 + 4 + 4 = 12

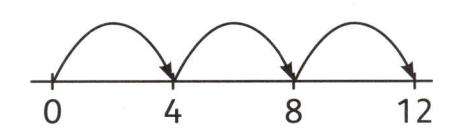

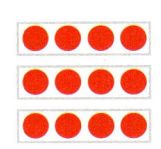

1 Erzählt. Findet Malaufgaben.

5 + 5 + 5 = 15
3 mal 5 = 15
3 · 5 = 15

2 Findet Malaufgaben in der Klasse. Zeichnet und schreibt.

In der Klasse sind 5 Gruppentische. An jedem Tisch sitzen 4 Kinder.

4 + 4 + 4 + 4 + 4

5 · 4

70

1 Sachsituation beschreiben und dazu Malaufgaben finden. Notationsform mit Punkt für Malaufgaben einführen und besprechen, 4 mal 3 näher beschreiben lassen, z. B. „immer 3, insgesamt 4 mal". **2** Aufgaben finden und auf verschiedene Weisen notieren (als Malgeschichte, als Bild, als Term).

(K, A, D) → Arbeitsheft, Seiten 39–41

Malaufgaben in der Umwelt

3 Finde Plusaufgaben und Malaufgaben. Vergleiche.

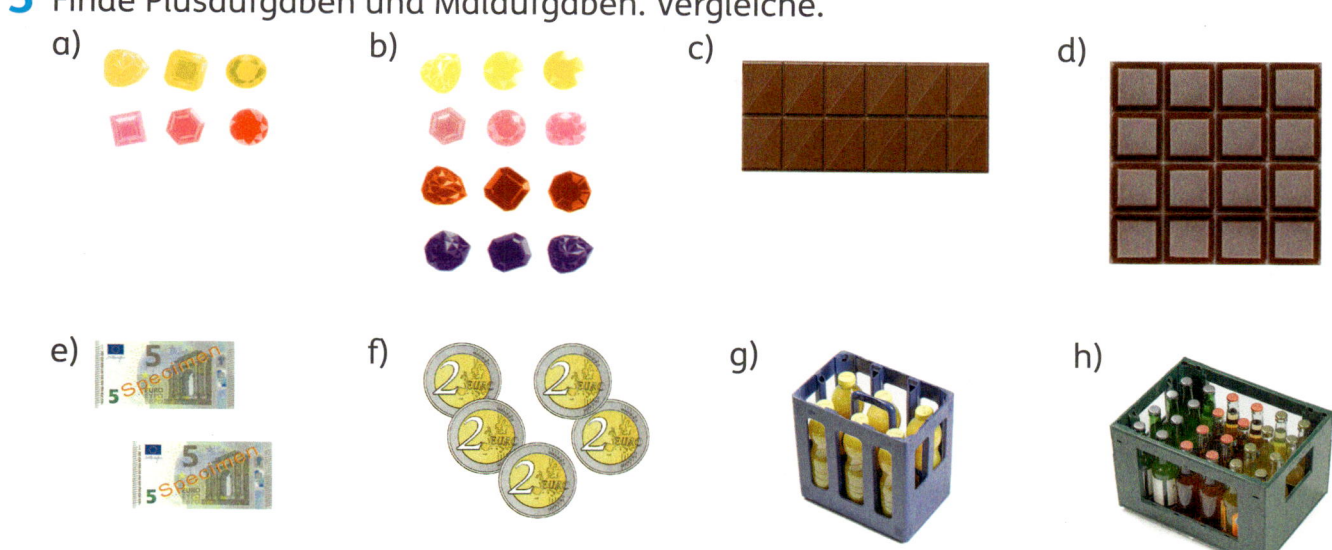

a) b) c) d)

e) f) g) h)

4 Finde Plusaufgaben und Malaufgaben.

5 Rechengeschichten. Erzähle.

a) Immer 3 auf einen Stapel.

Ben

b) 4 Kinder würfeln. Jedes Kind hat 5 Würfel. Wie viele Würfel sind es?

c) Paul liest jeden Abend 4 Seiten. Wie viele Seiten liest er in einer Woche?

d) Frida stellt immer 5 Blumen in eine Vase. Sie hat 5 Vasen. ?

e) Finde Malgeschichten. Schreibe oder zeichne.

3, 4 Zu den verschiedenen Situationen Plus- und Malaufgaben suchen und aufschreiben. Benachbarte Bilder und Terme evtl. vergleichen. 5 Zu Rechengeschichten erzählen, Fragesatz ausformulieren, Aufgaben lösen und eigene erfinden.

(K, A, M, D) → Arbeitsheft, Seiten 39–41

Malaufgaben legen und erklären

1 Würfelt. Findet Malaufgaben. Erklärt.

Ina: „Das sind 4 Sechsen."
Lilly: „Das sind 4 mal 6."
Eric: „Ich sehe 5 mal 1 und 1 mal 5."

2 Würfelbilder. Schreibe immer drei Aufgaben.

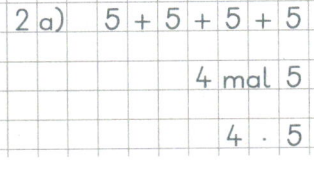

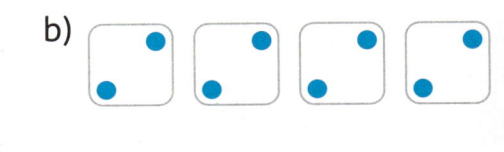

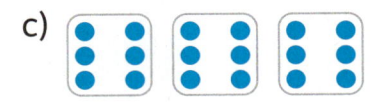

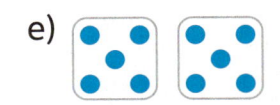

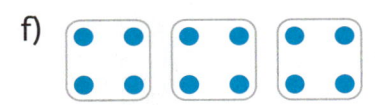

a) [Würfelbilder]

```
2 a)  5 + 5 + 5 + 5
           4 mal 5
           4 · 5
```

b) [Würfelbilder]
c) [Würfelbilder]
d) [Würfelbilder]
e) [Würfelbilder]
f) [Würfelbilder]

g) Zeichne Malaufgaben mit Würfelbildern.

3 Malgeschichten. Wie viele Würfelaugen sind es zusammen?
a) Marta würfelt 3 mal eine 5.
b) Max würfelt 2 mal eine 3 und 3 mal eine 2.
c) Anton würfelt 2 mal eine 4 und 3 mal eine 4.
d) Finde Malgeschichten. Schreibe und rechne.

4 Zeichne Malbilder. Erkläre.
a) 3 · 4
b) 2 · 3
c) 5 · 6
d) 5 · 2
e) 3 · 5
f) 2 · 6
g) 4 · 2

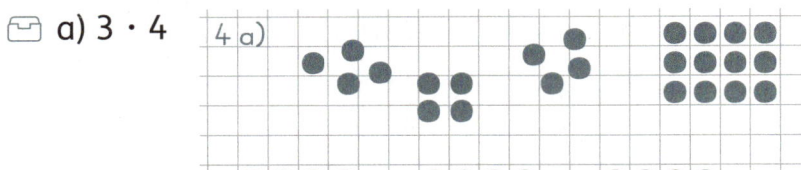

1, 2 Mit Würfeln verschiedene Malaufgaben bilden, dazu Würfel sortieren (zu zweit würfeln und passende Malaufgaben notieren, mit Würfeln spielen, z. B. Augenzahlen sammeln). **3** Malgeschichten (evtl. nachlegen) lösen. **4** Malaufgaben mit Plättchen legen und aufmalen. Zusammenhänge zwischen den Darstellungen klären.

(K, M, D) → Arbeitsheft, Seite 42

5 Zeige mit dem Malwinkel. Rechne die Plusaufgabe und die Malaufgabe. Beschreibe.

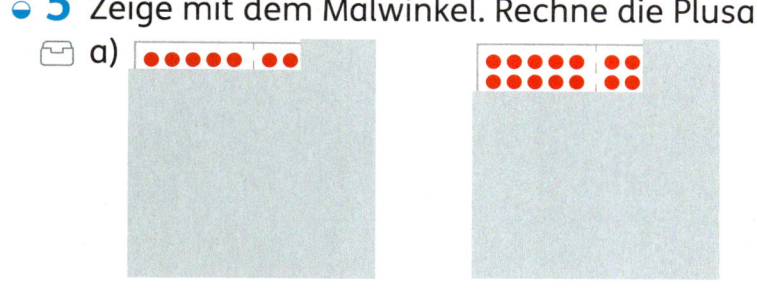

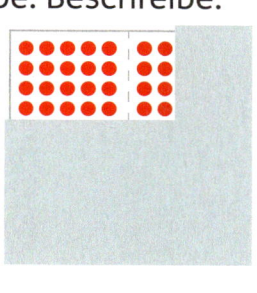

a)

5 a)	7	7 + 7	7 + 7 + 7	7 + 7 + 7 + 7
	1 · 7 = 7	2 · 7 = 14	3 · 7 = 21	4 · 7 = 28

b)

c)

d)

e)

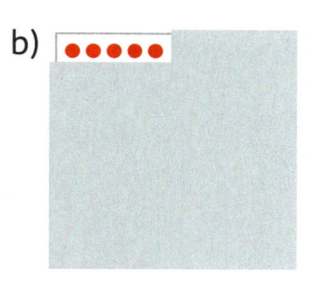

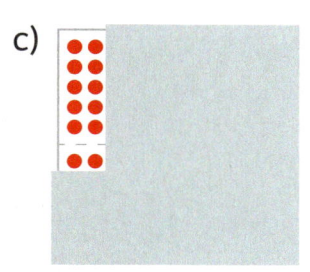

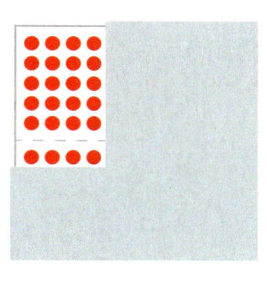

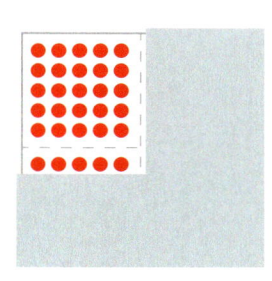

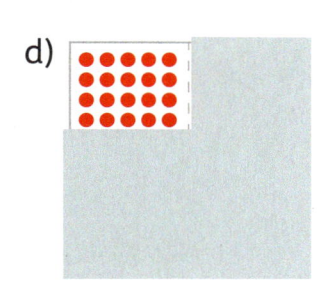

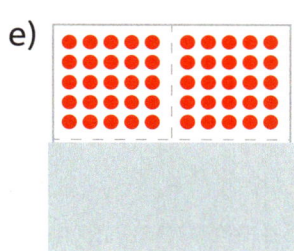

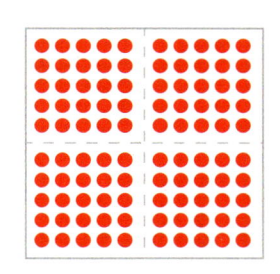

f) Zeige weitere Punktebilder mit dem Malwinkel. Rechne die Plusaufgabe und die Malaufgabe.

6 Schöne Päckchen. Zeige mit dem Malwinkel und rechne. Beschreibe und erkläre.

a) 2 · 4	b) 1 · 3	c) 2 · 5	d) 3 · 5	e) 2 · 3
3 · 4	3 · 3	2 · 4	3 · 6	3 · 4
4 · 4	5 · 3	2 · 3	3 · 7	4 · 5
5 · 4	7 · 3	2 · 2	3 · 8	5 · 6

f) Finde schöne Päckchen mit Malaufgaben. Rechne.

5, 6 Malaufgaben mithilfe des Malwinkels am Hunderterfeld legen und dann systematisch verschieben. Neben horizontaler Lage auch vertikale Lage der gleichen Zahlen zulassen.

(K, A, D) → Arbeitsheft, Seite 42

Tauschaufgaben und Quadrataufgaben

Ich sehe 4 · 7.

Ich sehe aber 7 · 4.

Das ist die Tauschaufgabe.

Anton

Eva

1 Findet Aufgabe und Tauschaufgabe. Zeigt mit dem Malwinkel und rechnet.

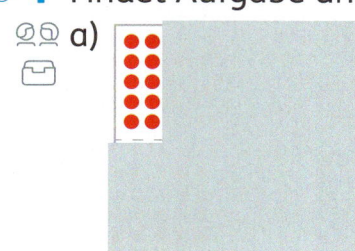

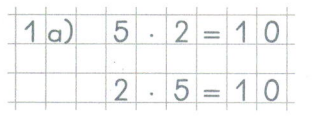

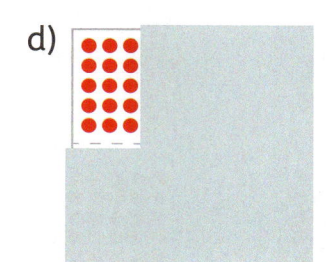

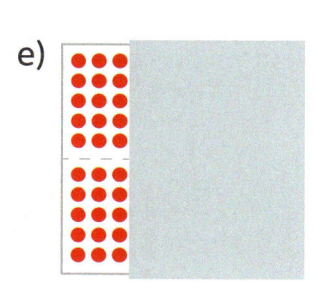

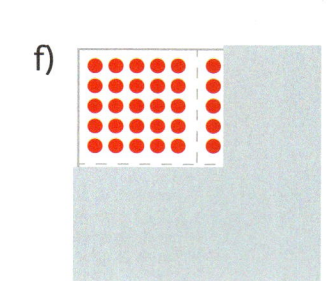

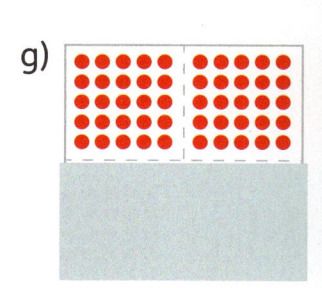

a)

1a) 5 · 2 = 10
     2 · 5 = 10

b) c) d) e) f) g)

2 Findet Aufgaben und Tauschaufgaben.

3 Tauschaufgaben. Welche Aufgabe findest du einfacher? Kreuze an.

a) 2 · 8
   8 · 2

3a) X 2 · 8 = 16
       8 · 2 = 16

b) 4 · 10   c) 2 · 6   d) 4 · 5   e) 7 · 0
   10 · 4   6 · 2   5 · 4   0 · 7

4 Schreibe Aufgaben und Tauschaufgaben.

a) 2 · ▪
   ▪ · 2

4a) 2 · 3 = 6   2 · 7 = 14
     3 · 2 = 6   7 · 2 = 14

b) 5 · ▪   c) ▪ · 10   d) ▪ · ▪
   ▪ · 5   10 · ▪   ▪ · ▪

74

1, 2 Aufgabe und Tauschaufgabe zu den Bildern finden und zu Aufgaben beides mit dem Malwinkel darstellen
3 Tauschaufgaben unterscheiden (v. a. erste und zweite Zahl vergleichen).   4 Eigene Aufgaben finden.

(D, K) → Arbeitsheft, Seite 43

Ich sehe 4 · 4.

Ich sehe auch 4 · 4.

Das ist eine Quadrataufgabe.

Anton

Eva

Das Ergebnis einer Quadrataufgabe heißt Quadratzahl.

5 Immer Quadrate. Zeige mit dem Malwinkel und rechne. **Quadrat**

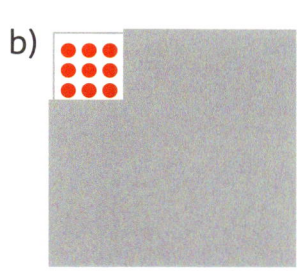

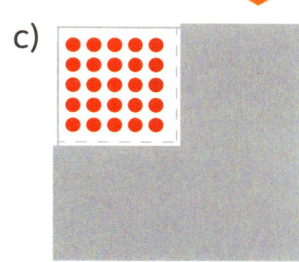

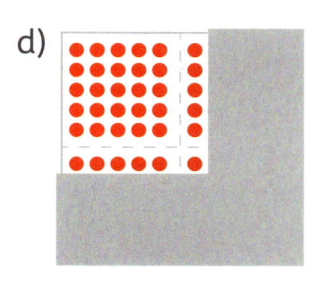

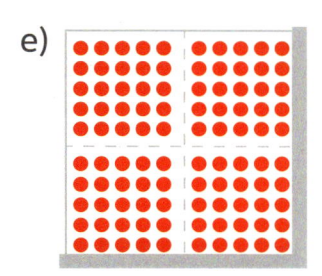

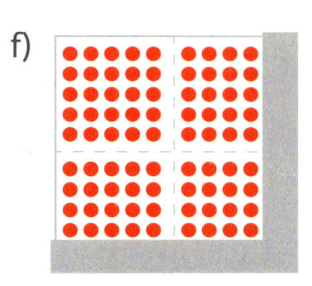

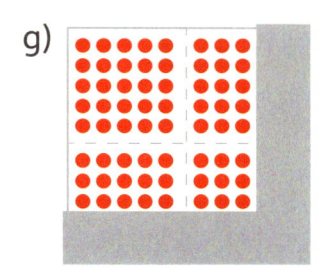

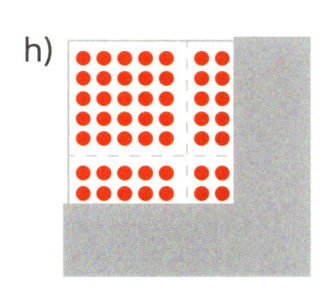

a) b) c) d)

e) f) g) h)

6 Erzählt. Findet Aufgaben.

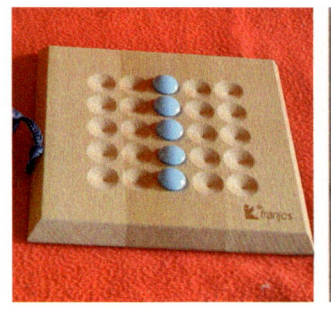

5 Aufgaben zu den Bildern finden (Besonderheit der Quadrataufgabe an der Form erläutern). 6 Quadrataufgaben in Sachsituationen erkennen und rechnen.

75

(K, D) → Arbeitsheft, Seite 43

Einfache Malaufgaben

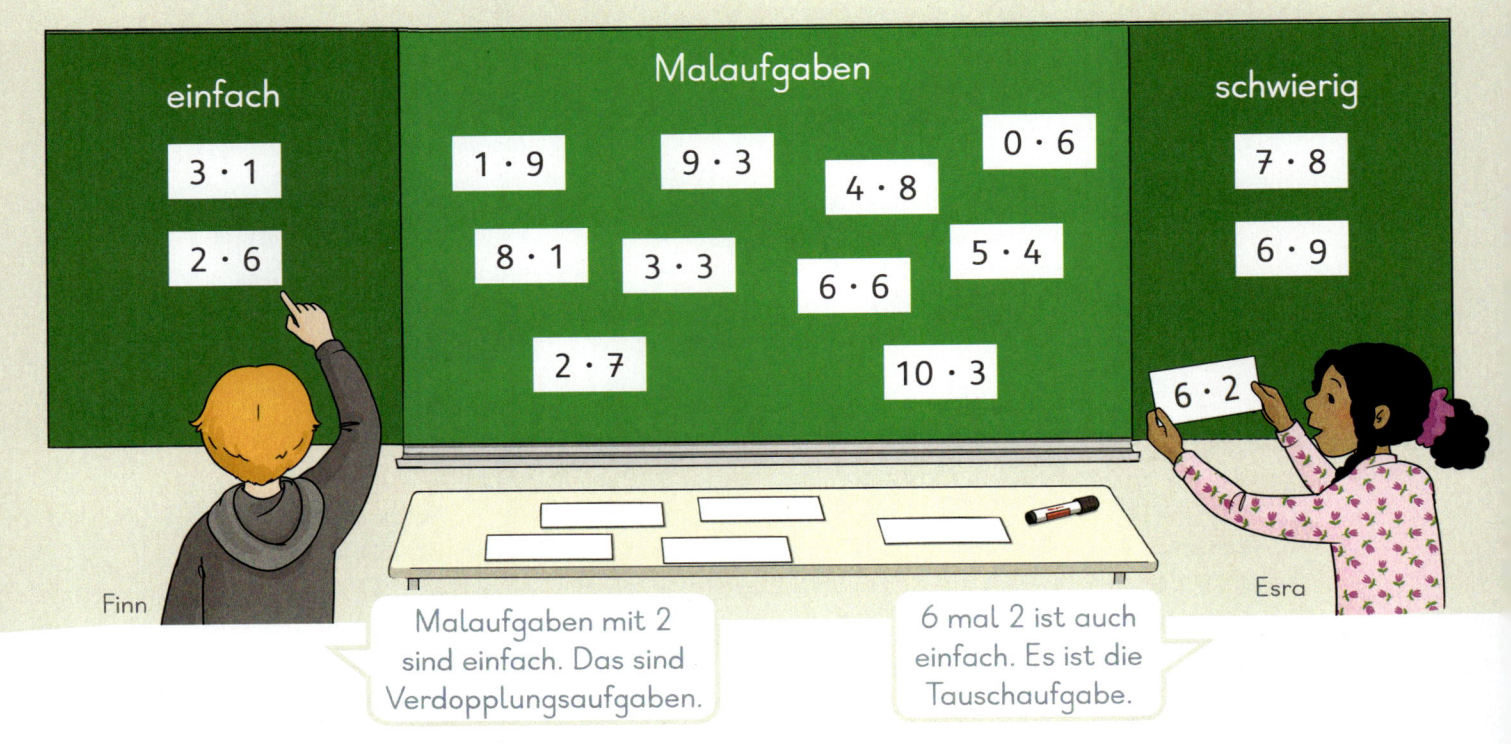

einfach: 3·1, 2·6

Malaufgaben: 1·9, 9·3, 0·6, 4·8, 8·1, 3·3, 5·4, 6·6, 2·7, 10·3, 6·2

schwierig: 7·8, 6·9

Finn: Malaufgaben mit 2 sind einfach. Das sind Verdopplungsaufgaben.

Esra: 6 mal 2 ist auch einfach. Es ist die Tauschaufgabe.

1 Welche Aufgaben findest du einfach? Zeige mit dem Malwinkel, schreibe und rechne.

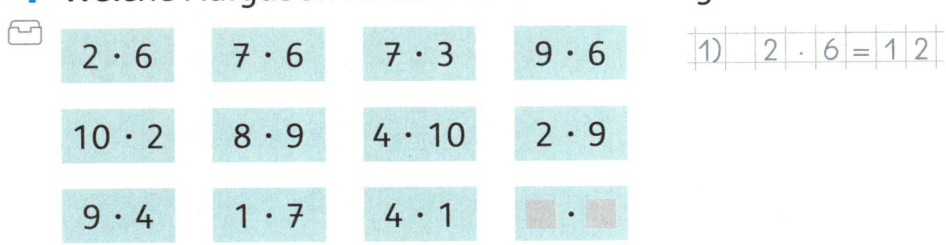

2·6	7·6	7·3	9·6
10·2	8·9	4·10	2·9
9·4	1·7	4·1	▢·▢

1) 2·6 = 12

2 Einfache Aufgaben mit 2 zeigen und rechnen.

a) 2·6   2a) 2·6 = 12
b) 2·3
c) 2·10
d) 2·5
e) 2·4
f) 2·8
g) 2·9

3 Tauschaufgaben mit 2. Welche Aufgabe rechnest du? Kreuze an.

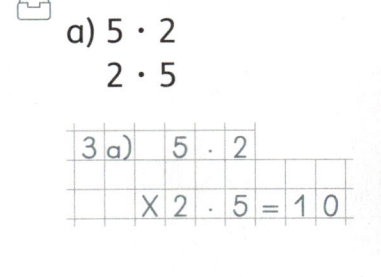

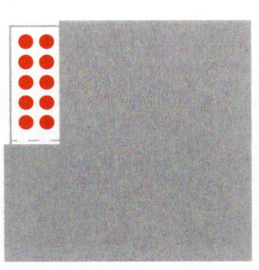

a) 5·2
   2·5

3a) 5·2
   ✗ 2·5 = 10

Eric: 2 mal 5 ist die Verdopplungsaufgabe.

b) 2·3   c) 7·2   d) 8·2   e) 2·4   f) 9·2   g) 2·6
   3·2   2·7   2·8   4·2   2·9   6·2

76

1 Aufgaben sammeln, die für die Kinder einfach sind. In den nächsten Wochen kontrollieren, ob bislang als schwierig(er) geltende Aufgaben mittlerweile einfacher geworden sind. 2, 3 Malaufgaben mit der 2 zeigen und rechnen, die Verdopplung aus der ersten Klasse wiedererkennen.

(K, D) → Arbeitsheft, Seite 44

4 Einfache Aufgaben `mit 10` zeigen und rechnen.

Eva: Mal 10 ist immer einfach.

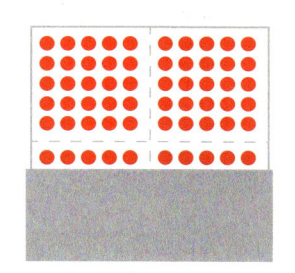

Eric: 6 mal 10 sind einfach 6 Zehner.

a) 6 · 10   b) 4 · 10   c) 7 · 10   d) 5 · 10   e) 3 · 10   f) 9 · 10

5 Vergleiche `mit 10` `mit 1`.

a) 3 · 1
   3 · 10

b) 5 · 1
   5 · 10

c) 2 · 1
   2 · 10

d) 7 · 1
   7 · 10

e) 9 · 1
   9 · 10

f) 4 · 1
   4 · 10

g) 10 · 1
   10 · 10

6 Vergleiche. `mit 1` `mit 10` `mit 2`.

a) 3 · ☐ = 3
   3 · ☐ = 30

6 a) 3 · 1 = 3
    3 · 10 = 30

b) 5 · ☐ = 5
   5 · ☐ = 50

c) 5 · ☐ = 5
   5 · ☐ = 10

d) 4 · ☐ = 4
   4 · ☐ = 8

e) 7 · ☐ = 7
   7 · ☐ = 70

f) ☐ · 9 = 9
   10 · ☐ = 90

g) ☐ · 8 = 8
   2 · ☐ = 16

h) ☐ · 1 = 6
   ☐ · 2 = 12

i) ☐ · 1 = 10
   ☐ · 10 = 100

7 Tauschaufgaben `mit 10`. Welche Aufgabe rechnest du? Kreuze an.

a) 4 · 10
   10 · 4

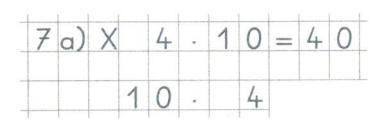

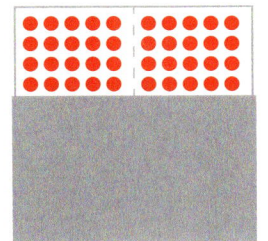

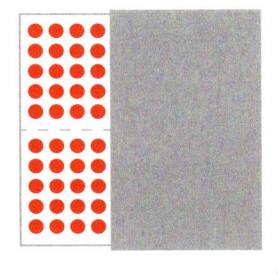

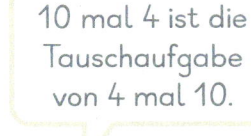

7 a) X 4 · 10 = 40
        10 · 4

Eric: 10 mal 4 ist die Tauschaufgabe von 4 mal 10.

b) 10 · 2
   2 · 10

c) 7 · 10
   10 · 7

d) 10 · 5
   5 · 10

e) 10 · 3
   3 · 10

f) 9 · 10
   10 · 9

g) 10 · 8
   8 · 10

4, 5 Vorstellungen vom Zahlenraum nutzen, aus Einern werden Zehner.   6 Malaufgaben mit 1, 2 und 10 vertiefen.
7 Malaufgaben mit 10 vertiefen.

(P, K, A, D)   → Arbeitsheft, Seite 44

Einfache und schwierige Malaufgaben

1 Einfache Aufgaben [mit 5] [mit 10] zeigen und rechnen.

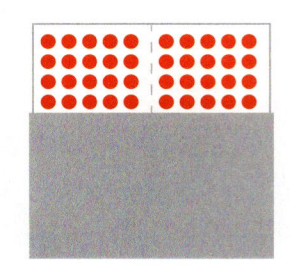

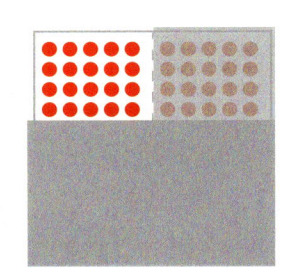

Finn: 4 mal 10 sind 4 Zehner, also 40.

Ina: 4 Fünfer sind die Hälfte von 4 Zehnern.

a) 4 · 10   b) 7 · 10   c) 6 · 10   d) 9 · 10   e) 8 · 10   f) 3 · 10
   4 · 5   7 · 5   6 · 5   9 · 5   8 · 5   3 · 5

2 Tauschaufgaben [mit 5]. Welche Aufgaben rechnest du? Kreuze an.

a) 5 · 3   2a) 5 · 3   b) 5 · 2   c) 5 · 7   d) 5 · 8
   3 · 5   X 3 · 5 = 1 5   2 · 5   7 · 5   8 · 5

e) 5 · 4   f) 5 · 9   g) 5 · 6   h) 5 · 10   i) 5 · 1   j) 5 · 0
   4 · 5   9 · 5   6 · 5   10 · 5   1 · 5   0 · 5

3 Einfache Aufgaben. Ordne und rechne.

| 5 · 6 | 2 · 3 | 4 · 10 | 5 · 5 | 8 · 2 | 7 · 5 | 10 · 6 | 5 · 10 |
| 2 · 8 | 5 · 7 | 10 · 9 | 5 · 9 | 7 · 2 | 1 · 8 | 3 · 5 | 10 · 2 |

[mit 5]   [mit 10]   [mit 2]   [mit 1]

5 · 6 = 3 0

Einfache Malaufgaben [mit 1] [mit 2] [mit 5] [mit 10] sind **Kernaufgaben**.

---

4 Kernaufgaben. Rechne.

a) 1 · 1   b) 1 · 2   c) 1 · 5   d) 1 · 10   e) 1 · 3   f) 1 · 4
   2 · 1   2 · 2   2 · 5   2 · 10   2 · 3   2 · 4
   5 · 1   5 · 2   5 · 5   5 · 10   5 · 3   5 · 4
  10 · 1   10 · 2   10 · 5   10 · 10   10 · 3   10 · 4

g) Finde und rechne Kernaufgaben.

1, 2 Aufgaben mit der 5 aus Aufgaben mit der 10 herleiten.   3, 4 Malaufgaben mit den Zahlen 1, 2, 5 und 10 als Kernaufgaben kennzeichnen, rechnen und sichern.

(D) → Arbeitsheft, Seiten 45, 46

5 Einfache Nachbaraufgaben `mit 10` `mit 2`. Verschiebt den Malwinkel und rechnet.

Wie müssen wir den Winkel verschieben, um aus 10 mal 6 die Aufgabe 10 mal 7 zu erhalten?

10 · 6 = 60
10 · 7 =

Wir schieben den Malwinkel nach rechts.

Murat

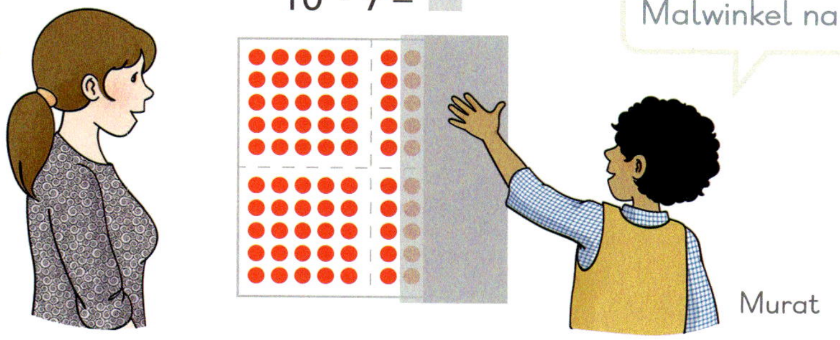

a) **10 · 6**
10 · 7

b) **10 · 4**
10 · 5

c) **1 · 10**
2 · 10

d) **7 · 10**
8 · 10

e) **4 · 10**
3 · 10

f) **2 · 10**
3 · 10

g) **2 · 2**
2 · 3

h) **2 · 5**
2 · 6

i) **2 · 1**
2 · 2

j) **2 · 7**
2 · 8

k) **2 · 4**
2 · 5

l) **2 · 9**
2 · 10

6 Schwierige Nachbaraufgaben `mit 10`.
Verschiebt den Malwinkel, beschreibt und rechnet.

Ich schiebe den Winkel nach oben. 10 mal 4 minus 1 mal 4.

Aus 10 mal 4 kann ich 9 mal 4 machen. Das ist ein Vierer weniger.

10 · 4 = 40
9 · 4 = 40 − 4 =

Till

Marta

a) **10 · 4**
9 · 4

b) **10 · 6**
9 · 6

c) **10 · 5**
9 · 5

d) **7 · 10**
7 · 9

e) **2 · 10**
2 · 9

f) **8 · 10**
8 · 9

7 Schwierige Nachbaraufgaben `mit 2`.
Verschiebt den Malwinkel, beschreibt und rechnet.

a) **2 · 4**
3 · 4

b) **2 · 6**
3 · 6

c) **2 · 5**
3 · 5

d) **2 · 7**
3 · 7

e) **2 · 8**
3 · 8

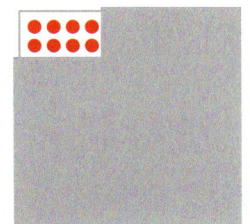

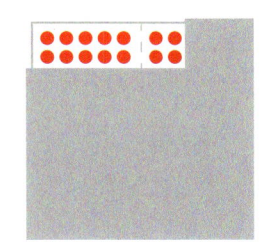

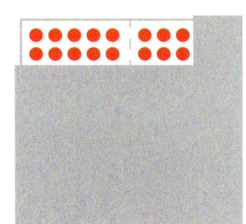

Schwierige Malaufgaben

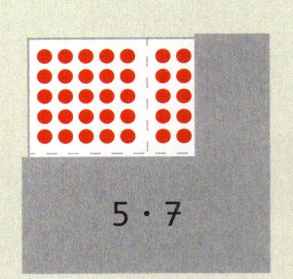

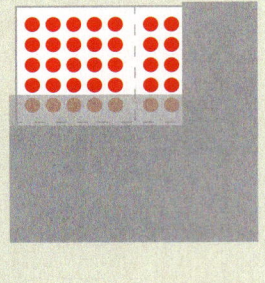

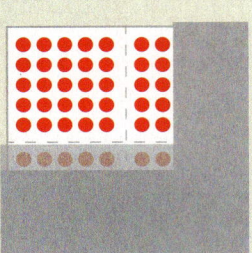

Aus 5 mal 7 kann ich 4 mal 7 machen. Einfach ein Siebener weniger. — Eric

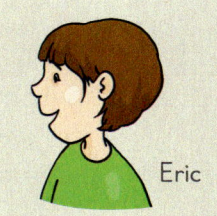

Aus 5 mal 7 kann ich 6 mal 7 machen. Es kommt ein Siebener dazu. — Lena

1 Schwierige Nachbaraufgaben `mit 5`. Verschiebe den Malwinkel und rechne.

a) 5 · 7
   4 · 7

   1 a) 5 · 7 = 35
         4 · 7 = 35 − 7 =

b) 5 · 3
   4 · 3

c) 5 · 2
   4 · 2

d) 5 · 6
   4 · 6

e) 5 · 4
   4 · 4

f) 5 · 8
   4 · 8

g) 5 · 9
   4 · 9

h) 5 · 5
   4 · 5

i) 5 · 10
   4 · 10

j) 5 · 0
   4 · 0

2 Schwierige Nachbaraufgaben `Quadrat`. Verschiebe den Malwinkel und rechne.

Aus 4 mal 4 kann ich 3 mal 4 und 5 mal 4 machen. — Eric

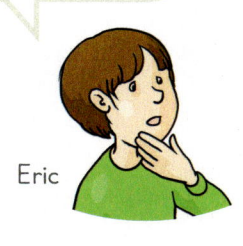

Du kannst aus 4 mal 4 auch die Aufgaben 4 mal 3 oder 4 mal 5 machen. — Lena

a) 4 · 4
   3 · 4

   2 a) 4 · 4 = 16
         3 · 4 = 16 − 4 =

b) 3 · 3
   2 · 3

c) 6 · 6
   5 · 6

d) 8 · 8
   7 · 8

e) 4 · 4
   4 · 3

f) 7 · 7
   7 · 6

g) 5 · 5
   5 · 4

h) 9 · 9
   9 · 8

i) 10 · 10
   10 · 9

j) 1 · 1
   1 · 0

1 Schwierige Nachbaraufgaben von Kernaufgaben mit der Zahl 5 durch Verschieben des Malwinkels herstellen.
2 Quadrataufgaben und ihre Nachbaraufgaben vertiefen.

(K, D) → Arbeitsheft, Seite 47

8 · 7 = ◻

Ein Siebener mehr als 7 · 7. — Leo

Die Tauschaufgabe ist 7 · 8. Das sind 5 · 8 und 2 · 8. — Kim

2 · 7 weniger als 10 · 7. — Max
8 · 7 = 56
10 · 7 = 70
2 · 7 = 14

Ein Achter weniger als 8 · 8. — Mila

● 3 Rechne geschickt. Achte auf ◆ mit 2 ◆ mit 5 ◆ mit 10 ◆ Quadrat.

a) 4 · 9
   6 · 9

b) 3 · 4
   6 · 7

c) 6 · 8
   7 · 9

d) 7 · 4
   7 · 3

e) 9 · 3
   9 · 8

f) 8 · 3
   8 · 4

g) 3 · 6
   4 · 6

h) 4 · 7
   4 · 8

i) 9 · 3
   9 · 6

j) 3 · 8
   7 · 8

k) 3 · 7
   9 · 7

l) 6 · 3
   6 · 9

○ 4 Beginne mit einer Kernaufgabe. Kreuze an.

a) 3 · 4
   4 · 4
   5 · 4
   6 · 4

4 a)
3 · 4 = 12
4 · 4 = 16
X 5 · 4 = 20
6 · 4 = 24

b) 7 · 9
   8 · 9
   9 · 9
   10 · 9

c) 4 · 6
   5 · 6
   6 · 6
   7 · 6

d) 9 · 2
   2 · 9
   3 · 9
   9 · 3

e) 10 · 0
   10 · 1
   11 · 1
   11 · 0

○ 5 ⚡ **Einmaleins**

Malaufgaben legen, nennen und rechnen.

7 · 6 = 42

6 · 6 plus 1 · 6
36 + 6

5 · 6 plus 2 · 6
30 + 12

Besprechen, dass man Kernaufgaben zur Bewältigung schwieriger Aufgaben nutzen kann.   3, 4 Kernaufgaben zum Ableiten nutzen, um schwierige Aufgaben zu lösen.

(K, A, D) → Arbeitsheft, Seite 47

Rückblick

Ich kann Malaufgaben finden, legen und zeigen, vergleichen und rechnen.

1 Schreibe und rechne Aufgaben zu den Bildern.
a)   b)   c)

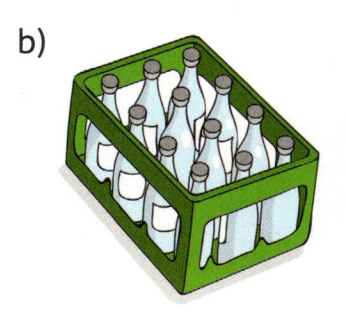

2 Zeichne Bilder zu den Malaufgaben.   a) 3 · 8   b) 6 · 2   c) 3 · 5   d) 4 · 4

3 Schreibe und rechne die Malaufgabe.
a)   b)   c)   d)

4 Tauschaufgaben. Rechne immer nur die einfachere Aufgabe.
a) 9 · 2   b) 5 · 3   c) 7 · 2   d) 3 · 10   e) 5 · 6   f) 5 · 9
   2 · 9   3 · 5   2 · 7   10 · 3   6 · 5   9 · 5

2 · 6 = 12
6 · 2 = 12   Tauschaufgaben haben das gleiche Ergebnis.

5 Quadratzahlen. Vergleiche. Was fällt dir auf?
a) 4 · 4   b) 6 · 6   c) 8 · 8   d) 10 · 10   e) 2 · 2
   2 · 4   3 · 6   4 · 8   5 · 10   1 · 2

6 Einfache Aufgaben.
a) 5 · 4   b) 2 · 7   c) 8 · 2   d) 10 · 6   e) 4 · 5   f) 3 · 5

7 Rechne geschickt. Achte auf   mit 2   mit 5   mit 10 .
a) 3 · 4   b) 6 · 4   c) 9 · 4   d) 6 · 3   e) 3 · 7   f) 3 · 8

8 ⚡ **Übt immer wieder.**

Einmaleins (Seite 81)

Wesentliche Aspekte des Kapitels noch einmal reflektieren.

(P, K, A, D)   → Arbeitsheft, Seite 48

Forschen und Finden: Zahlenraupen

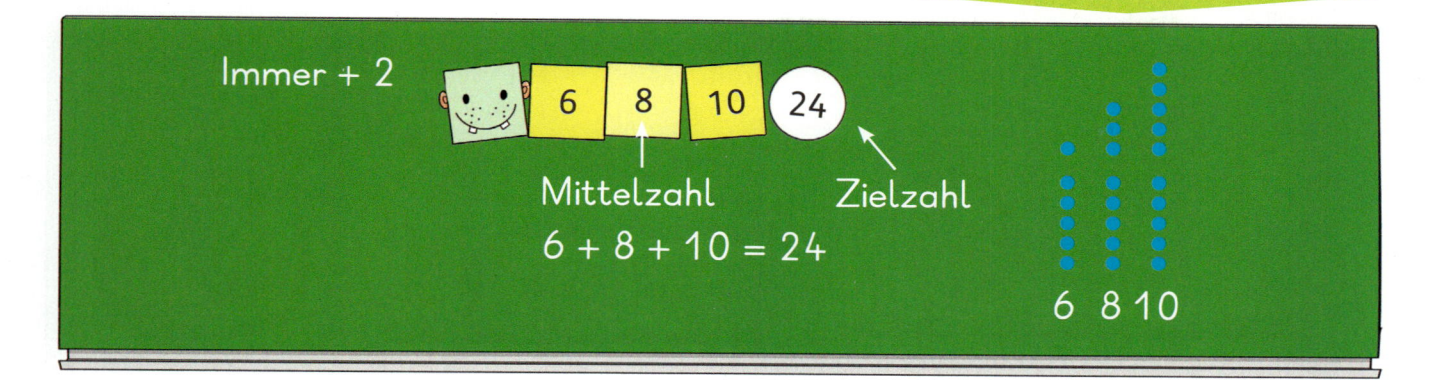

Immer + 2 6 8 10 24

Mittelzahl Zielzahl

6 + 8 + 10 = 24

6 8 10

1 Wie heißt die Zielzahl?
  a) Immer + 3   2 5 8
  b) Immer + 3   5
  c) Immer + 5   2
  d) Immer + 5   5
  e) Finde Zahlenraupen.

2 Besondere Zahlenraupen. Was fällt dir auf?
  a) Immer + 2   2 4 6
  b) Immer + 5   1
  Immer + 1   3 4 5
  Immer + 4   2
  c) Finde weitere Zahlenraupen zur Zielzahl 12 und zur Zielzahl 18.

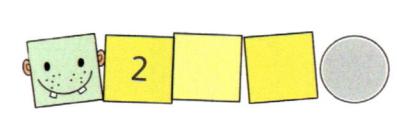

3 a) Findet Zahlenraupen zur Zielzahl 15.
  Immer +   15
  b) Findet Zahlenraupen zur Zielzahl 30.
  Immer +   30
  c) Vergleicht die Raupen. Was fällt euch auf? Erklärt.

4 Findet Zahlenraupen zur Zielzahl 30.
  Immer +   30
  Vergleicht die Raupen. Was fällt euch auf? Erklärt.

Übungsformat „Zahlenraupen" wiederholen und um die Zielzahl erweitern: Die Zielzahl ergibt sich durch Zusammenrechnen aller Raupenzahlen. **1** Zahlenraupen mit Zielzahlen berechnen und erfinden. **2–4** Beziehungen zwischen Pluszahl, Startzahl und Zielzahl erkunden und begründen. Zahlenraupen zu einer Zielzahl ordnen.

(P, K, A, D) → Arbeitsheft, Seite 49

Einkaufen und Bezahlen

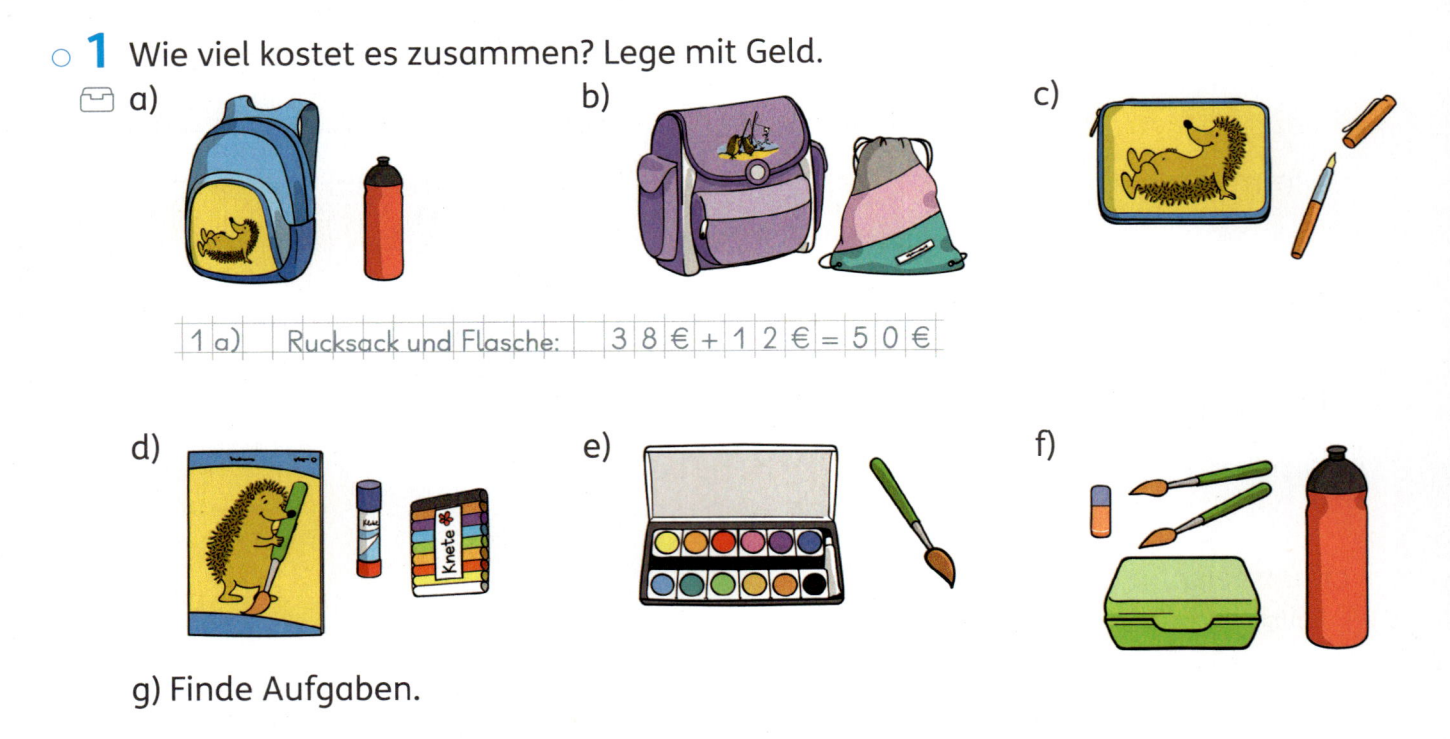

Schreibwaren Schmidt

- Füller 13 €
- Radierer 1 €
- Kleber 2 €
- Sportbeutel 20 €
- Malblock 4 €
- Federmäppchen 18 €
- Stift 50 ct
- Rucksack 38 €
- Farbkasten 14 €
- Pinsel 1 €
- Knete 6 €
- Schultasche 65 €
- Brotdose 8 €
- Flasche 12 €

1 Wie viel kostet es zusammen? Lege mit Geld.

a) b) c)

1 a) Rucksack und Flasche: 38 € + 12 € = 50 €

d) e) f)

g) Finde Aufgaben.

2 Frau Schneider kauft für den Basteltag 10 Klebestifte und 5 Malblöcke.

3 Berechne das Rückgeld.

a) Sophie kauft: | Sie gibt:

3 a)	Federmäppchen:	1	8	€
	gegeben:	2	0	€
	zurück:		2	€

b) Max kauft: | Er gibt:

c) Lilly kauft: | Sie gibt:

d) Noah kauft: | Er gibt:

e) Till kauft: | Er gibt:

f) Anna kauft: | Sie gibt:

g) Paula kauft: | Sie gibt:

4 Finde Aufgaben zum Einkaufen und Bezahlen.

5 Kim spart für einen neuen Rucksack. 19 € hat sie schon. Wie viel Geld fehlt ihr noch?

6 Metin bezahlt mit einem 50-€-Schein. Er bekommt 32 € zurück. Was kann er gekauft haben?

7 Im Angebot kauft Leo für seine Familie 3 Packungen Knete. Er bezahlt insgesamt 15 €. Wie viel Euro hat er gespart?

3–7 Aufgaben mit Rechengeld legen und lösen. Beachten, dass das Berechnen des Rückgeldes eine Ergänzungsaufgabe ist. Bei 4 Gegenstände zeichnen oder aufschreiben.
Weiterführung und Vertiefung: Thema Selbstbestimmtes Verbraucherverhalten.

(M) → Arbeitsheft, Seite 50

Mit Geld rechnen

Primeln 4 € 50 ct
Gerbera 1 € 50 ct
Nelke 1 € 30 ct
Narzissen 3 € 50 ct
5 Tulpen 2 € 50 ct
Rose 2 €

1 Wie viel kosten die Blumen?

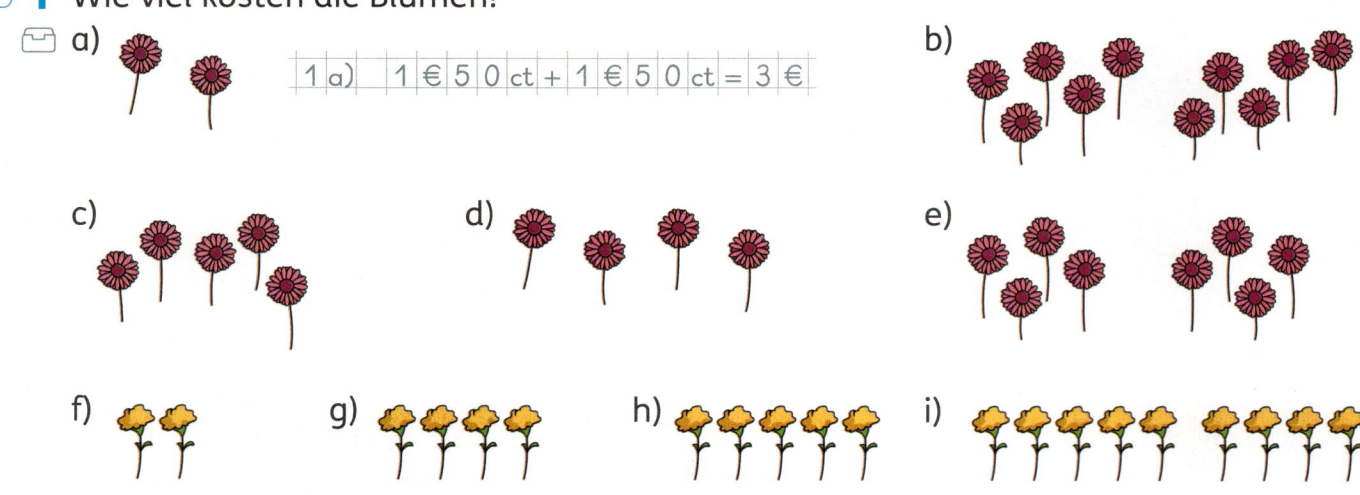

a) 1a) 1 € 50 ct + 1 € 50 ct = 3 €

b)

c) d) e)

f) g) h) i)

2 Wie viel kosten die Blumen?

a) b) c) d) Finde Aufgaben.

2a) 2 € 50 ct + 2 € 50 ct = 5 €

3 a) Till kauft Rosen und Gerbera.
Er bezahlt 9 €.
Wie viele Rosen und wie viele
Gerbera hat er gekauft?

b) Sophie kauft Narzissen und
Primeln. Sie bezahlt 25 €.
Wie viele Narzissen und wie viele
Primeln hat sie gekauft?

Gemischte Schreibweise bei Euro und Cent besprechen. **1, 2** Aufgaben (mit Rechengeld) ausrechnen, weitere selbst stellen. **3** Sachaufgaben (mit Rechengeld) lösen.

(K, M) → Arbeitsheft, Seite 51

Bauernhof Meise

Marmelade Glas 3 €
Honig Glas 5 €
1 Ei 30 Cent
Apfelsaft Flasche 3 €
Äpfel 1 kg 4 €
Karotten Bund 2 € 50 ct
Gurken Stück 2 €
Radieschen Bund 1 € 50 ct
Salat Kopf 1 €
Erdbeeren Schale 4 €
Petersilie Bund 1 €

4 Wie viel kosten die Einkäufe?
Anna kauft:

a)
10 Eier
1 Schale Erdbeeren
2 Flaschen Apfelsaft

4 a) 3 € + 4 € + 6 € =

b)
10 Eier
1 Bund Karotten
2 kg Äpfel

c)
2 Schalen Erdbeeren
3 Gläser Marmelade
3 Salatköpfe

d)
2 Gläser Honig
5 Flaschen Apfelsaft
1 Bund Karotten
3 Gurken

5 Schreibe Einkaufszettel. Du hast
a) 10 €   b) 15 €   c) 30 €   d) ▨ €

6 Frau Wiesner bezahlt beim Bauern Meise mit einem 20-€-Schein.
Sie bekommt 2 € zurück. Was könnte sie gekauft haben?

7 Kurz bevor der Marktstand schließt, gibt es das Gemüse zum halben Preis.
Herr Wagner kauft 4 Gurken, 2 Köpfe Salat und 2 Bund Karotten. ?

4–7 Aufgaben berechnen, weitere Rechnungen mit den angeführten Preisen durchführen. Lösungen miteinander vergleichen.

(K, P, M) → Arbeitsheft, Seite 51

Malreihen

> 10 mal 5 ist in der Fünferreihe.

> 5 mal 10 ist in der Zehnerreihe.

> Das Ergebnis ist aber gleich.

Metin   Marta   Lena

1 Zehnerreihe.
Zeige am Einmaleins-Plan und rechne.

a) 5 · 10
   10 · 10
   1 · 10
   0 · 10
   2 · 10
   4 · 10

b) 6 · 10
   8 · 10
   9 · 10
   7 · 10
   5 · 10
   3 · 10

5 · 10 = 50

Metin   Lena

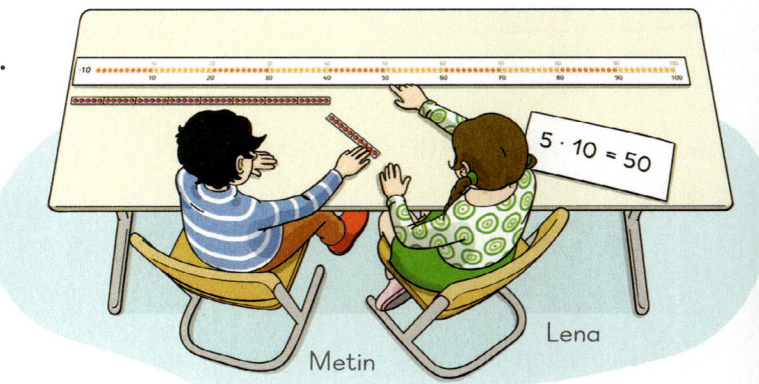

2 Fünferreihe. Zeige am Einmaleins-Plan und rechne.

a) 2 · 5   b) 10 · 5   c) 5 · 5   d) 4 · 5   e) 8 · 5
   3 · 5   1 · 5   6 · 5   9 · 5   7 · 5

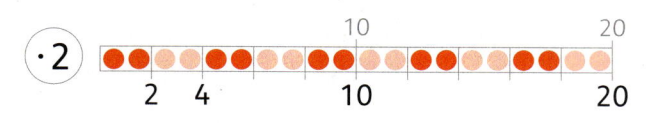

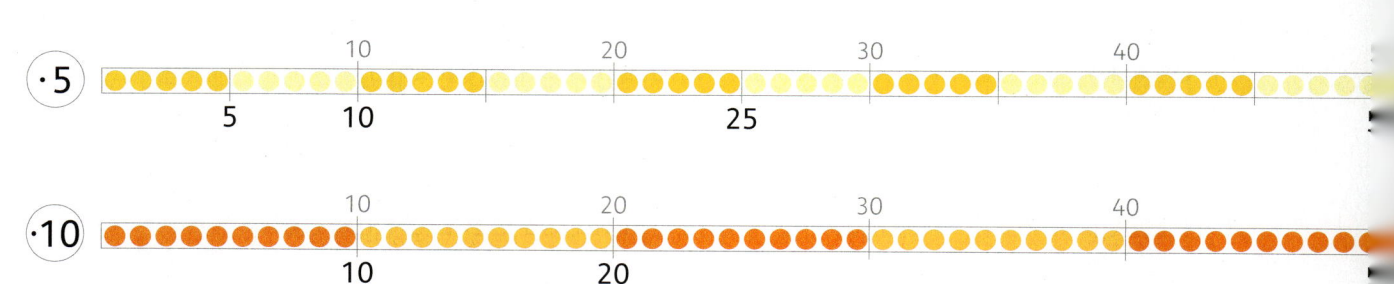

---

88   Vom Punktefeld zur linearen Darstellung. **1, 2** Malaufgaben an der Fünfer- und Zehnerreihe zeigen, Ergebnisse unter Nutzung der einfachen Aufgaben bestimmen.

(A, K, D) → Arbeitsheft, Seiten 52, 53

Zweier-, Fünfer- und Zehnerreihe

3 Zeigt und rechnet an der Fünferreihe und an der Zehnerreihe.
a) 2 · 10　　b) 3 · 10　　c) 5 · 10　　d) 6 · 10　　e) 8 · 10
　　2 · 5　　　 3 · 5　　　 5 · 5　　　 6 · 5　　　 8 · 5

f) Die Zehnerreihe und die Fünferreihe sind einfach. Warum?

4 Trefft Zahlen in der Fünferreihe und Zehnerreihe.
a) 10 = ▢ · 10　　b) 20 = ▢ · 10
　　10 = ▢ · 5　　　 20 = ▢ · 5

c) 50 = ▢ · 10　　d) 40 = ▢ · 10
　　50 = ▢ · 5　　　 40 = ▢ · 5

e) Findet weitere Aufgabenpaare.

> Bis zur 10 ist es ein Zehnersprung, also sind es zwei Fünfersprünge.
> Marta

5 Zweierreihe. Zeige am Einmaleins-Plan und rechne.
a) 2 · 2　　b) 1 · 2　　c) 5 · 2　　d) 3 · 2　　e) 9 · 2
　　4 · 2　　 10 · 2　　　 6 · 2　　　 7 · 2　　　 8 · 2

f) Die Zweierreihe ist einfach. Warum?

6 Triff Zahlen in der Zweierreihe.
a) 10 = ▢ · 2　　b) 20 = ▢ · 2　　c) 2 = ▢ · 2　　d) 6 = ▢ · 2　　e) 14 = ▢ · 2
　　8 = ▢ · 2　　　 18 = ▢ · 2　　　 4 = ▢ · 2　　　 12 = ▢ · 2　　　 16 = ▢ · 2

7 Die einfachste Reihe ist die **Einerreihe.** Vergleiche sie mit der Zehnerreihe.
a) 1 · 1　　b) 2 · 1　　c) 3 · 1　　d) 4 · 1　　e) 5 · 1
　　1 · 10　　 2 · 10　　　 3 · 10　　　 4 · 10　　　 5 · 10

f) 6 · 1　　g) 7 · 1　　h) 8 · 1　　i) 9 · 1　　j) 10 · 1
　　6 · 10　　 7 · 10　　　 8 · 10　　　 9 · 10　　　 10 · 10

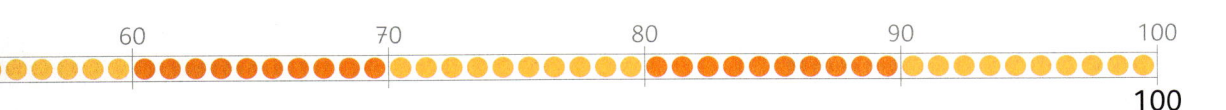

3, 4 Aufgaben an der Fünfer- und Zehnerreihe zeigen, Ergebnisse vergleichen (mal 5 ist das Doppelte von mal 10 bzw. mal 10 ist die Hälfte von mal 5).　**6** Aufgaben der Zweierreihe berechnen und mit Verdopplungsaufgaben (über Tauschaufgaben) vergleichen.　**7** Einerreihe als einfache Reihe zeigen.

(A, K, D)　→ Arbeitsheft, Seiten 52, 53

Dreier- und Sechserreihe

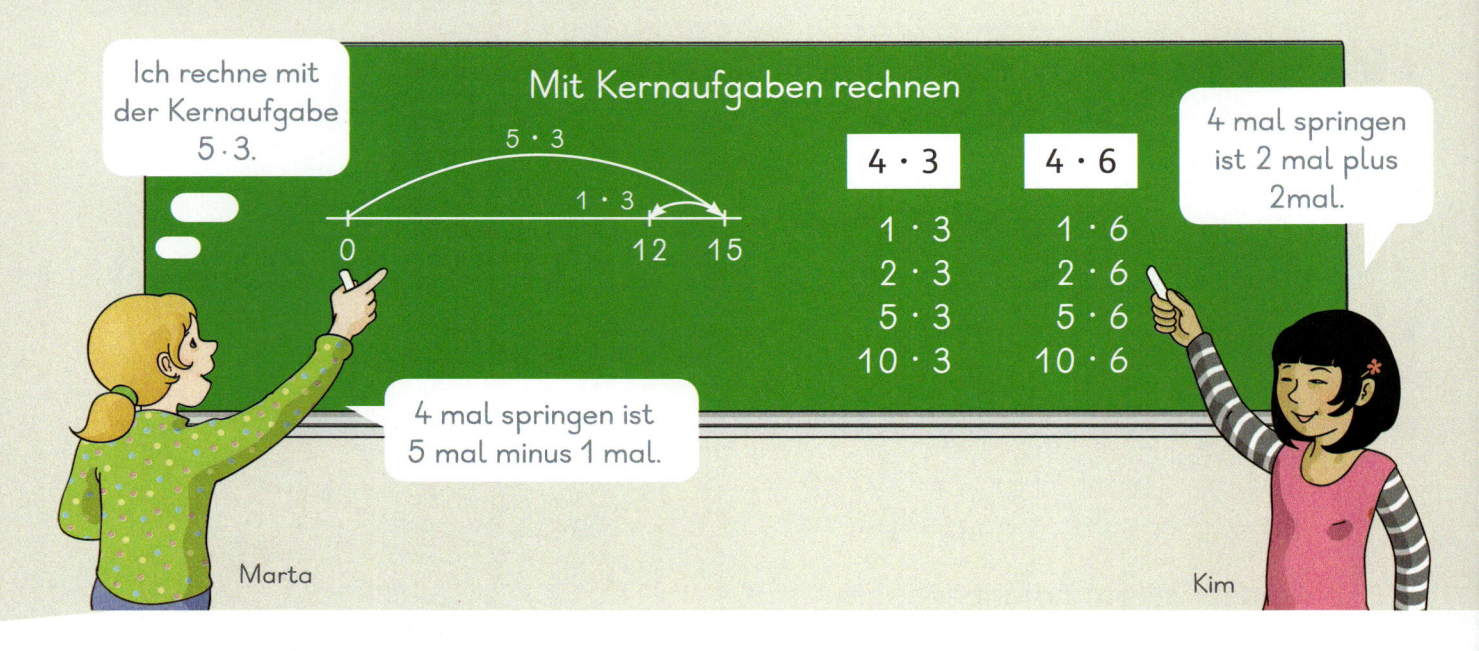

Mit Kernaufgaben rechnen

Ich rechne mit der Kernaufgabe 5·3.

5·3
1·3
0   12 15

4 mal springen ist 5 mal minus 1 mal.

Marta

4·3	4·6
1·3	1·6
2·3	2·6
5·3	5·6
10·3	10·6

4 mal springen ist 2 mal plus 2mal.

Kim

1 Dreierreihe. Zeige am Einmaleins-Plan und rechne mit den **Kernaufgaben**.
 a) **5·3**   b) **2·3**   c) **5·3**   d) **5·3**   e) **10·3**   f) **10·3**
    4·3   4·3   6·3   7·3   9·3   8·3

2 Sechserreihe. Zeige am Einmaleins-Plan und rechne mit den **Kernaufgaben**.
 a) **2·6**   b) **2·6**   c) **5·6**   d) **5·6**   e) **10·6**   f) **10·6**
    3·6   4·6   6·6   7·6   9·6   8·6

3 Zeigt, rechnet und vergleicht an der Dreierreihe und Sechserreihe. Was fällt euch auf?
 a) 2·3   b) 5·3   c) 7·3   d) 10·3   e) 8·3   f) 9·3
    2·6   5·6   7·6   10·6   8·6   9·6

4 Trefft Zahlen in der Dreierreihe und der Sechserreihe.
 a) 6 = ☐ · 3   b) 12 = ☐ · 3   c) 30 = ☐ · 3   d) Findet weitere Aufgabenpaare.
    6 = ☐ · 6   12 = ☐ · 6   30 = ☐ · 6

5 Findet Aufgaben aus der Dreierreihe und aus der Sechserreihe.

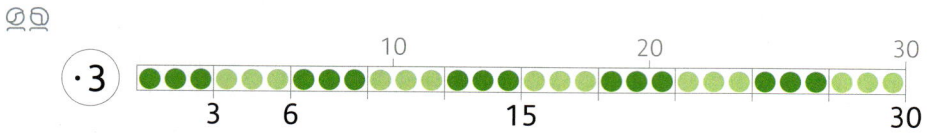

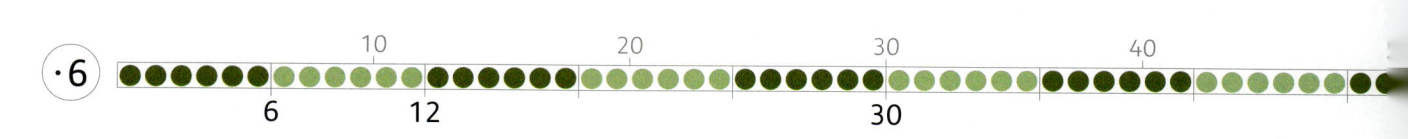

·3   3 6   15   30

·6   6 12   30   40

1, 2 Aufgaben der Dreier- und Sechserreihe mithilfe der Kernaufgaben (·2, ·5 und ·10) an den Malreihen zeigen und lösen.
3–5 Dreier- und Sechserreihe vergleichen (mal 3 ist die Hälfte von mal 6).

(A, K, D) → Arbeitsheft, Seiten 54, 55

6 a) 1 · 6   b) 5 · 3   c) 5 · 2   d) 6 · 10   e) 0 · 1
    2 · 6   4 · 3   7 · 2   2 · 10   0 · 2
    4 · 6   6 · 3   6 · 2   4 · 10   0 · 6
    8 · 6   7 · 3   8 · 2   1 · 10   0 · 10

7 Rechne und vergleiche. Erkläre am Rechenstrich.
   a) 2 · 3   b) 5 · 3   c) 4 · 3   d) 5 · 6
      4 · 3   10 · 3   8 · 3   10 · 6

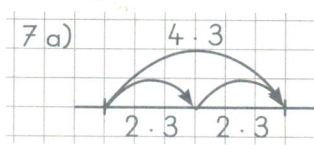

   7a) [Rechenstrich: 2·3, 2·3 → 4·3]

                     e) 3 · 6   f) 4 · 6   g) 2 · 6
                        6 · 6   8 · 6   4 · 6

8 Rechne die Ergebnisse aus Zweierreihe und Dreierreihe zusammen. Was fällt dir auf?
   a) 2 · 3   b) 4 · 3   c) 7 · 3   d) 8 · 3
      2 · 2   4 · 2   7 · 2   8 · 2

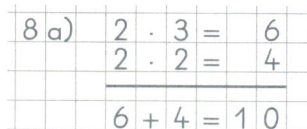

   8a) 2 · 3 = 6
        2 · 2 = 4
        ———————
        6 + 4 = 10

                     e) 5 · 3   f) 6 · 3   g) ▢ · 3
                        5 · 2   6 · 2   ▢ · 2

9 Rechne die Ergebnisse aus Fünferreihe und Einerreihe zusammen. Was fällt dir auf?
   a) 2 · 5   b) 6 · 5   c) 5 · 5   d) 8 · 5
      2 · 1   6 · 1   5 · 1   8 · 1

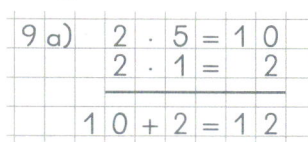

   9a) 2 · 5 = 10
        2 · 1 = 2
        ———————
        10 + 2 = 12

                     e) 7 · 5   f) 4 · 5   g) ▢ · 5
                        7 · 1   4 · 1   ▢ · 1

10 Welche Zahlen passen? Probiere. | 0 | 1 | 2 | 3 | 4 | 5 | 6 | 7 | 8 | 9 | 10 |

   a) ▢ · 3 < 10   b) ▢ · 3 > 20   c) ▢ · 3 > 3

   10a) ▢ · 3 < 10
        0, 1, 2, 3

   d) ▢ · 6 < 20   e) ▢ · 6 < 30   f) ▢ · 6 < 6

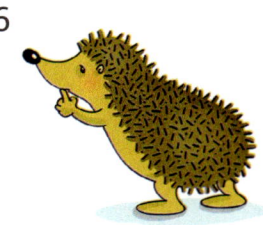

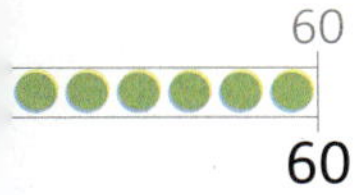

6 Aufgaben rechnen.   7 Dreier- und Sechserreihe vergleichen (Sechserreihe ist das Doppelte der Dreierreihe).   8, 9 Die Ergebnisse von Reihen zusammen rechnen und miteinander vergleichen.   10 Reihenvergleich durch das Lösen von Platzhalteraufgaben. Zusammenhänge zwischen den Reihen nutzen.

(A, K, D) → Arbeitsheft, Seiten 54, 55

Vierer- und Achterreihe

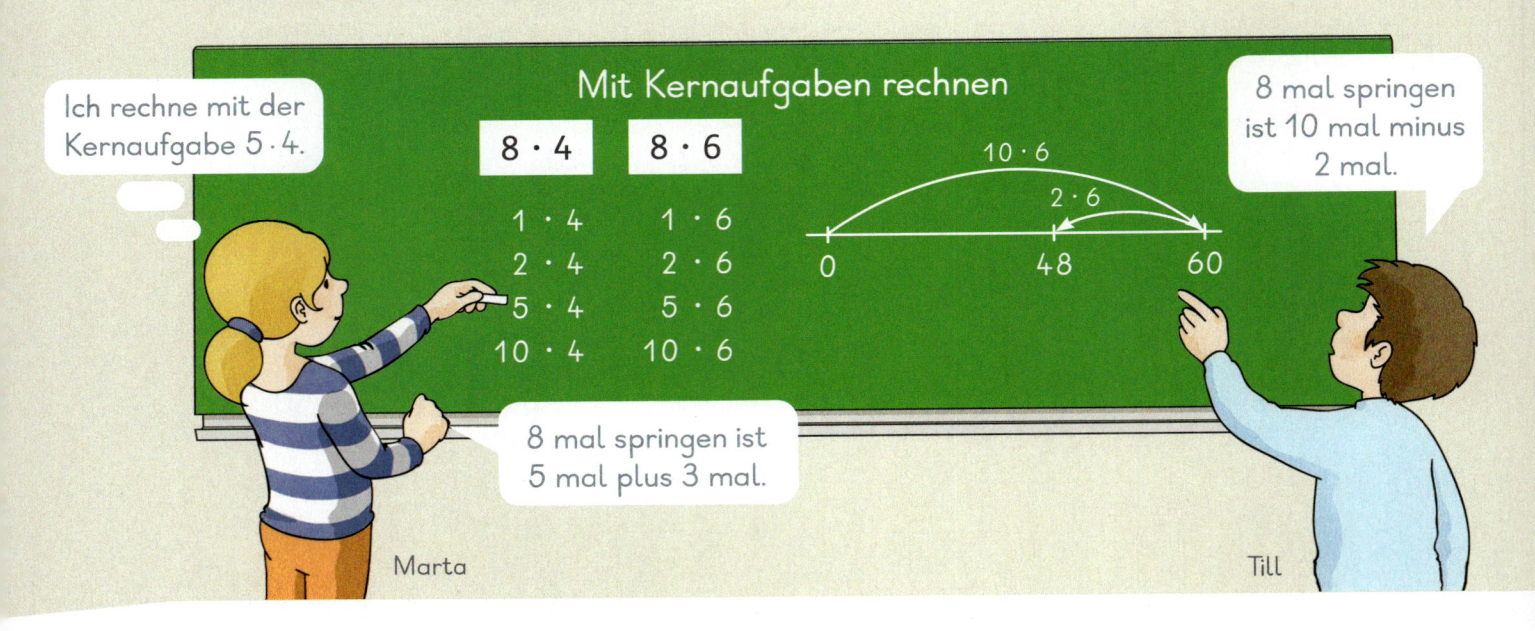

Mit Kernaufgaben rechnen

Ich rechne mit der Kernaufgabe 5 · 4. — Marta

8 mal springen ist 5 mal plus 3 mal.

8 mal springen ist 10 mal minus 2 mal. — Till

8 · 4   8 · 6

1 · 4	1 · 6
2 · 4	2 · 6
5 · 4	5 · 6
10 · 4	10 · 6

10 · 6, 2 · 6, 0, 48, 60

1 **Viererreihe.** Zeige am Einmaleins-Plan und rechne mit den **Kernaufgaben**.
- a) 5 · 4 / 8 · 4
- b) 2 · 4 / 3 · 4
- c) 5 · 4 / 6 · 4
- d) 5 · 4 / 7 · 4
- e) 10 · 4 / 9 · 4
- f) 2 · 4 / 4 · 4

2 **Achterreihe.** Zeige am Einmaleins-Plan und rechne mit den **Kernaufgaben**.
- a) 2 · 8 / 3 · 8
- b) 2 · 8 / 4 · 8
- c) 5 · 8 / 6 · 8
- d) 5 · 8 / 7 · 8
- e) 10 · 8 / 9 · 8
- f) 10 · 8 / 8 · 8

3 Zeigt, rechnet und vergleicht an der Viererreihe und der Achterreihe. Was fällt euch auf?
- a) 3 · 4 / 3 · 8
- b) 10 · 4 / 5 · 8
- c) 7 · 4 / 7 · 8
- d) 8 · 4 / 4 · 8
- e) 6 · 4 / 3 · 8
- f) 9 · 4 / 9 · 8

4 Trefft Zahlen in der Viererreihe und der Achterreihe.
- a) 8 = ☐ · 4 / 8 = ☐ · 8
- b) 16 = ☐ · 4 / 16 = ☐ · 8
- c) 24 = ☐ · 4 / 24 = ☐ · 8
- d) Findet weitere Aufgabenpaare.

5 Findet Aufgaben aus der Viererreihe und aus der Achterreihe.

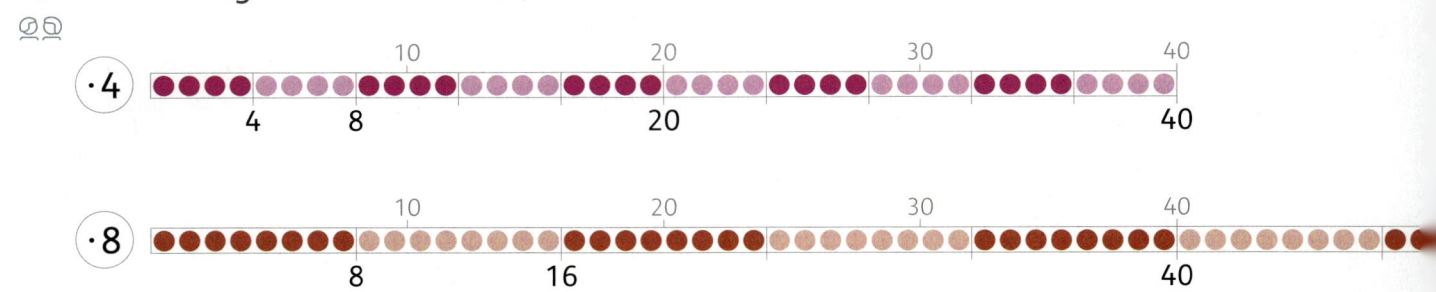

· 4 — 4, 8, 20, 40

· 8 — 8, 16, 40

1, 2 Aufgaben der Vierer- und Achterreihe mithilfe der Kernaufgaben (2 ·, 5 · und 10 ·) an den Malreihen zeigen und lösen.
3–5 Vierer- und Achterreihe vergleichen: Die Achterreihe ist das Doppelte der Viererreihe.

(D, K, A) → Arbeitsheft, Seiten 56, 57

6 Welche Zahlen passen? Probiere. $\boxed{0}\ \boxed{1}\ \boxed{2}\ \boxed{3}\ \boxed{4}\ \boxed{5}\ \boxed{6}\ \boxed{7}\ \boxed{8}\ \boxed{9}\ \boxed{10}$

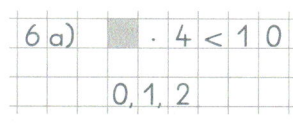

a) ▨ · 4 < 10 | 6a) ▨ · 4 < 1 0 |
                | 0, 1, 2 |
b) ▨ · 4 > 20   c) ▨ · 4 < 5

d) ▨ · 8 < 20   e) ▨ · 8 < 40   f) ▨ · 8 < 10

7 Welche Zahl passt? Rechne.

a) 2 · ▨ = 16   b) 6 · ▨ = 24   c) 4 · ▨ = 40   d) 5 · ▨ = 20   e) 1 · ▨ = 1
   8 · ▨ = 16   8 · ▨ = 24   8 · ▨ = 40   4 · ▨ = 20   8 · ▨ = 64
   4 · ▨ = 16   4 · ▨ = 24   5 · ▨ = 40   2 · ▨ = 20   10 · ▨ = 100

8 Rechne die Ergebnisse aus Achterreihe und Zweierreihe zusammen. Was fällt dir auf?

a) 2 · 8 | 8a) 2 · 8 = 1 6 | b) 4 · 8   c) 5 · 8   d) ▨ · 8
   2 · 2 | 2 · 2 =   4 | 4 · 2   5 · 2   ▨ · 2
            | ―――――――――――― |
            | 1 6 + 4 = 2 0|

9 Rechne die Ergebnisse aus Sechserreihe und Viererreihe zusammen. Was fällt dir auf?

a) 2 · 6   b) 3 · 6   c) 5 · 6   d) 7 · 6   e) ▨ · 6
   2 · 4   3 · 4   5 · 4   7 · 4   ▨ · 4

10 Maltabellen. Rechne aus.

·	4	5
2	8	10

die Randzahlen → 2, 4, 5 (grün); die Innenzahlen → 8, 10 (blau)

2 mal 4 = 8   — Noah

a) | · | 2 | 4 | b) | · | 2 | 4 | c) | · | | 8 | d) | · | | |
   | 5 | | | | 2 | | | | 5 | | | | 5 | 20| |
                                              | 3 | | | | 3 | | |

e) Finde Maltabellen.

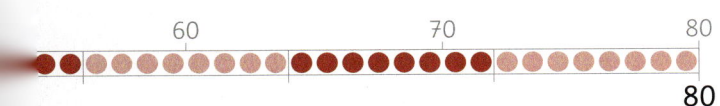

60   70   80
●●●●●●●●●●●●●●●●●●●●●●
                    80

Neuner- und Siebenerreihe

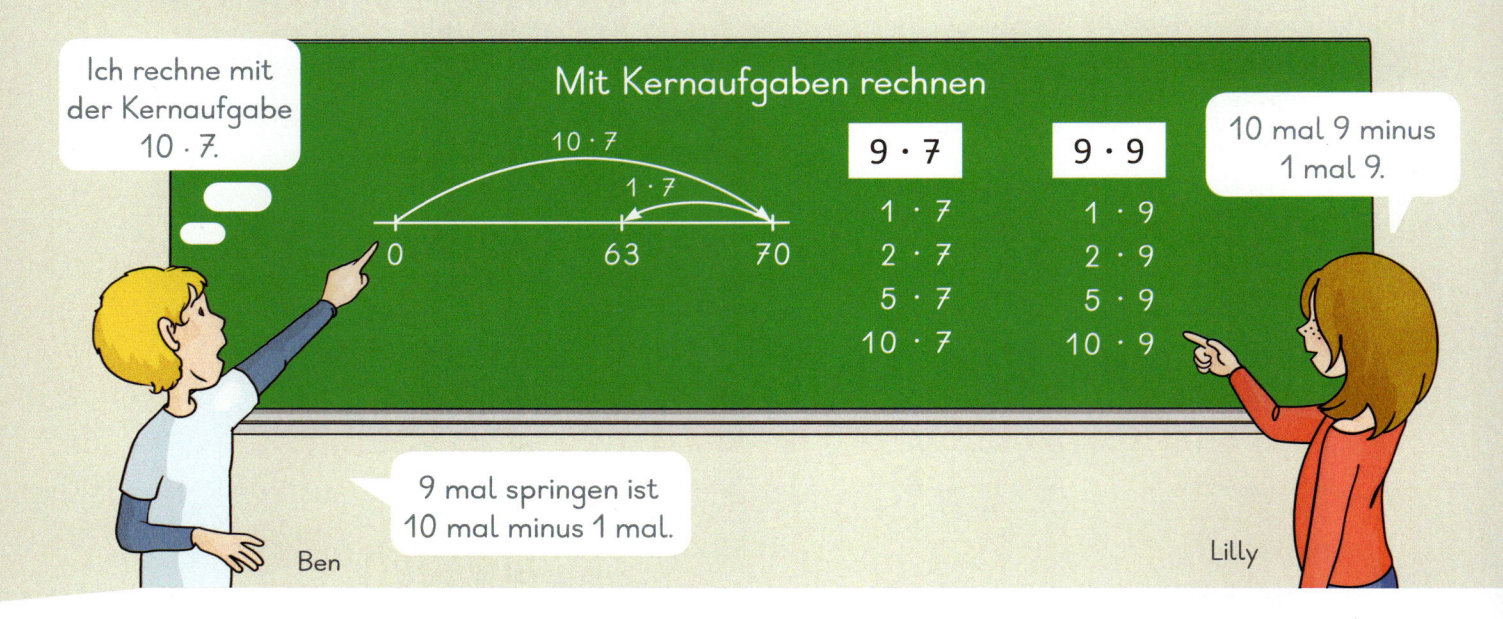

Mit Kernaufgaben rechnen

Ich rechne mit der Kernaufgabe 10 · 7.

10 · 7
1 · 7
0   63   70

9 · 7
1 · 7
2 · 7
5 · 7
10 · 7

9 · 9
1 · 9
2 · 9
5 · 9
10 · 9

10 mal 9 minus 1 mal 9.

9 mal springen ist 10 mal minus 1 mal.

Ben   Lilly

1 **Neunerreihe.** Zeige am Einmaleins-Plan und rechne mit den **Kernaufgaben**.
a) **5 · 9** b) **2 · 9** c) **10 · 9** d) **5 · 9** e) **10 · 9** f) **5 · 9**
   4 · 9   3 · 9   9 · 9   7 · 9   8 · 9   6 · 9

2 **Siebenerreihe.** Zeige am Einmaleins-Plan und rechne mit den **Kernaufgaben**.
a) **2 · 7** b) **2 · 7** c) **5 · 7** d) **5 · 7** e) **10 · 7** f) **10 · 7**
   3 · 7   4 · 7   6 · 7   7 · 7   9 · 7   8 · 7

3 Wochentage. Eine Woche hat 7 Tage.

a)
Wochen	1	2			5					10
Tage	7	14			35					

b) Igeljunge werden etwa 8 Wochen lang von der Mutter groß gezogen. Wie viele Tage bleiben die Igeljungen bei der Mutter?

c) Ein Igel macht durchschnittlich 12 Wochen Winterschlaf. Wie viele Tage schläft der Igel im Winter?

4 Findet Aufgaben aus der Siebenerreihe und aus der Neunerreihe.

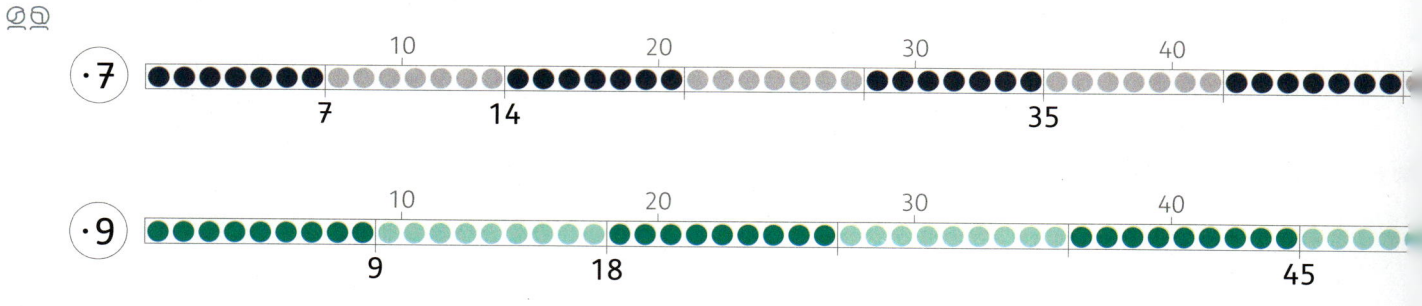

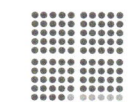

· 7   7   14   35

· 9   9   18   45

5
a) 1 · 9	b) 5 · 9	c) 2 · 7	d) 5 · 7	e) 4 · 3	f) 10 · 10
2 · 9	7 · 9	6 · 7	7 · 7	2 · 6	9 · 9
4 · 9	9 · 9	4 · 7	9 · 7	4 · 5	9 · 7
8 · 9	6 · 9	3 · 7	8 · 7	8 · 2	0 · 7

6 Rechnet und vergleicht. Erklärt an der Neunerreihe und an der Zehnerreihe.

a) 2 · 9	b) 5 · 9	c) 3 · 9	d) 4 · 9	e) 8 · 9	f) 7 · 9
2 · 10	5 · 10	3 · 10	4 · 10	8 · 10	7 · 10

7 Trefft Zahlen in der Dreierreihe und der Neunerreihe.

a) 9 = ☐ · 3   b) 18 = ☐ · 3   c) 27 = ☐ · 3
   9 = ☐ · 9   18 = ☐ · 9   27 = ☐ · 9

8 Siebenerreihe und Neunerreihe.

7er-Reihe	7	14	21	28	35	42	49	56	63	70
9er-Reihe	9	18	27	36	45	54	63	72	81	90

Wählt eine Zahl aus der Siebenerreihe und eine Zahl aus der Neunerreihe. Rechnet die beiden Zahlen zusammen oder berechnet den Unterschied von beiden Zahlen. Könnt ihr alle Zahlen treffen von 1 bis 70? Probiert.

1 = 36 − 35   10 = 45 − 35   5 = 54 − 49   16 = 7 + 9

9 minus 7, das ist die 2.

Der Abstand zwischen 54 und 56 ist auch 2.

Paula

Mila

5 Aufgaben rechnen. 6, 7 Neunerreihe mit Zehnerreihe und mit Dreierreihe vergleichen. 8 Rechenhilfe: Ergebnisse der Neuner- und Siebenerreihe evtl. in der Hundertertafel markieren.

(A, K, D) → Arbeitsheft, Seiten 58, 59

Die Einmaleins-Tafel

1 Beschreibe.

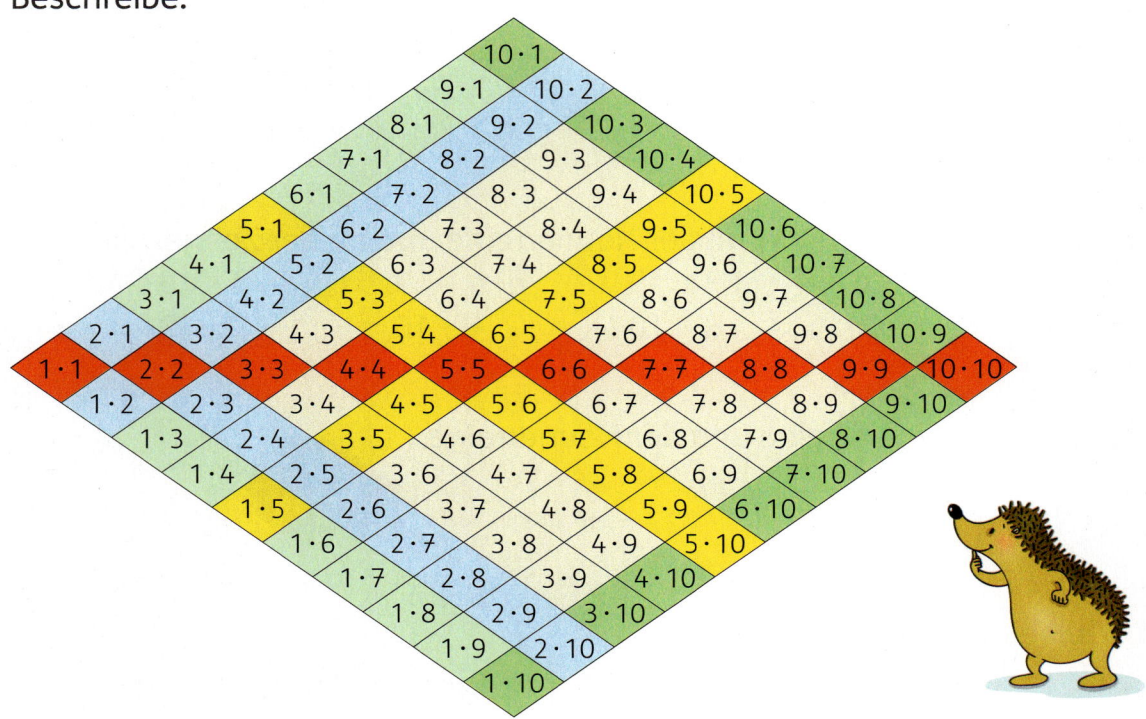

2 Einfache Wege auf der Einmaleins-Tafel. Rechnet geschickt.

a) 7 · 5   7 · 2   7 · 7
   6 · 5   6 · 2   6 · 7
   5 · 5   5 · 2   5 · 7
   4 · 5   4 · 2   4 · 7

b) 3 · 3   6 · 3   9 · 3
   3 · 4   6 · 4   9 · 4
   3 · 5   6 · 5   9 · 5
   3 · 6   6 · 6   9 · 6

c) 2 · 10   4 · 10   6 · 10
   2 · 9   4 · 9   6 · 9
   2 · 8   4 · 8   6 · 8
   2 · 7   4 · 7   6 · 7

d) Findet weitere Wege auf der Einmaleins-Tafel.

3 Rechne geschickt mit Nachbaraufgaben.   mit 10   mit 2   mit 5   Quadrat

a) 9 · 6
   7 · 6
   8 · 6
   4 · 8
   3 · 7

Ben 3 a) 9 · 6 = 60 − 6 = 54
           10 · 6 = 60

Eva 3 a) 9 · 6 = 45 + 9 = 54
           9 · 5 = 45

b) 9 · 7   c) 7 · 8
   8 · 7   3 · 9
   6 · 9   9 · 4
   7 · 3   7 · 4
   6 · 4   8 · 3

1 Erste Orientierung an der Einmaleins-Tafel. Einfache Aufgaben ordnen und rechnen.   2, 3 Wege auf der Einmaleins-Tafel erkunden und Beziehungen zwischen Nachbaraufgaben zum Rechnen nutzen.

(K) → Arbeitsheft, Seite 60

4 Vergleicht und rechnet. Was fällt euch auf?
a) 4 · 4
   3 · 5

Finn: Wir gehen von 4 · 4 zur Aufgabe 4 · 5. Aus 4 Vierern werden also 4 Fünfer.

Till: Das sind 4 mehr. Jetzt gehen wir von 4 · 5 zur Aufgabe 3 · 5. Was passiert?

b) 5 · 5   c) 3 · 3   d) 6 · 6   e) Findet weitere Aufgabenpaare.
   4 · 6   2 · 4   5 · 7

5 Vergleicht und rechnet. Was fällt euch auf?
a) 2 · 3   b) 5 · 6   c) 7 · 8   d) 6 · 7   e) 4 · 5
   1 · 4   4 · 7   6 · 9   5 · 8   3 · 6

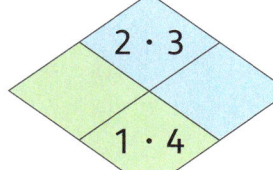

f) Findet weitere Aufgabenpaare.

6 Schwierige Wege. Rechnet geschickt mit der Einmaleins-Tafel.

a) 5 · 1	b) 6 · 2	c) 5 · 9	d) 1 · 3	e) 1 · 2	f) 4 · 2
4 · 2	5 · 3	6 · 8	2 · 4	2 · 3	5 · 3
3 · 3	4 · 4	7 · 7	3 · 5	3 · 4	6 · 4
2 · 4	3 · 5	8 · 6	4 · 6	4 · 5	7 · 5
1 · 5	2 · 6	9 · 5	5 · 7	5 · 6	8 · 6

7 Einmaleins

Malaufgabe zeigen, nennen und rechnen.

4 · 4   16   Das ist eine Quadrataufgabe.   2 mal 4 plus 2 mal 4   5 mal 4 minus 1 mal 4

4, 5 Aufgabenpaare vergleichen. Unterschiede mithilfe der „Wegspuren" auf der Einmaleins-Tafel erklären (z. B. bei a) erst +4, dann –5 oder erst –4, dann +3). Evtl. auch die Muster über den Vergleich der zugehörigen Punktemuster erklären.   6 Aufgaben mithilfe der Einmaleins-Tafel berechnen.

(K, A) → Arbeitsheft, Seite 60

Rückblick

Ich kann Malaufgaben an den Malreihen zeigen und lösen.
Ich kann Malreihen miteinander vergleichen.
Ich kann schwierige Aufgaben mit einfachen Aufgaben lösen.

1 Zeichne und rechne mit Kernaufgaben.

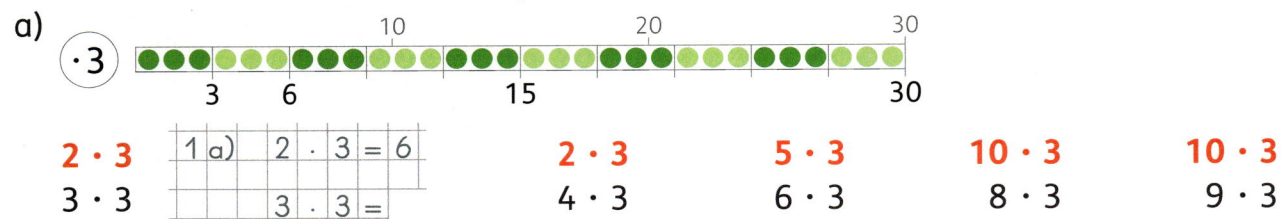

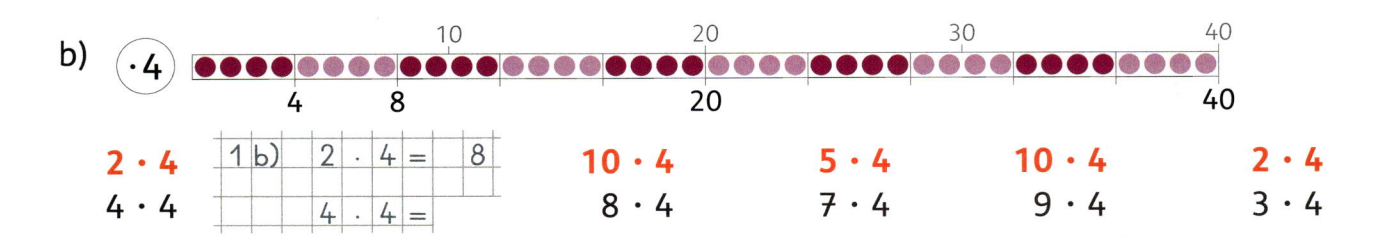

a) ·3 — 3, 6, 15, 30

2·3	1a) 2·3 = 6	2·3	5·3	10·3	10·3
3·3	3·3 =	4·3	6·3	8·3	9·3

b) ·4 — 4, 8, 20, 40

2·4	1b) 2·4 = 8	10·4	5·4	10·4	2·4
4·4	4·4 =	8·4	7·4	9·4	3·4

2 Vergleiche.

4 mal ist das Doppelte von 2 mal.

a) 2·6   2·4   2·8
   4·6   4·4   4·8

5 mal ist die Hälfte von 10 mal.

b) 10·10   10·7   10·9
   5·10   5·7   5·9

9 mal ist 10 mal minus 1 mal.

c) 10·2   10·3   10·4
   9·2   9·3   9·4

6 mal ist 5 mal plus 1 mal.

d) 5·4   5·7   5·9
   6·4   6·7   6·9

3 Rechne mit der Einmaleins-Tafel.

a) 5·3   b) 6·6   c) 2·3   d) 4·1   e) 8·5   f) 2·5
   5·4   5·6   3·4   5·2   7·6   3·4
   5·5   4·6   4·5   6·3   6·7   4·3
   5·6   3·6   5·6   7·4   5·8   5·2

4 ⚡ Übt immer wieder.

Einmaleins (Seite 97)

98   Wesentliche Aspekte des Kapitels noch einmal reflektieren.

(K, D) → Arbeitsheft, Seite 61

Forschen und Finden: Maltabellen

Ina: Wenn ich zwei Randzahlen malnehme, erhalte ich eine Innenzahl.

Ben: Ich rechne die Innenzahlen zusammen. Das ergibt 28.

·	5	2
4	20	8
		28

1 Maltabellen.

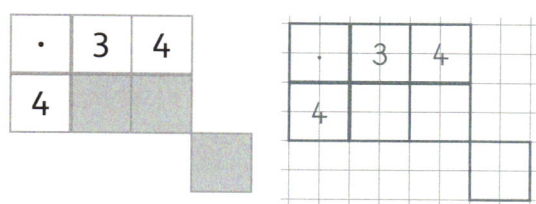

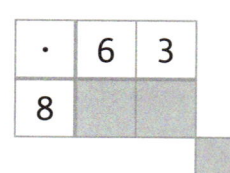

a)

·	3	4
4		

·	3	4
4		

·	3	4
5		

·	6	3
8		

b) Vergleicht die Randzahlen und rechnet sie zusammen.
Was fällt euch auf?
Zeigt am Hunderterfeld.

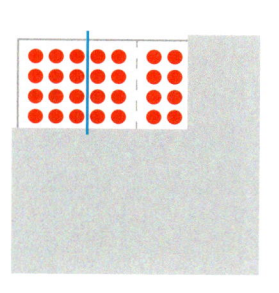

2 Findet Maltabellen.

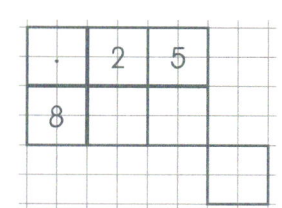

a) 8 · 7

·	2	5
8		

b) 7 · 9   c) 7 · 7   d) ▨ · ▨

3 Vergleicht die Maltabellen. Setzt fort und erklärt.

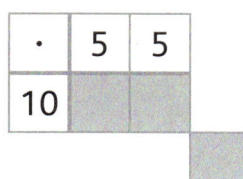

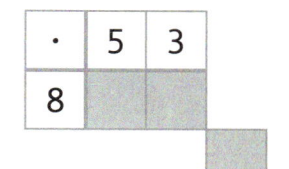

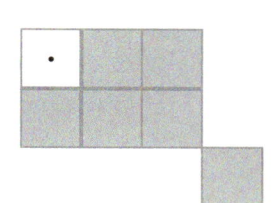

a)

·	5	5
10		

·	5	4
9		

·	5	3
8		

·		

b)

·	2	3
8		

·	3	4
8		

·	4	5
8		

·		

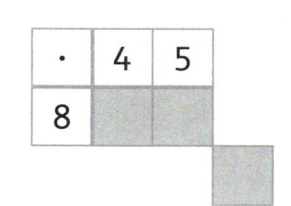

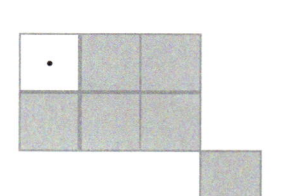

Bildungsregel der Maltabellen und Begriffe wiederholen: *Innenzahlen, obere/linke Randzahlen.* **1, 2** Verschiedene Zerlegungen vergleichen, weitere Zerlegungen finden. **3** Veränderungen der Randzahlen erkunden und erklären.

(P, K, A, D) → Arbeitsheft, Seite 62

Skizzen zeichnen

Wie lang ist eine Reihe?

Immer 1 m zwischen den Reihen.

100 Zentimeter sind 1 Meter. 1 m = 100 cm

1 Die Kinder der Klasse 2b möchten den Schulgarten bepflanzen.
Marta, Esra und Finn haben dafür Skizzen angefertigt.
Welche Skizze ist hilfreich? Begründe.

a)  Marta b) 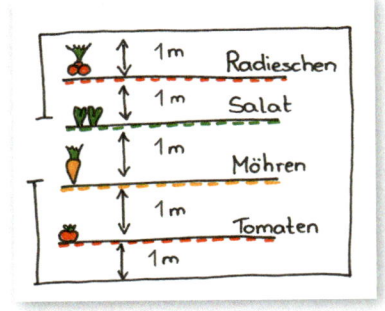 Esra c)  Finn

2 Für jedes Gemüse gibt es eine Reihe von 2 m Länge.
Wie viele Pflanzen können höchstens gepflanzt werden? Löse mit einer Skizze.

a) Die Kinder pflanzen Tomaten im Abstand von 50 cm.

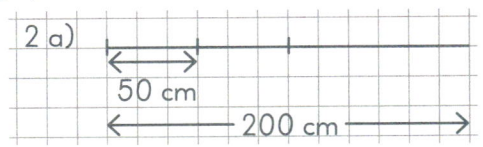

b) Die Kinder pflanzen Möhren im Abstand von 20 cm.

c) Die Kinder pflanzen Feldsalat im Abstand von 10 cm.

d) Die Kinder pflanzen Gurken im Abstand von 25 cm.

e) Die Kinder pflanzen Kohlrabi im Abstand von 15 cm.

1 Merkmale einer hilfreichen Skizze besprechen.   2 Sachaufgaben mithilfe von Skizzen lösen.
Weiterführung und Vertiefung: Thema Umweltverhalten.

(P, K, A, M, D) → Arbeitsheft, Seite 63

3 a) 5 Tannen stehen gleichmäßig in einer Reihe. Von der ersten bis zur letzten Tanne sind es 16 m. Wie groß ist der Abstand zwischen den einzelnen Tannen? Löse mit einer Skizze.

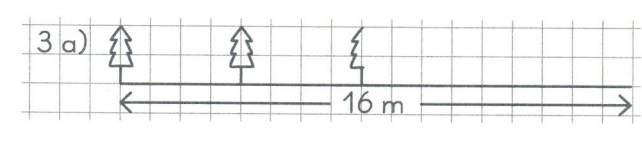

b) 6 Fichten stehen gleichmäßig in einer Reihe. Von der ersten bis zur letzten Fichte sind es 15 m. Wie groß ist der Abstand zwischen den einzelnen Fichten? Löse mit einer Skizze.

4 Wie lang ist der Zaun um das Tiergehege (**Umfang**)? Vergleiche die Lösungswege.

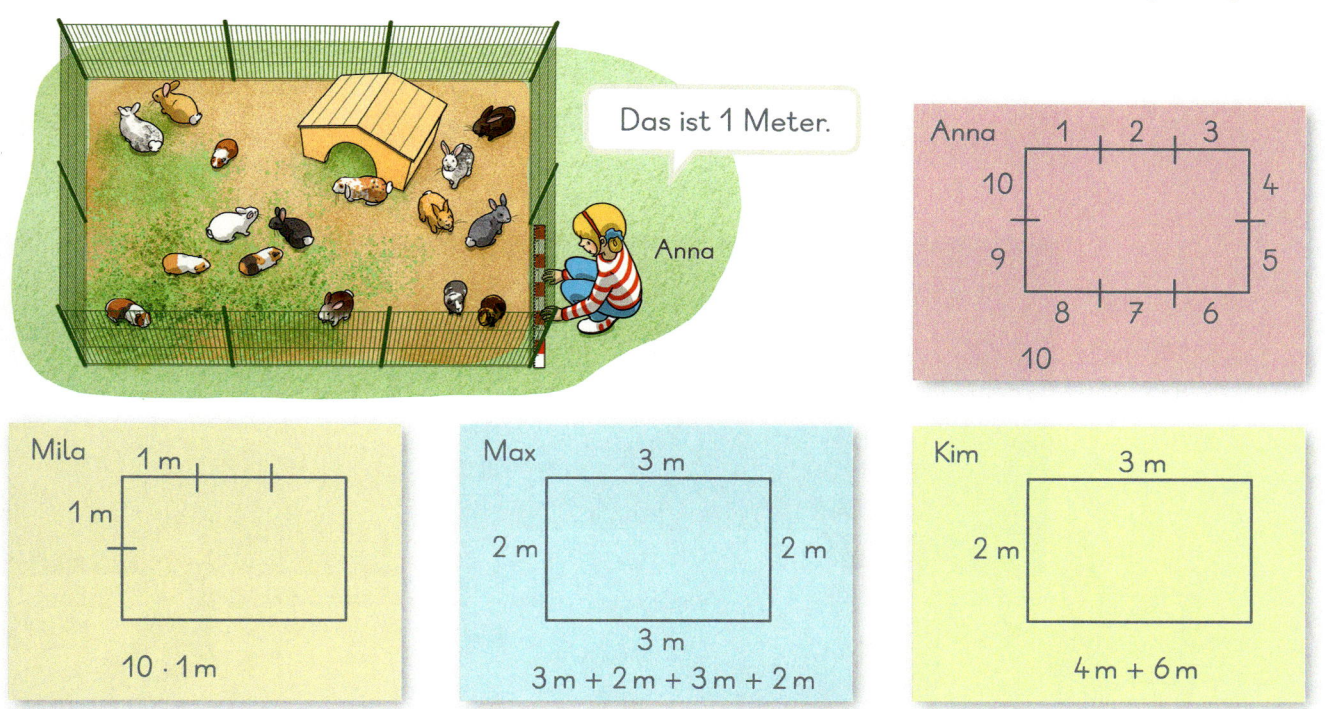

Das ist 1 Meter.

Anna

Mila: 1 m, 1 m, 10 · 1 m

Max: 3 m, 2 m, 3 m, 2 m, 3 m + 2 m + 3 m + 2 m

Kim: 3 m, 2 m, 4 m + 6 m

5 Wie lang ist der Zaun um den Schulgarten (**Umfang**)? Zeichne eine Skizze.

6 Wie groß ist der **Umfang**? Vergleiche.

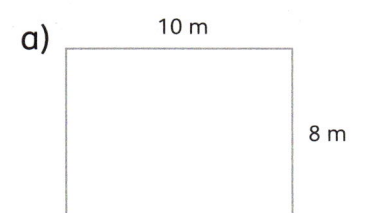

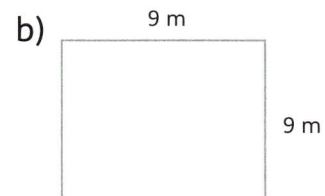

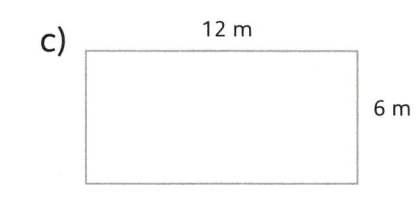

a) 10 m, 8 m

b) 9 m, 9 m

c) 12 m, 6 m

7 Die Igelklasse legt einen Schulgarten an. Der Zaun ist 24 m lang. Wie kann der Schulgarten aussehen? Zeichnet Skizzen. Vergleicht.

3 Sachaufgaben mithilfe von Skizzen lösen.   4 Skizzen vergleichen. Merkmale von hilfreichen Skizzen besprechen.   5, 7 Skizzen anfertigen. Anschließend die Ergebnisse vergleichen.   6 Skizzen interpretieren und zum Lösen nutzen.

(P, K, A, M, D)   → Arbeitsheft, Seite 63

Einführung der Geteiltaufgaben

Lilly: 24 Semmeln. Immer 4 in ein Körbchen.

Noah: Wie viele Körbchen brauchen wir?

24 : 4 = 6
24 geteilt durch 4 ist gleich 6

1

Wir planen für unser Klassenfest.
- 21 Kinder und 3 Erwachsene
- 12 Flaschen Wasser
- 24 helle Semmeln
- 12 dunkle Semmeln
- 2 Pakete Butter
- 15 Tulpen

Tisch decken:
- Auf 6 Gruppentische verteilen.
- 24 Gläser und Messer
- 6 Gläser Marmelade
- 18 Scheiben Käse
- 12 Scheiben Wurst
- 20 Mini-Tomaten

Klassenzimmer schmücken:
- 20 Luftballons
- 4 Schnüre zum Aufhängen
- 12 Luftschlangen für die Tische

Noah: Immer 5 Tulpen in eine Vase. Wie viele Vasen?

Lilly: Immer 3 Scheiben auf ein Brettchen. Wie viele Brettchen?

Erzählt.
a) Findet Geteiltaufgaben.
b) Sucht in eurer Klasse Geteiltaufgaben.

1 Geteiltaufgaben zum Bild erzählen und erläutern. Notation besprechen. Besprechen, wie die Gruppen gebildet werden können, und Nachspielen der Situation im Klassenzimmer. Zeichnungen erstellen und besprechen. Nicht zu jeder Anzahl kann man gleich große Gruppen bilden, manchmal bleibt ein Rest.

(P, D, K) → Arbeitsheft, Seiten 64, 65

Teilen in der Umwelt

2 18 Kinder bilden gleiche Gruppen. Wie viele Gruppen?
a) Immer 3 Kinder in einer Gruppe. 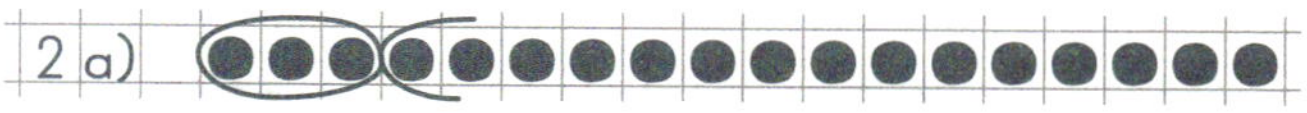
b) Immer 6 Kinder in einer Gruppe.
c) Wählt eine Anzahl von Kindern. Könnt ihr gleiche Gruppen bilden? Findet Geteiltaufgaben.

3 Teilt 24 Plättchen in Gruppen auf. Zeichnet und rechnet.
a) Immer 8 Plättchen in einer Gruppe.
b) Immer 6 Plättchen in einer Gruppe.
c) Immer 4 Plättchen in einer Gruppe.
d) Immer 3 Plättchen in einer Gruppe.

4 Das Klassenfest ist zu Ende. Zeichnet und rechnet.
a) 20 Luftballons werden an 5 Kinder verteilt. Wie viele Luftballons bekommt jedes Kind?

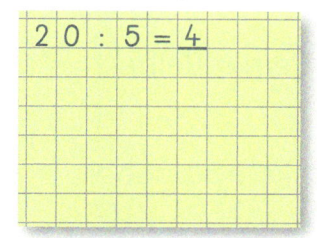

20 : 5 = 4

b) 20 Blumen werden an 4 Kinder verteilt. Wie viele Blumen bekommt jedes Kind?

c) 12 Semmeln werden an 6 Kinder verteilt. Wie viele Semmeln bekommt jedes Kind?

d) 12 Stücke Schokolade werden an 2 Kinder verteilt. Wie viele Stücke bekommt jedes Kind?

5 Verteilt 30 Karten an Kinder. Wie viele Karten bekommt jedes Kind?
a) 3 Kinder   b) 5 Kinder   c) 6 Kinder

6 Verteilt 24 Karten an Kinder. Wie viele Karten bekommt jedes Kind?
a) 4 Kinder   b) 6 Kinder   c) 8 Kinder

7 Verteilt 20 Plättchen an Kinder. Wie viele Plättchen bekommt jedes Kind?
a) 5 Kinder   b) 4 Kinder   c) 2 Kinder
d) Wählt eine Anzahl von Plättchen. An wie viele Kinder könnt ihr die Plättchen verteilen? Findet Geteiltaufgaben.

Umkehraufgaben

15 geteilt durch 3.

3 in jeder Gruppe. Wieviele Gruppen?

5, denn 5 · 3 = 15

Die Umkehraufgabe von 15 : 3 = 5 ist 5 · 3 = 15.

1 Legt und rechnet immer Aufgabe und Umkehraufgabe.
a) 12 Plättchen, immer 4 Plättchen in einer Reihe.

1 a)	1 2	:	4	=	
		3	·	4	= 1 2

b) 30 Plättchen, immer 10 Plättchen in einer Reihe.

c) 24 Plättchen, immer 6 Plättchen in einer Reihe.

d) Wählt eine Anzahl von Plättchen.
Findet passende Aufgaben und Umkehraufgaben.

2 Rechne immer Aufgabe und Umkehraufgabe.
a) b) c) d)

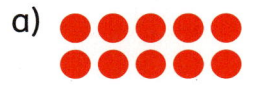

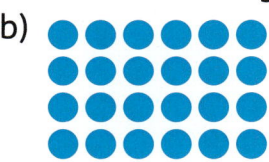

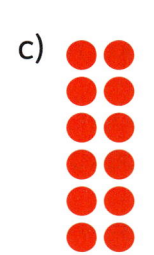

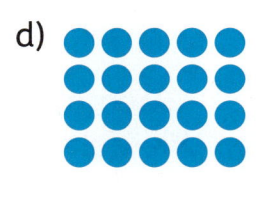

e) Zeichne Punktefelder und rechne.

3 Rechne geschickt mit der Umkehraufgabe.
a) 54 : 6

3 a)	5 4	:	6	=	
		9	·	6	= 5 4

b) 36 : 6   c) 32 : 4   d) 27 : 9   e) 54 : 9
f) 20 : 5   g) 21 : 7   h) 36 : 9   i) 42 : 6

j) Schreibe Aufgaben und Umkehraufgaben.

4 Findet geschickt Geteiltaufgaben mit dem Ergebnis.
a) 2   b) 5   c) 10   d) 1

4 a)	2 · 4 = 8	b)	5 · 4 = 2 0	c)	1 0 · 4 = 4 0	d)	1 · 4 = 4
	8 : 4 = 2		2 0 : 4 = 5		4 0 : 4 = 1 0		4 : 4 = 1

104

1 Operative Beziehungen zwischen Mal- und Geteiltaufgaben über Aufgaben und Umkehraufgaben herausstellen.
1, 2 Zu einer Rechteckdarstellung Aufgabe und Umkehraufgabe finden. Begriff „Reihe" sichern. 3 Struktur der Umkehraufgaben zum einfachen Ausrechnen nutzen. 4 Einfache Geteiltaufgaben finden.

(K, D) → Arbeitsheft, Seiten 66, 67

Immer zwei Malaufgaben und zwei Geteiltaufgaben.

15

5 · 3
3 · 5
15 : 5
15 : 3

5 in einer Reihe, 3 Reihen, also 3 mal 5. — Sophie

Die Tauschaufgabe ist 5 mal 3. — Till

15 Plättchen, 5 Reihen, also 15 geteilt durch 5. — Leo

15 Plättchen, immer 3 in jeder Reihe, also 15 geteilt durch 3. — Ben

---

5 Immer vier Aufgaben.

a) 8 · 7
b) 9 · 6
c) 4 · 9
d) 6 · 7
e) 5 · 7
f) 8 · 4
g) 7 · 7

5 a) 8 · 7 = 56   56 : 7 = 8
    7 · 8 = 56   56 : 8 = 7

6 Drei Zahlen, immer vier Aufgaben.

a) 6 4 24
b) 3 9 27
c) 21 7 3
d) 8 4 ▪

7 Immer vier Aufgaben zu einer Zahl.

a) 10

7 a) 20 : 10 = 2   10 · 2 = 20
     20 : 2 = 10   2 · 10 = 20

b) 5
c) 2

8 a) Paula verteilt 36 Bonbons an 6 Kinder. Wie viele Bonbons bekommt jedes Kind?

b) Vom Bahnhof fährt alle 6 Minuten ein Bus. Wie viele Busse fahren in 1 Stunde? Wie viele Busse fahren in 2 Stunden?

c) Finde Geteiltgeschichten.

---

5 Beziehungen zwischen Aufgabe, Tauschaufgabe und Umkehraufgaben erkennen und nutzen. 6 Zu drei Zahlen vier Aufgaben notieren. 7 Aufgabenfamilien aus Kernaufgaben. 8 Textaufgaben zum Teilen lösen. Aus eigenen Geteiltgeschichten ggf. eine Klassenkartei anlegen.

(P, K, D) → Arbeitsheft, Seiten 66, 67

Teilen an Malreihen

Ina — 40 : 8 = 5, denn 5 · 8 = 40.

Max — 40 : 4 = 10, denn 10 · 4 = 40.

Lehrerin: Wie viele Sprünge sind es bis 40?

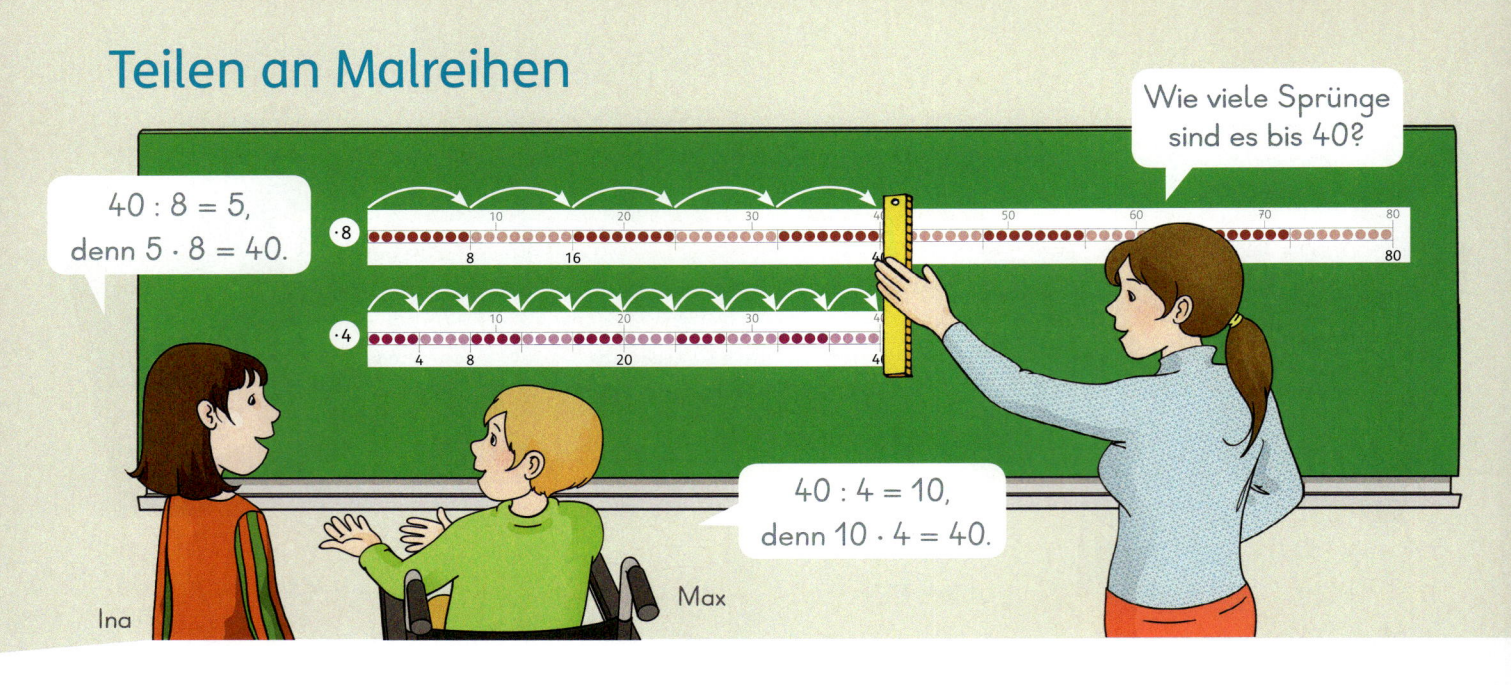

1 Zeigt an der Viererreihe und an der Achterreihe. Wie viele Sprünge sind es?
a) bis 40   1a) 40 : 4 = 10, denn 10 · 4 = 40
              40 : 8 = 5, denn 5 · 8 = 40
b) bis 24   c) bis 16   d) bis 8

2 Zeigt am Einmaleins-Plan. Wie viele Siebenersprünge sind es?
a) bis 70   2a) 70 : 7 = 10, denn 10 · 7 = 70
b) bis 49   c) bis 35   d) bis 14   e) bis 7   f) bis 21

3 Nachbaraufgaben. Vergleiche an der Viererreihe.
a) 20 : 4   b) 40 : 4   c) 8 : 4   d) 20 : 4   e) Finde weitere
   24 : 4   36 : 4   12 : 4   16 : 4   Aufgabenpaare.

4 Nachbaraufgaben. Vergleiche an der Achterreihe.
a) 40 : 8   b) 80 : 8   c) 16 : 8   d) 8 : 8   e) Finde weitere
   48 : 8   72 : 8   24 : 8   16 : 8   Aufgabenpaare.

5 Nachbaraufgaben. Vergleiche an der Siebenerreihe.
a) 35 : 7   b) 70 : 7   c) 14 : 7   d) 49 : 7   e) Finde weitere
   42 : 7   63 : 7   21 : 7   56 : 7   Aufgabenpaare.

6 Einfache Aufgaben.
a) 40 : 4   b) 20 : 4   c) 8 : 4   d) 4 : 4   e) Finde und rechne
   80 : 8   40 : 8   16 : 8   8 : 8   einfache Aufgaben.
   70 : 7   35 : 7   14 : 7   7 : 7

1, 2 Einfache Geteiltaufgaben als Umkehrung einfacher Malaufgaben mithilfe der Malreihen lösen.
3–5 Nachbarbeziehungen nutzen und von einfachen auf schwierige Geteiltaufgaben schließen. Begriff *Nachbaraufgabe* wiederholen.

(K) Arbeitsheft, Seiten 68, 69

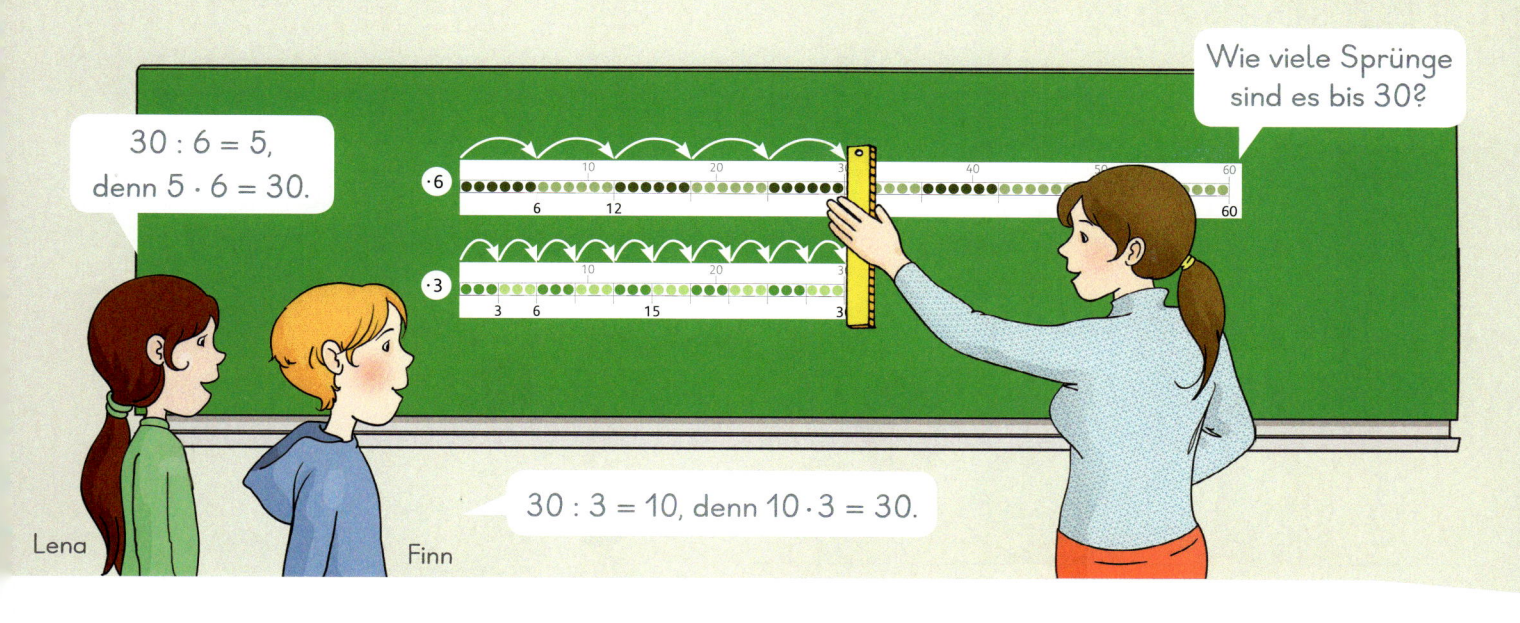

Speech bubbles:
- "30 : 6 = 5, denn 5 · 6 = 30." (Lena)
- "30 : 3 = 10, denn 10 · 3 = 30." (Finn)
- "Wie viele Sprünge sind es bis 30?"

7 Zeigt an der Dreierreihe und an der Sechserreihe. Wie viele Sprünge sind es?
a) bis 30   b) bis 18   c) bis 12   d) bis 6

7 a) 30 : 3 = 10, denn 10 · 3 = 30
    30 : 6 = 5, denn 5 · 6 = 30

8 Zeigt am Einmaleins-Plan. Wie viele Neunersprünge sind es?
a) bis 90   b) bis 81   c) bis 45   d) bis 18   e) bis 9   f) bis 36

9 Nachbaraufgaben. Vergleiche an der Neunerreihe.
a) 45 : 9   b) 18 : 9   c) 9 : 9   d) 90 : 9   e) Finde weitere
   54 : 9   27 : 9   18 : 9   81 : 9   Aufgabenpaare.

10 Beginne immer mit einer einfachen Aufgabe. Kreuze an.
a) 6 : 3   15 : 3   b) 6 : 6   36 : 6   c) 9 : 9   63 : 9
   9 : 3   18 : 3   12 : 6   42 : 6   18 : 9   72 : 9
   12 : 3   21 : 3   18 : 6   48 : 6   27 : 9   81 : 9

11 Geteilt durch 10 und durch 9. Vergleiche.
a) 20 : 10   b) 30 : 10
   18 : 9   27 : 9

c) 40 : 10   d) ▨ : 10
   36 : 9   ▨ : 9

Anna: "10 passt 2 mal in die 20. 18 ist 2 weniger als 20. Also passt 9 auch 2 mal in die 18."

7 Beziehungen zwischen 3er- und 6er-Reihe erkunden. 7, 8 Einfache Geteiltaufgaben als Umkehrung einfacher Malaufgaben mithilfe der Malreihen lösen. 9 Nachbarbeziehungen nutzen und von einfachen auf schwierige Geteiltaufgaben schließen. 11 Beziehungen zwischen 9er- und 10er-Reihe beim Teilen erkunden.

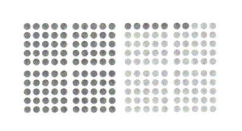

(K, A) → Arbeitsheft, Seiten 68, 69

Rückblick

Ich kann Geteiltaufgaben finden, legen und zeigen, vergleichen und rechnen.
Ich kann Geteiltaufgaben mit Malaufgaben lösen.

1 Finde Aufgaben zu den Bildern.

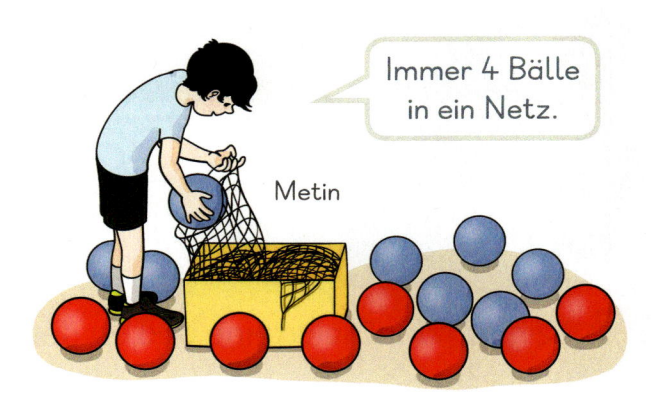

Wir teilen uns die Kekse. (Ina, Finn, Kim)

Immer 4 Bälle in ein Netz. (Metin)

2 Zeichne Bilder zu   a) 12 : 4   b) 18 : 3   c) 20 : 5   d) 9 : 3

3 Rechne immer Aufgabe und Umkehraufgabe.

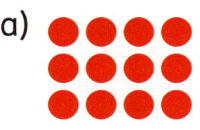

a) 3 · 4 = 12
   12 : 4 = 3

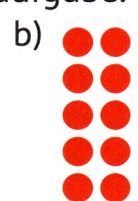

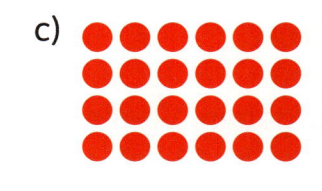

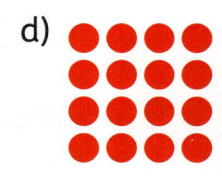

b)   c)   d)

4 Rechne die Kernaufgaben.

a) 3 : 3	b) 50 : 5	c) 40 : 8	d) 12 : 6	e) 30 : 3	f) 25 : 5
7 : 7	100 : 10	35 : 7	8 : 4	20 : 5	16 : 8
1 : 1	90 : 9	45 : 9	18 : 9	16 : 2	10 : 1

5 Zeige an den Malreihen.

a) 8 : 4	b) 16 : 8	c) 6 : 3	d) 12 : 6	e) 49 : 7	f) 45 : 9
20 : 4	40 : 8	15 : 3	30 : 6	35 : 7	18 : 9
16 : 4	64 : 8	9 : 3	36 : 6	14 : 7	81 : 9

6 Nachbaraufgaben.

a) 30 : 3	b) 15 : 3	c) 60 : 6	d) 30 : 6	e) 90 : 9	f) 45 : 9
27 : 3	18 : 3	54 : 6	24 : 6	81 : 9	54 : 9
g) 40 : 4	h) 20 : 4	i) 80 : 8	j) 40 : 8	k) 70 : 7	l) 35 : 7
36 : 4	24 : 4	72 : 8	32 : 8	63 : 7	28 : 7

1–6 Wesentliche Aspekte des Kapitels noch einmal reflektieren.

(K, D) Arbeitsheft, Seite 70

Forschen und Finden: Rechenketten

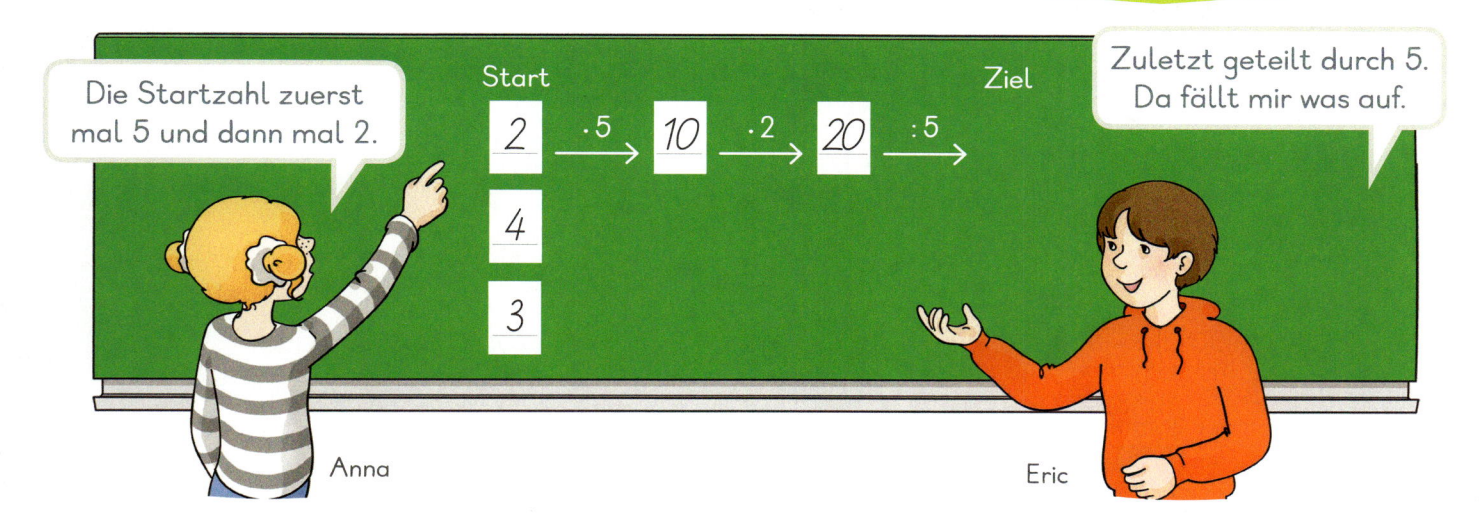

Die Startzahl zuerst mal 5 und dann mal 2. — Anna

Start: 2 →·5→ 10 →·2→ 20 →:5→ Ziel

4

3

Zuletzt geteilt durch 5. Da fällt mir was auf. — Eric

1 Rechne. Was fällt dir auf? Begründe.

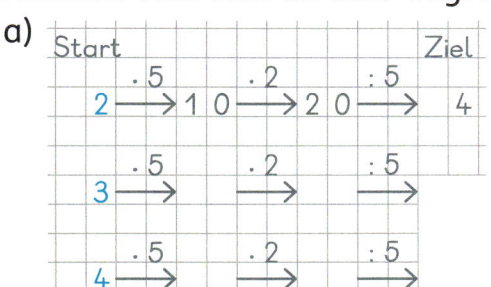

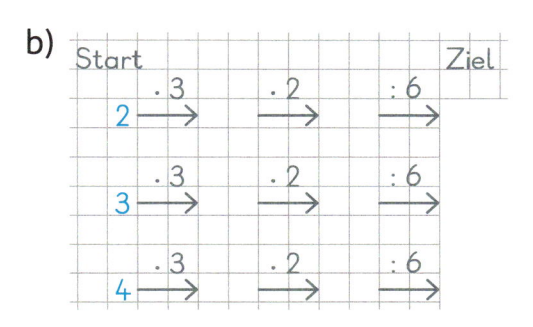

a)
Start → Ziel
2 →·5→ 10 →·2→ 20 →:5→ 4
3 →·5→ →·2→ →:5→
4 →·5→ →·2→ →:5→

b)
Start → Ziel
2 →·3→ →·2→ →:6→
3 →·3→ →·2→ →:6→
4 →·3→ →·2→ →:6→

2 Rechne und setze fort. Was fällt dir auf? Begründe.

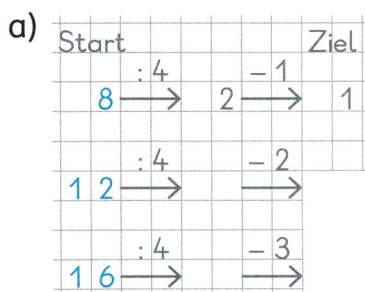

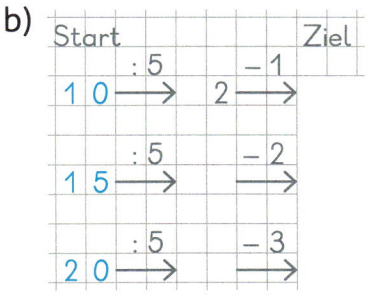

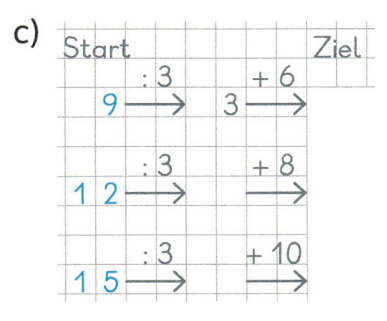

a)
Start → Ziel
8 →:4→ 2 →−1→ 1
12 →:4→ →−2→
16 →:4→ →−3→

b)
Start → Ziel
10 →:5→ 2 →−1→
15 →:5→ →−2→
20 →:5→ →−3→

c)
Start → Ziel
9 →:3→ 3 →+6→
12 →:3→ →+8→
15 →:3→ →+10→

3 Probiert mit verschiedenen Startzahlen. Was fällt euch auf?

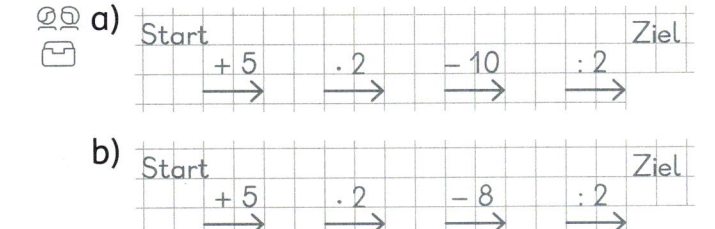

a)
Start →+5→ →·2→ →−10→ →:2→ Ziel

b)
Start →+5→ →·2→ −8→ →:2→ Ziel

c) Findet Rechenketten mit schönen Zielzahlen.

6 geteilt durch 2 — Paula
minus 10 — Murat

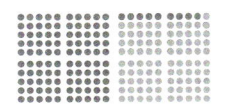

3 →+5→ 8 →·2→ 16 →−10→ 6 →:2→

Sachrechnen

1 Erzähle und rechne.

Lena: Wie viele Flaschen Saft werden bisher gespendet?

Finn: 22 + 23 = 45
45 Flaschen Saft werden bisher gespendet.

Unser Schulfest

Dauer: 15.00 Uhr – 18.00 Uhr   Aufbau: ab 13.30 Uhr

Teilnehmer beim Fußballturnier

Klasse	1a	1b	2a	2b	3a	3b	4a	4b
Kinder	11	14	9	9	8	12	10	13

Helfer beim Aufbau	Helfer beim Abbau
ﬀﬀ ﬀﬀ ﬀﬀ ﬀﬀ ﬀﬀ II	ﬀﬀ ﬀﬀ ﬀﬀ ﬀﬀ II

Wir haben 3 Mini-Fußballfelder
Für jedes Feld brauchen wir:
– 2 Tore
– 1 Ball
– 4 Eckfahnen
– 3 Helfer
– 6 Spieler

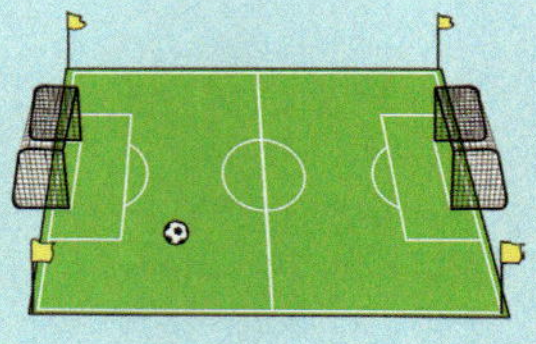

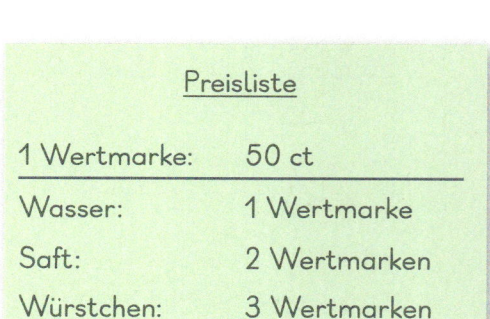

Getränke

Wir brauchen: 50 Flaschen Saft

Klasse	Spende
1a	22 Flaschen
2b	23 Flaschen

Wir brauchen: 100 Flaschen Wasser

Klasse	Spende
3b	25 Flaschen
4b	20 Flaschen
1b	30 Flaschen

Preisliste

1 Wertmarke:	50 ct
Wasser:	1 Wertmarke
Saft:	2 Wertmarken
Würstchen:	3 Wertmarken

a) Aus welcher Klasse nehmen die meisten Kinder am Fußballturnier teil?

b) Wie viel kostet ein Würstchen?

c) Wie viele Eckfahnen werden benötigt?

d) Wie viele Flaschen Wasser müssen noch gespendet werden?

e) Finde weitere Fragen und beantworte sie.

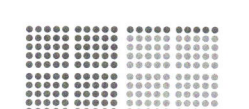

1 Pinnwand gemeinsam betrachten und erläutern. Anschließend anhand der Pinnwand die Fragen beantworten und weitere Aufgaben finden.

(K, M, D) → Arbeitsheft, Seite 72

2 a) Wie viele Kinder nehmen aus dem ersten, zweiten, dritten und vierten Schuljahr am Fußballturnier teil? Lege eine Tabelle an.

2 a)	1. Schuljahr	25
	2. Schuljahr	

b) Wie viele Tore, Bälle, Eckfahnen, Helfer und Spieler werden für die Fußballfelder benötigt? Lege eine Tabelle an.

2 b)	Tore	6
	Bälle	

3 Finde eine passende Frage und beantworte sie. ?

a) Finn geht mit 5 Euro zum Schulfest. Er kauft ein Wasser und ein Würstchen.

b) Sporthaus Schulz liefert 6 Tore an. Immer 4 Kinder tragen zusammen ein Tor.

c) Anna kommt mit ihren Eltern um 15.00 Uhr zum Schulfest. Sie helfen später beim Abbau mit. Um 18.30 Uhr gehen sie nach Hause.

4 a) Rechengeschichten erfinden. $4 \cdot 5 = 20$

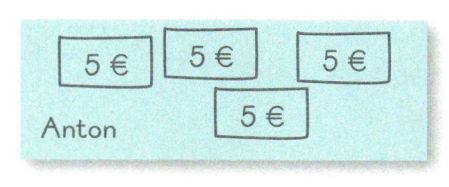

Die Klasse 2b singt ein Lied. Es stehen immer 5 Kinder in einer Reihe. Insgesamt gibt es 4 Reihen. Sophie

Anton: 5 € 5 € 5 € 5 €

In der Bastelecke stehen 4 Tische. An jedem Tisch können 5 Kinder sitzen. Kim

Eric

b) Findet Rechengeschichten zu $4 \cdot 6 = 24$ $\quad 16 : 2 = 8 \quad$ $75 + 25 = 100$.

5 Anton feiert seinen 8. Geburtstag. Er feiert von 15.00 Uhr bis 18.30 Uhr und lädt 7 Kinder ein. Welche Fragen könnt ihr beantworten? Begründet.

a) Wie lang dauert Antons Feier?

b) Wie viele Geschwister hat Anton?

c) Welchen Geburtstag feiert Anton in 2 Jahren?

d) Wie viele Kinder feiern zusammen?

2 Zu einer Sachsituation Tabellen anlegen. 3 Fragen zu den Rechengeschichten finden, Aufgaben rechnen. 4 Passende Fragen zu Sachaufgaben finden. In Partnerarbeit Rechengeschichten finden und evtl. zeichnen. 5 Fragen auswählen und begründen, ob diese mithilfe der Rechengeschichte beantwortet werden können.

■ (K, M, D) → Arbeitsheft, Seite 72

Legen und Überlegen

1 24 Personen sind im Schwimmbad.
Es sind 6 Kinder **mehr als** Erwachsene.
Wie viele Kinder sind es?
Wie viele Erwachsene?

Ich probiere mit Plättchen. Blau sind die Kinder und rot die Erwachsenen. — Lilly

2 Einen Tag später sind wieder 24 Personen im Schwimmbad. Nun sind es **doppelt so viele** Kinder wie Erwachsene.
Wie viele Kinder sind es?
Wie viele Erwachsene?

3 6 Personen gehen ins Schwimmbad.
Sie zahlen 24 Euro Eintritt.
Wie viele Kinder sind es?
Wie viele Erwachsene?

Schwimmbad mit **Superrutsche**
Kinder: **3 €**
Erwachsene: **6 €**

4 Eine Gruppe geht ins Schwimmbad.
Sie zahlt 24 Euro.
Wie viele Kinder können es sein?
Wie viele Erwachsene?

5 24 Kinder sind im Schwimmbad.
An der Rutsche sind 10 Kinder **weniger als** im Wasser. [?]

6 24 Kinder sind im Schwimmbecken.
Es sind **halb so viele** Kinder im tiefen Wasser wie im flachen Becken. [?]

7 24 Kinder sind im Schwimmbad. 6 Kinder sind im flachen Wasser.
Von den übrigen Kindern sind **doppelt so viele** im tiefen Wasser wie an der Rutsche. [?]

8 Finde weitere Aufgaben.

9 Hier stimmt etwas nicht. Erkläre.

Marta
13 Personen sind im Schwimmbad.
Es sind doppelt so viele Kinder wie Erwachsene.

Murat
Eine Gruppe geht ins Schwimmbad.
Sie zahlen 20 Euro.
Wie viele Kinder können es sein?
Wie viele Erwachsene?

1–7 Aufgaben lösen, indem 24 Plättchen passend zur Aufgabe gelegt, verschoben und gruppiert werden. Vorgehensweisen besprechen. Aufgabe 4 hat mehrere Lösungen. 8 Eigene Aufgaben erfinden. 9 Fehler in Aufgaben finden und erklären. Fehler könnten korrigiert werden.

(P, A, M, D) → Arbeitsheft, Seite 73

Wie viele Beine haben die Tiere?

Ben 
$4 + 4 + 4 + 4 + 4 + 2 + 2 = 24$

Sophie
Pferde: $3 \cdot 4 = 12$
Katzen: $2 \cdot 4 = 8$
Enten: $2 \cdot 2 = 4$
Insgesamt sind es 24 Beine.

Murat
4, 8, 12, 16, 20, 22, 24

Lilly
4   8   12   16   20   22   24

Finn

Vierbeiner	Beine
1	4
2	8
3	12
4	16
5	20

Zweibeiner	Beine
1	2
2	4
3	6

$20 + 4 = 24$

Kim
0   4   8   12   16   20 22 24

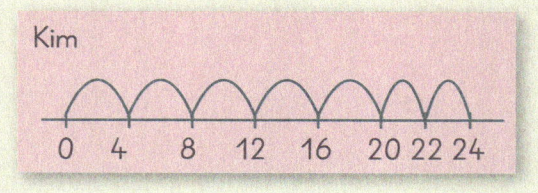

● **10** a) Im Stall sind 1 Pferd, 2 Katzen und 3 Enten. Wie viele Beine sind es?

b) Im Stall sind 2 Pferde, 3 Katzen und 2 Enten. Wie viele Beine sind es?

● **11** a) Es sind 24 Beine. Wie viele Pferde, wie viele Enten können es sein?

b) Es sind 18 Beine und 6 Tiere. Wie viele Pferde, wie viele Enten?

✽ **12** Finde weitere Aufgaben.

● **13** Hier stimmt etwas nicht. Erkläre.

Esra
Es sind 25 Beine.
Wie viele Pferde?
Wie viele Enten?

Leo
Es sind 30 Beine.
Wie viele Katzen?
Wie viele Pferde?

Till
Es sind 18 Beine und 6 Köpfe.
4 Tiere sind Pferde.
Wie viele Enten sind es?

10, 11 Zaunrätsel lösen. Dabei wie im Einstieg Skizzen als Lösungshilfe nutzen.   12 Eigene Zaunrätsel erfinden. Vom Partner oder der ganzen Klasse lösen lassen.   13 Fehler in Aufgabe finden und erklären. Fehler könnten korrigiert werden.

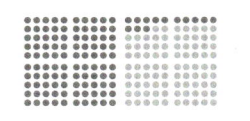

(P, A, M, D)   → Arbeitsheft, Seite 73

Sitzpläne: Orientierung im Klassenraum

1 Erzähle.

Links von mir sitzt niemand.

*Rechts von mir sitzt Till.
Links von mir sitzt Noah.
Mir gegenüber sitzt Metin.*

Sitzplan

Sophie	Lena
Anna	Eric
Leo	Paula

Eva	Finn
Murat	Mila
Ben	Esra

Kim	Max
Anton	Till
Metin	Lilly
Ina	Noah

2 Wer sitzt **neben** wem? Schreibe.

a) Ich bin Anton.

Wer sitzt **rechts** von mir?
Wer sitzt **links** von mir?
Wer sitzt mir **gegenüber**?

2 a)   Rechts von Anton sitzt Metin.
       Links von Anton sitzt

b) Ich bin Noah.

Wer sitzt **rechts** von mir?
Wer sitzt **links** von mir?
Wer sitzt mir **gegenüber**?

c) Suche dir ein Kind aus dem Sitzplan aus.
   Schreibe ebenso.

3 Wer bin ich?

a) Ich sitze **gegenüber** von Leo.   3 a)   Paula sitzt gegenüber von Leo.

b) **Rechts** von mir sitzt Eric.

c) Ich sitze **zwischen** Max und Lilly.

d) **Links** von mir sitzt Anna.

e) Finde Rätsel für deinen Partner.

4 Welche Ansicht gehört zu welchem Kind?

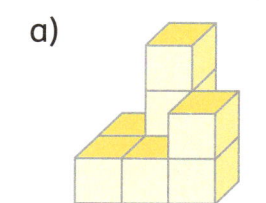

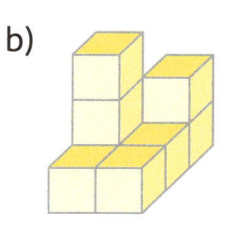

a)   b)

4 a)   Esra

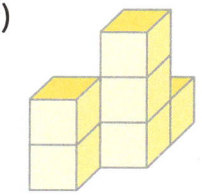

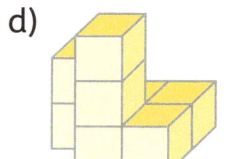

c)   d)

5 Welche Ansicht gehört zu welchem Kind?

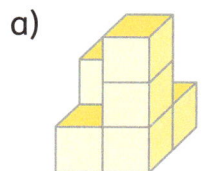

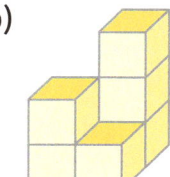

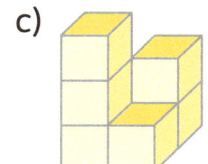

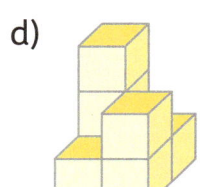

a)   b)

c)   d)

6 Verschiedene Ansichten. Zeichnet den Bauplan.

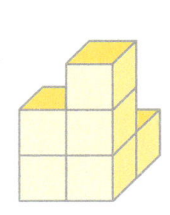

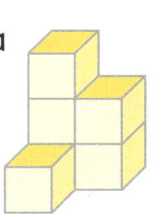

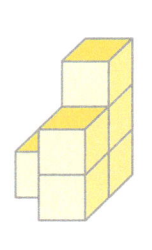

Till   Max

Lena   Esra

4–6 Überlegen, welches Kind das Gebäude wie sieht. Dabei besondere Bezugspunkte, wie z. B. den Dreierturm, zur Begründung heranziehen. Bei Problemen Gebäude nachbauen und Situation nachstellen. 6 Darstellung von Bauplänen analog Seite 22.

(P, K, A, D) → Arbeitsheft, Seite 74

Straßenpläne: Eckenhausen

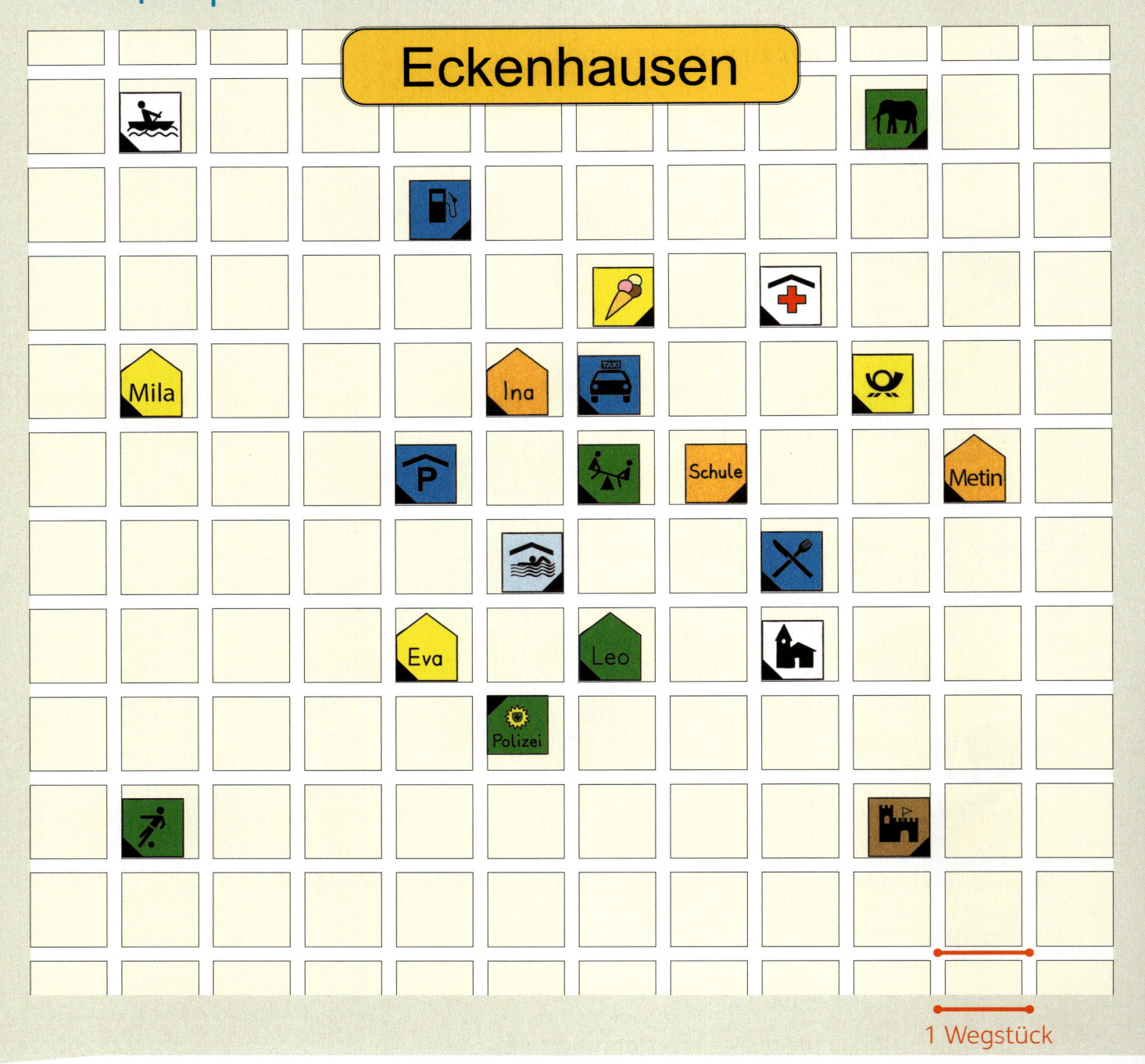

Eckenhausen

1 Wegstück

○ **1** Leo geht zur Schule. Beschreibe die Wege mit Pfeilen. Leo →→↑↑ Schule

a) Er geht zuerst in Richtung Kirche. Bei der zweiten Kreuzung biegt er links ab.

b) Er geht in Richtung Taxistand. Bei der zweiten Kreuzung biegt er rechts ab.

c) Er geht in Richtung Schwimmbad. An der ersten Kreuzung biegt er rechts ab. Beim Imbiss biegt er links ab.

d) Wie kann Leo noch gehen? Beschreibe mit Worten oder Pfeilen.

1 Leos Wege zur Schule mithilfe von Pfeilen beschreiben. Dabei Raumlagebegriffe schulen. Darauf achten, dass die Wege aus der Perspektive von Leo beschrieben werden müssen. Auch eigene Wege finden und mit Worten oder Pfeilen beschreiben. *Weiterführung und Vertiefung: Thema Gesundheit.*

■ (P, K, D) → Arbeitsheft, Seite 75

2 Eva geht zur Schule.

Eva →→→→↑↑ Schule   Eva geht zuerst in Richtung Kirche. An der Kirche biegt sie links ab.

Beschreibe ebenso.

a) Ina geht zum Schwimmbad.

b) ▓ geht zum Spielplatz.

3 Ina geht zur Schule. Beschreibe mit Worten.

a) Sie geht den Weg: →→→↓
b) Sie geht den Weg: →→→→↓←
c) Sie geht den Weg: ↑→→→↓↓

3 a) Sie geht zuerst in Richtung Post. An der dritten Kreuzung biegt sie rechts ab.

d) Wie kann Ina noch gehen? Beschreibe mit Pfeilen und mit Worten.

4 Leo will keine Umwege gehen. Findet kürzeste Wege.

Beschreibt mit Worten oder mit Pfeilen.

a) Er geht zum Imbiss.
b) Er geht zur Eisdiele.
c) Er geht zur Post.
d) Wohin geht er noch?

5 a) Beschreibt mit Pfeilen und mit Worten, wie Eva zum Spielplatz gehen kann.

b) Eva will bis zum Spielplatz keine Umwege gehen. Wie viele verschiedene kürzeste Wege kann sie gehen?

c) Beschreibt alle gefundenen Wege mit Pfeilen.

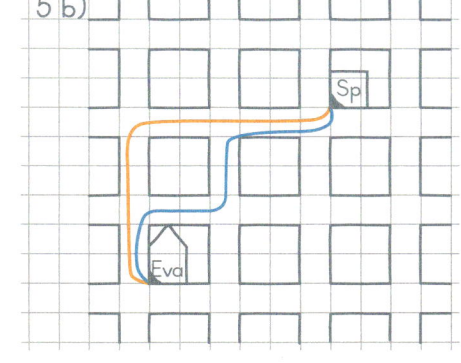

6 a) Metin geht nach Hause. Er geht →→→→. Wo ist er gestartet?

b) Mila geht nach Hause. Sie geht ←←←←↑↑↑. Wo ist sie gestartet?

c) Finde Rätsel. Stelle sie deinem Partner.

2 Wege mithilfe von Pfeilen, Worten oder Plänen beschreiben.   3 Inas Wege zur Schule mit Worten beschreiben. Dabei an den Sätzen aus Aufgabe 1 orientieren.   4, 5 (Kürzeste) Wege mit Worten und Pfeilen beschreiben. Dabei möglichst systematisch vorgehen.   6 Wege zurückverfolgen und eigene Rätsel schreiben.

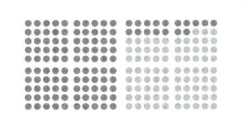

(P, K, D) → Arbeitsheft, Seite 75

Aufgaben vergleichen

38 + 47

"38 + 47 kann man vereinfachen. Ich nehme zwei blaue Plättchen weg und lege zwei rote dazu."

"Wir nehmen genauso viele Plättchen weg, wie wir dazu legen."

$$38 + 47 = 40 + 45$$
(+2 / −2)

Lena

✱ 1 Findet viele Aufgaben zum Ergebnis.

a) 36
b) 25
c) 33
d) 40
e) 50
f) 60

1 + 2 + 3 + 4 + 5 + 6 + 7 + 8
5 · 5 + 11
6 · 6
35 + 1
11 + 12 + 13
40 − 4
72 : 2
27 + 9

Liebe Mama!
Herzliche Glückwünsche zu deinem 36. Geburtstag.
Deine Leonie

g) Wähle eigene Zahlen und finde Aufgaben.

**● 2 Rechnet zuerst die einfache Aufgabe.
Erklärt. Warum sind die Ergebnisse immer gleich?**

a) 19 + 17
   20 + 16

b) 53 + 15
   58 + 10

c) 41 − 17
   44 − 20

d) 55 − 19
   56 − 20

e) 4 · 7 + 4 · 7
   5 · 7 + 3 · 7

f) 6 · 3
   5 · 3 + 1 · 3

Kim   Ben

g) Findet weitere Aufgabenpaare.

1 Verschiedene Aufgaben zu einer Zahl finden, Zusammenhänge evtl. beschreiben oder mit Punktebildern darstellen. 2 Aufgaben zueinander in Beziehung setzen. Rechenvorteile nutzen.

(K, A) → Arbeitsheft, Seite 76

Gleichungen

3 Wie heißt die fehlende Zahl? Denke an die Umkehraufgabe.
- a) ☐ + 16 = 56
  ☐ + 18 = 56
  ☐ + 20 = 56
  ☐ + 22 = 56
- b) ☐ + 27 = 55
  ☐ + 27 = 60
  ☐ + 27 = 65
  ☐ + 27 = 70
- c) ☐ − 9 = 74
  ☐ − 9 = 76
  ☐ − 9 = 78
  ☐ − 9 = 80
- d) ☐ − 11 = 83
  ☐ − 13 = 78
  ☐ − 15 = 73
  ☐ − 17 = 68

4 Vergleiche. Finde geschickt die fehlende Zahl.
- a) 19 + 17 = 17 + ☐
  28 + 15 = ☐ + 28
  39 + 16 = 40 + ☐
  71 + 19 = 70 + ☐
- b) 26 + 37 = 30 + ☐
  0 + 23 = ☐ + 20
  88 + 7 = 90 + ☐
  47 + 9 = ☐ + 10
- c) ☐ + 20 = 55 + 19
  50 + ☐ = 53 + 37
  ☐ + 20 = 39 + 19
  ☐ + 20 = 17 + 18
- d) 37 − 19 = ☐ − 20
  48 − 31 = ☐ − 30
  41 − 18 = ☐ − 20
  33 − 0 = ☐ − 10
- e) 27 − 18 = 29 − ☐
  49 − 19 = 50 − ☐
  66 − 37 = ☐ − 40
  78 − 39 = ☐ − 40
- f) ☐ − 20 = 55 − 19
  73 − ☐ = 71 − 48
  97 − ☐ = 90 − 60
  ☐ − 33 = 47 − 30

5 Rechne geschickt.
- a) 11 + 28 + 19
  29 + 35 + 11
  18 + 27 + 32
  21 + 37 + 13
- b) 12 + 28 − 8
  29 + 35 − 19
  19 + 27 − 7
  22 + 38 − 9
- c) 37 + 15 − 5
  59 + 37 − 36
  43 + 19 − 13
  19 − 13 + 43

5a) 11 + 28 + 19 = 30 + 28 = 58

6 Schöne Päckchen. Beschreibe und rechne.
- a) 25 + 29
  27 + 28
  29 + 27
  31 + 26

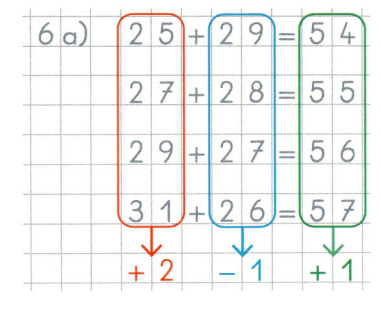

  6a) 25 + 29 = 54
  27 + 28 = 55
  29 + 27 = 56
  31 + 26 = 57
  +2 −1 +1

- b) 87 + 8
  77 + 18
  67 + 28
  57 + 38
- c) 87 − 8
  77 − 18
  67 − 28
  57 − 38
- d) 50 − 34
  48 − 33
  46 − 32
  44 − 31

e) Finde schöne Päckchen.

7 Jonas ist heute 8 Jahre alt, sein Vater 40 Jahre.
a) Wie viele Jahre ist der Vater älter als Jonas?

b) Wie alt sind beide in 5 Jahren?

c) Wie viele Jahre ist dann der Vater älter als Jonas?

Rechenwege bei Plusaufgaben beschreiben

1 Wie rechnet ihr 65 + 28? Findet verschiedene Rechenwege.

65 + 28

Schrittweise: Erst den Zehner dazu
65 + 28 = 93
65 + 20 = 85
85 + 8 = 93

Schrittweise: Erst zum Nachbarzehner
65 + 28 = 93
65 + 5 = 70
70 + 23 = 93

Zehner und Einer extra
65 + 28 = 80 + 13 = 93
60 + 20
5 + 8

Hilfsaufgabe: Eine Zahl verkleinern, die andere genauso vergrößern
65 + 28 = 93
63 + 30 = 93

Hilfsaufgabe
65 + 28 = 93
65 + 30 = 95
95 − 2 = 93

2 Rechnet geschickt. Beschreibt und begründet euren Rechenweg.

a) 24 + 39
b) 48 + 32
c) 46 + 47
d) 19 + 19
e) 35 + 41
f) 24 + 56
g) 69 + 31

Till: „Diese Aufgabe löse ich mit einer Hilfsaufgabe, denn 39 ist ganz nah an 40."

1 Aufgabe auf eigenen Wegen rechnen und im Klassengespräch vergleichen (Mathekonferenz). Mit Rechenwegen der Seite vergleichen, evtl. neue Wege besprechen. 2 Rechenstrategie aufgabenabhängig wählen und Wahl begründen.

(K, D) → Arbeitsheft, Seite 77

3 Wie rechnen die Kinder? Beschreibt und findet Aufgaben, die ihr ebenso rechnet.

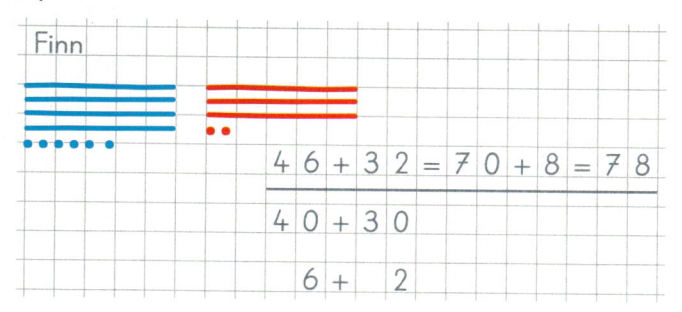

a) 46 + 32

Finn
46 + 32 = 70 + 8 = 78
40 + 30
6 + 2

b) 35 + 54

Noah
50, 4
35 → 85 → 89

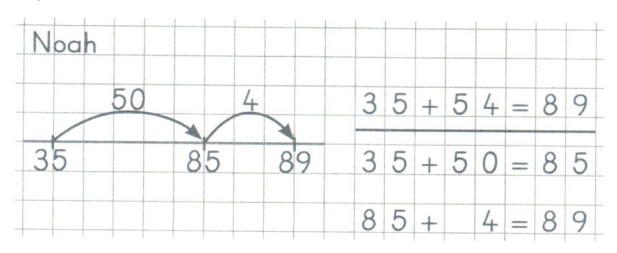

35 + 54 = 89
35 + 50 = 85
85 + 4 = 89

c) 48 + 37

Mila
2, 35
48 → 50 → 85

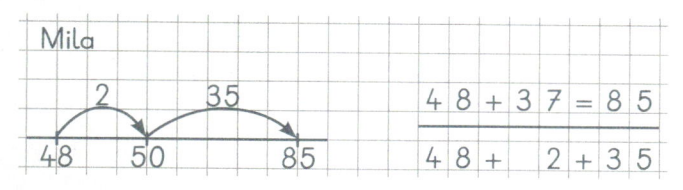

48 + 37 = 85
48 + 2 + 35

d) 52 + 39

Lilly
40, 1
52 → 91 → 92... (zurück 1)

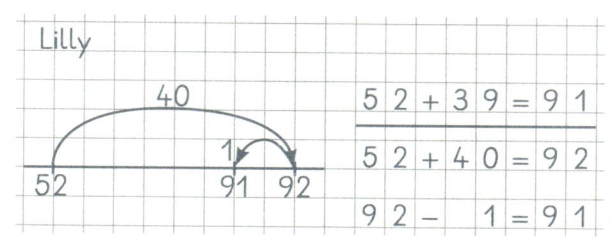

52 + 39 = 91
52 + 40 = 92
92 − 1 = 91

e) 37 + 48

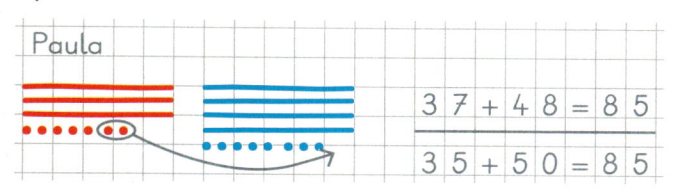

Paula
37 + 48 = 85
35 + 50 = 85

---

4 Rechenwege beschreiben.

a) Findet möglichst viele passende Aufgaben zu den Lösungswegen.

Noah: Erst plus 2 bis zum nächsten Zehner, dann noch plus 15.

Mila: Ich rechne erst plus 7 und dann plus 20.

Leo: Ich rechne erst 30 dazu und ziehe dann 1 wieder ab.

Metin: Von der ersten Zahl nehme ich 3 weg und rechne 3 zur zweiten Zahl dazu. Dann habe ich eine ganz einfache Aufgabe.

Eva: Bei meiner Plusaufgabe rechne ich zu jeder Zahl erst 2 dazu, dann ist sie einfacher. Dann ziehe ich vom Ergebnis 4 wieder ab.

Eric: Zuerst 20 dazu, dann 9.

b) Beschreibt Rechenwege, die zu vielen Aufgaben passen.
c) Beschreibt Rechenwege, für die es nur eine Aufgabe gibt.

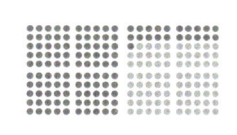

Rechenwege bei Minusaufgaben beschreiben

1 Wie rechnet ihr 65 − 28? Findet verschiedene Rechenwege.

65 − 28

Schrittweise Abziehen: Erst den Zehner wegnehmen
65 − 28 = 37
65 − 20 = 45
45 − 8 = 37

Schrittweise Abziehen: Erst zum Nachbarzehner
65 − 28 = 37
65 − 5 = 60
60 − 23 = 37

Zehner und Einer extra
65 − 28 = 40 − 3 = 37
60 − 20
5 − 8

Schrittweise Ergänzen: Erst zum Nachbarzehner
28 + 37 = 65
28 + 2 = 30
30 + 35 = 65
2 + 35 = 37

Schrittweise Ergänzen: Erst zum gleichen Einer ergänzen
28 + 37 = 65
28 + 7 = 35
35 + 30 = 65
7 + 30 = 37

Hilfsaufgabe: Jede Zahl um 2 vergrößern
65 − 28 = 37
67 − 30 = 37

Hilfsaufgabe
65 − 28 = 37
65 − 30 = 35
35 + 2 = 37

2 Rechnet geschickt. Beschreibt und begründet euren Rechenweg.

a) 44 − 38
b) 48 − 32
c) 91 − 89
d) 60 − 39
e) 85 − 45
f) 77 − 34
g) 56 − 28

Ina: „Diese Aufgabe löse ich durch Ergänzen, denn von der 38 bis zur 44 sind es nur 6 Einer-Schritte."

3 Wie rechnen die Kinder? Beschreibt und findet Aufgaben, die ihr ebenso rechnet.

a) 48 − 21

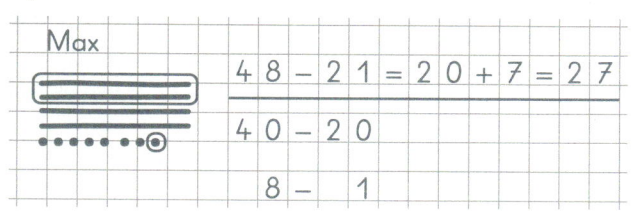

Max
48 − 21 = 20 + 7 = 27
40 − 20
8 − 1

b) 52 − 39

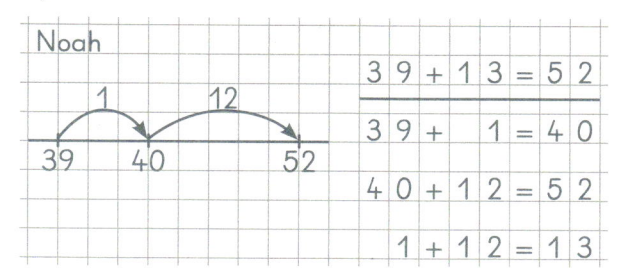

Noah
39 + 13 = 52
39 + 1 = 40
40 + 12 = 52
1 + 12 = 13

c) 43 − 29

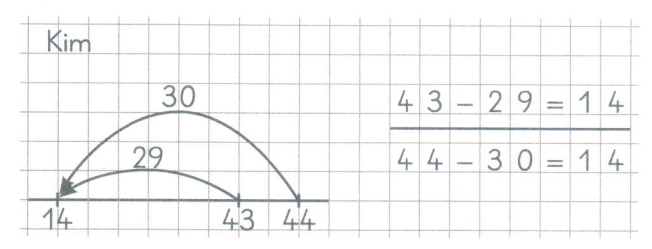

Kim
43 − 29 = 14
44 − 30 = 14

d) 76 − 29

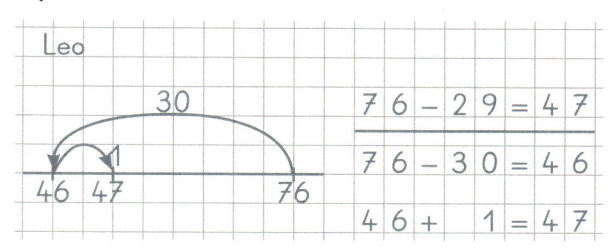

Leo
76 − 29 = 47
76 − 30 = 46
46 + 1 = 47

e) 41 − 28

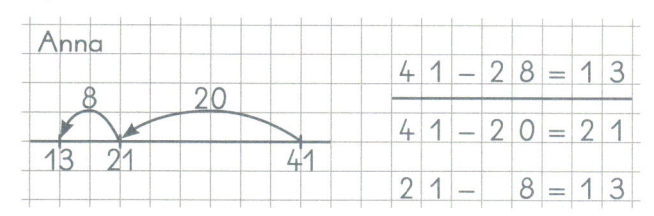

Anna
41 − 28 = 13
41 − 20 = 21
21 − 8 = 13

4 Rechenwege beschreiben.

a) Findet möglichst viele passende Aufgaben zu den Lösungswegen.

Lilly: Ich ziehe erst 2 ab und dann 20.

Ben: Erst minus 30 und dann wieder plus 1.

Metin: Erst ergänze ich 3 bis zum nächsten Zehner, dann noch 15.

Anton: (Sprechblase gehört zu Anton oben)

Finn: Ich rechne einfach 62 minus 30 und dann plus 7.

Anton: Zur ersten Zahl und zur zweiten rechne ich 4 dazu. Dann habe ich eine ganz einfache Aufgabe.

Lena: Bei meiner Minusaufgabe erhöhe ich beide Zahlen. Dann rechne ich 50 − 30. Da kommt dasselbe raus.

b) Beschreibt Rechenwege, die zu vielen Aufgaben passen.

c) Beschreibt Rechenwege, für die es nur eine Aufgabe gibt.

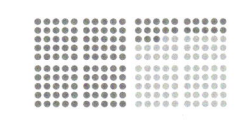

Rechendreiecke

Zwei Innenzahlen ergeben immer eine Außenzahl.

16 + 30 = 46

Metin — Lilly

1 Wie ändern sich die Innenzahlen, wie die Außenzahlen? Erkläre.

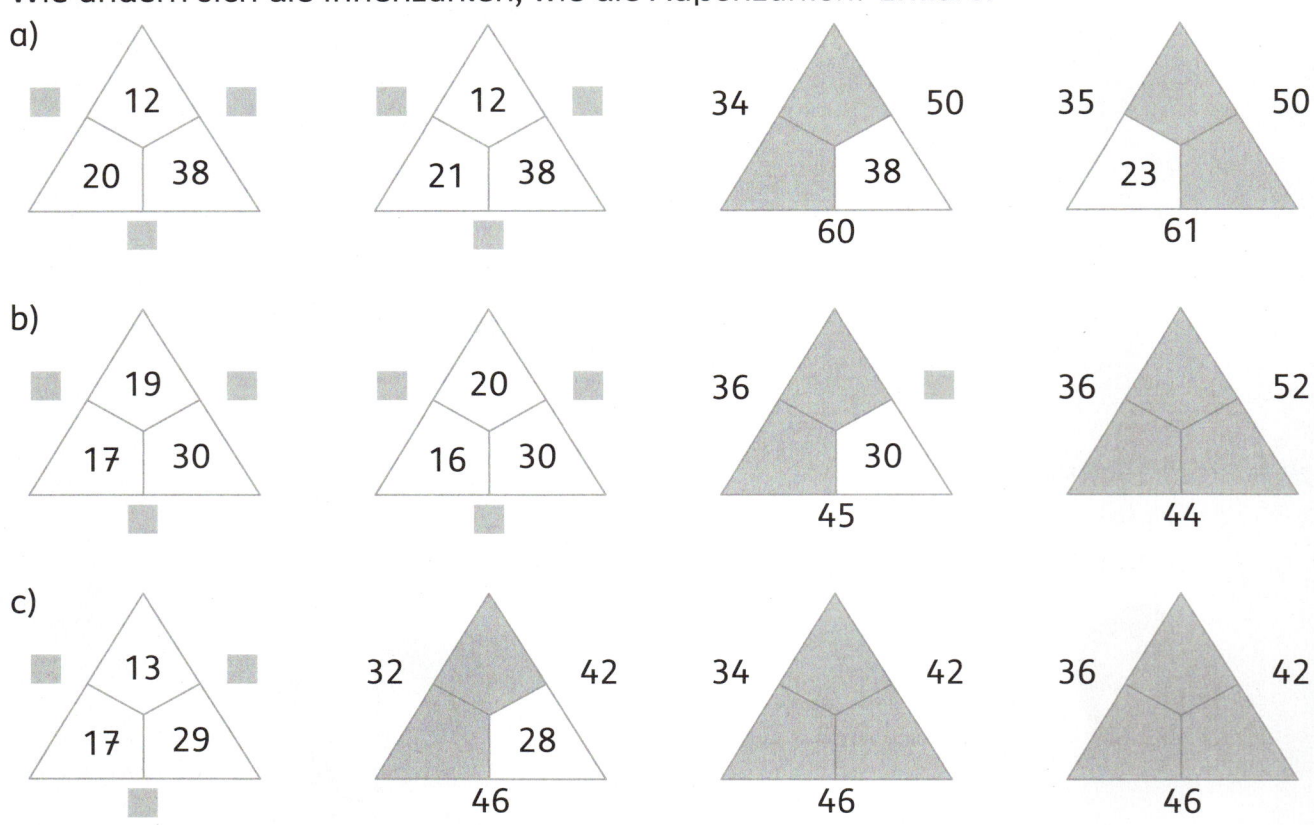

a)
- Dreieck 1: innen 12, 20, 38
- Dreieck 2: innen 12, 21, 38
- Dreieck 3: außen 34, 50, 60; innen 38
- Dreieck 4: außen 35, 50, 61; innen 23

b)
- Dreieck 1: innen 19, 17, 30
- Dreieck 2: innen 20, 16, 30
- Dreieck 3: außen 36, _, 45; innen 30
- Dreieck 4: außen 36, 52, 44

c)
- Dreieck 1: innen 13, 17, 29
- Dreieck 2: außen 32, 42, 46; innen 28
- Dreieck 3: außen 34, 42, 46
- Dreieck 4: außen 36, 42, 46

d) Die Innenzahlen ändern sich immer gleich. Finde 4 Rechendreiecke.

2 Finde passende Zahlen. Wie viele Möglichkeiten?

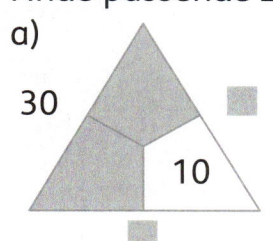

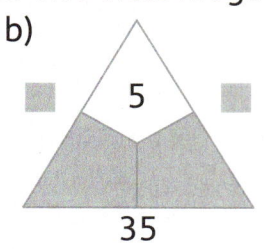

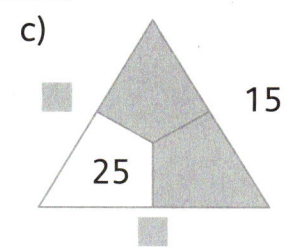

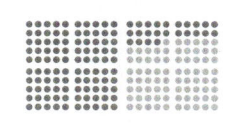

a) außen 30, innen 10
b) innen 5, außen 35
c) außen 15, innen 25

1, 2 Aufgabenformat Rechendreiecke mit den Beziehungen zwischen Innen- und Außenzahlen wiederholen.

(P, K, A, D)

3 Findet das passende Rechendreieck mit den folgenden 6 Zahlen.

a) 5, 14, 17, 19, 22, 31

b) 18, 21, 35, 39, 53, 56

c) 3, 13, 16, 16, 19, 29

4 Findet das passende Rechendreieck mit den folgenden 5 Zahlen. Welche Zahl fehlt?

a) 7, 14, 21, 28, 35, ?

b) 18, 25, 39, 43, 57, ?

c) 9, 19, 28, 38, 48, ?

d) Findet weitere Aufgaben.

5 Wie ändern sich die Außenzahlen? Finde die Innenzahlen.

a)
- 49, 15, 36, 34, 21, 55
- 50, ?, 37, 34, 21, 55
- 51, ?, 38, ?, ?, 55
- 52, ?, 39, ?, ?, 55

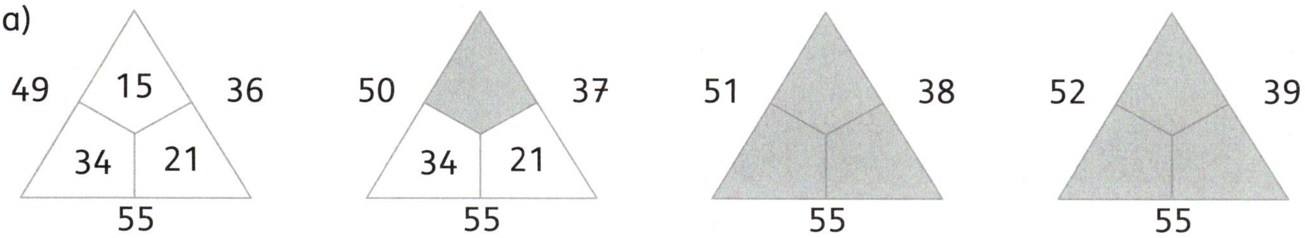

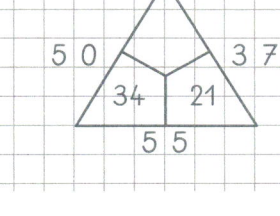

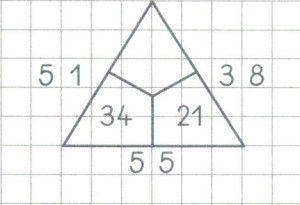

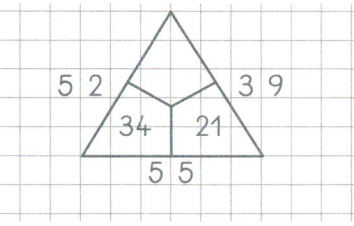

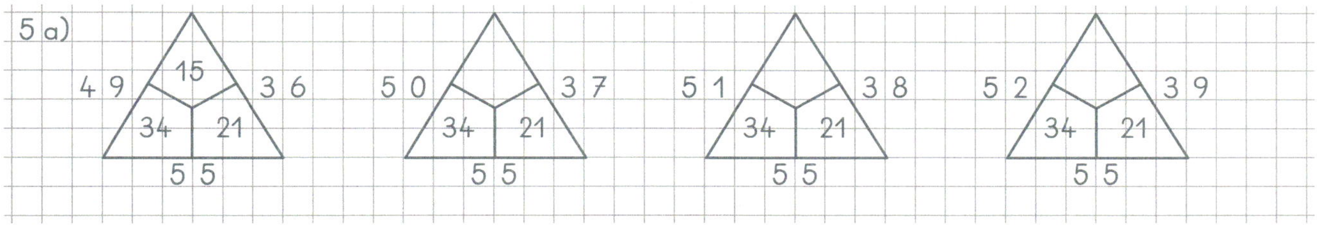

b)
- 26, 12, 32, 14, 20, 34
- 26, 12, 34, 14, ?, 36
- 26, ?, 36, ?, ?, 38
- 26, ?, 38, ?, ?, 40

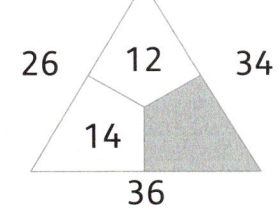

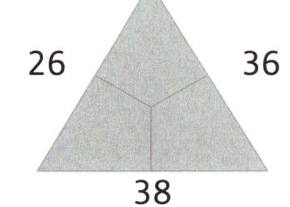

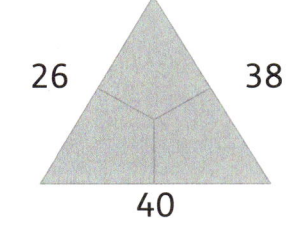

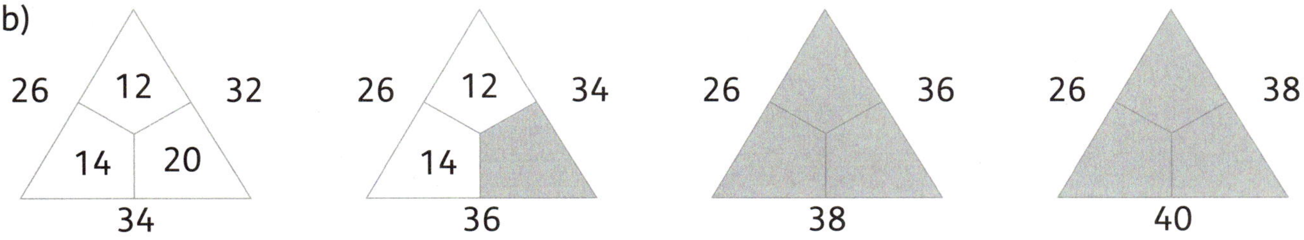

c)
- 29, 12, 55, 17, 43, 60
- 31, 13, 57, 18, ?, 62
- 33, ?, 59, ?, ?, 64
- 35, ?, 61, ?, ?, 66

3–5 Operative Beziehungen zwischen Innen- und Außenzahlen zum Problemlösen heranziehen.

(P, K, A, D)

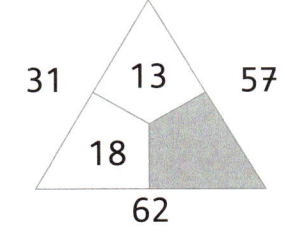

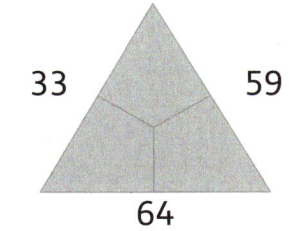

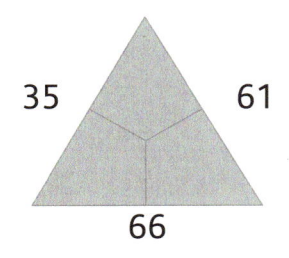

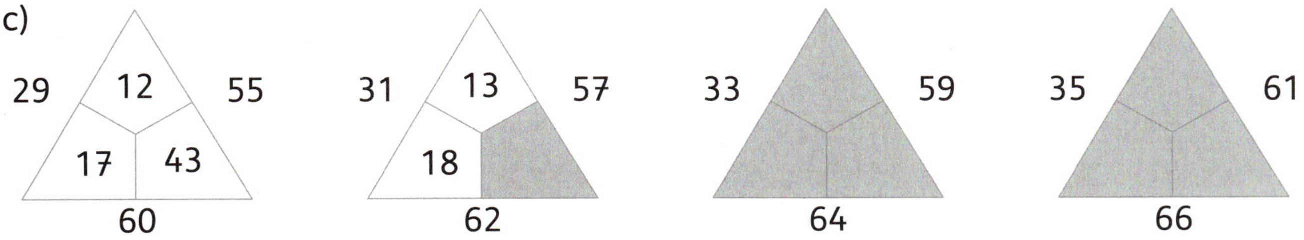

Gleichungen und Ungleichungen

1 Welche Zahlen passen? Überprüfe mit den Malreihen.

7 passt nicht, denn 7 · 3 ist nicht kleiner als 20.

a) ■ · 3 < 20   b) ■ · 4 > 25   c) ■ · 3 > 20   d) ■ · 6 < 40

■ · 6 < 40   ■ · 8 > 50   ■ · 9 > 60   ■ · 6 > 40

2 Vergleiche. < oder > oder =?

a) 2 · 3 ◯ 4
3 · 3 ◯ 8
4 · 3 ◯ 12
5 · 3 ◯ 16

b) 16 ◯ 3 · 5
16 ◯ 4 · 5
16 ◯ 4 · 4
16 ◯ 3 · 3

c) 46 ◯ 10 · 5
56 ◯ 8 · 7
66 ◯ 9 · 7
76 ◯ 10 · 8

d) 5 · 9 ◯ 50
4 · 9 ◯ 40
3 · 9 ◯ 30
2 · 9 ◯ 20

3 Vergleiche die Aufgaben. < oder > oder =?

a) 4 · 4 ◯ 8 · 2
5 · 4 ◯ 9 · 2
6 · 4 ◯ 10 · 2
7 · 4 ◯ 10 · 3

b) 2 · 6 ◯ 4 · 6
3 · 5 ◯ 3 · 7
4 · 4 ◯ 2 · 8
5 · 3 ◯ 1 · 9

c) 5 · 2 ◯ 10 · 1
5 · 4 ◯ 10 · 2
5 · 6 ◯ 10 · 3
5 · 8 ◯ 10 · 4

d) 3 · 6 ◯ 4 · 5
5 · 6 ◯ 6 · 5
7 · 6 ◯ 8 · 5
9 · 6 ◯ 10 · 5

4 Wie heißt die Zahl?

a) Ich denke mir eine Zahl, nehme sie mal 4 und erhalte 20.

b) Ich denke mir eine Zahl. Sie ist kleiner als 30 und gehört zur Neunerreihe und zur Sechserreihe.

c) Ich denke mir eine Zahl aus der Viererreihe. Sie liegt zwischen 30 und 35.

d) Findet weitere Zahlenrätsel.

5 Vergleiche. < oder > oder =?
a) 24 : 4 ● 5
20 : 4 ● 5
16 : 4 ● 3
12 : 4 ● 3

b) 36 : 9 ● 5
45 : 9 ● 5
54 : 9 ● 6
63 : 9 ● 6

c) 42 : 6 ● 6
36 : 6 ● 6
30 : 6 ● 4
24 : 6 ● 4

d) 16 : 2 ● 9
18 : 2 ● 9
20 : 2 ● 11
22 : 2 ● 11

6 Vergleiche die Aufgaben. < oder > oder =?
a) 32 : 4 ● 32 : 8
16 : 4 ● 16 : 2
12 : 4 ● 12 : 3

b) 10 : 2 ● 20 : 2
10 : 10 ● 20 : 10
10 : 5 ● 20 : 5

c) 25 : 5 ● 30 : 5
45 : 9 ● 35 : 7
35 : 7 ● 40 : 8

d) 24 : 8 ● 24 : 6
21 : 7 ● 28 : 7
18 : 6 ● 24 : 8

e) 70 : 10 ● 35 : 5
60 : 10 ● 30 : 6
50 : 10 ● 25 : 5

f) 35 : 5 ● 36 : 6
25 : 5 ● 24 : 4
15 : 5 ● 16 : 8

g) 50 : 5 ● 60 : 6
40 : 8 ● 30 : 6
20 : 4 ● 15 : 3

h) 12 : 4 ● 24 : 8
81 : 9 ● 72 : 9
80 : 8 ● 81 : 9

7 Aufgabenpaare. Was fällt dir auf? Begründe.
a) 20 : 4
20 : 2

b) 12 : 6
12 : 3

c) 32 : 8
32 : 4

d) 40 : 10
40 : 5

e) 30 : 6
30 : 3

f) 16 : 8
16 : 4

g) Finde weitere Aufgabenpaare.

8 Finde immer eine passende Zahl.
a) 12 : ■ = 2
12 : ■ > 2
12 : ■ < 2

8 a) 12 : 6 = 2
12 : 4 > 2
12 : 12 < 2

b) 16 : ■ = 4
16 : ■ > 4
16 : ■ < 4

c) 20 : ■ = 4
20 : ■ > 4
20 : ■ < 4

d) 24 : ■ = 6
24 : ■ > 6
24 : ■ < 6

e) 30 : ■ = 6
30 : ■ > 6
30 : ■ < 6

f) Finde weitere Aufgaben und vergleiche.

9 Wie heißt die Zahl?
a) Ich denke mir eine Zahl, teile sie durch 2 und erhalte 5.

b) Ich denke mir eine Zahl, nehme sie mit 5 mal und erhalte 30.

c) Ich denke mir die Zahl 45, teile sie durch eine Zahl und erhalte 9.

d) Findet weitere Zahlenrätsel.

Teilen mit Rest

6 Dreier
2 Kinder bleiben übrig.

20 = 6 · 3 + 2
20 : 3 = 6 Rest 2

1 Zerlege immer 26 Plättchen in gleiche Gruppen.
 a) Vierer b) Sechser

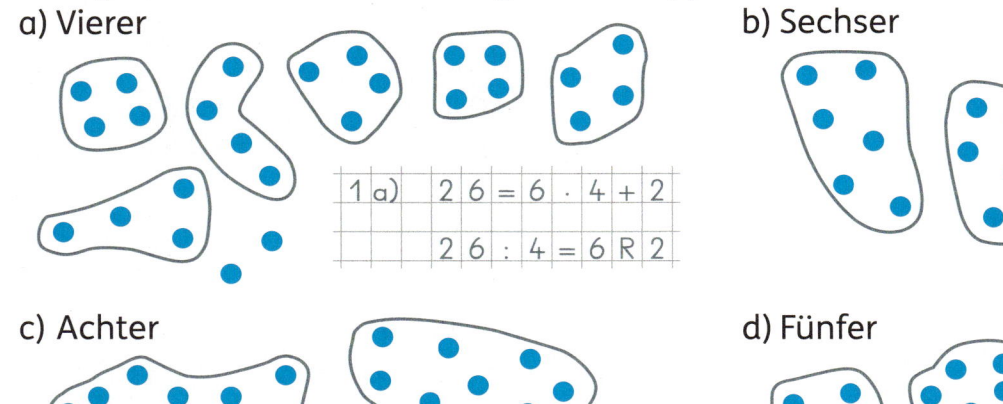

1 a)	2 6	=	3	·	4	+	2
	2 6	:	4	=	6	R	2

 c) Achter 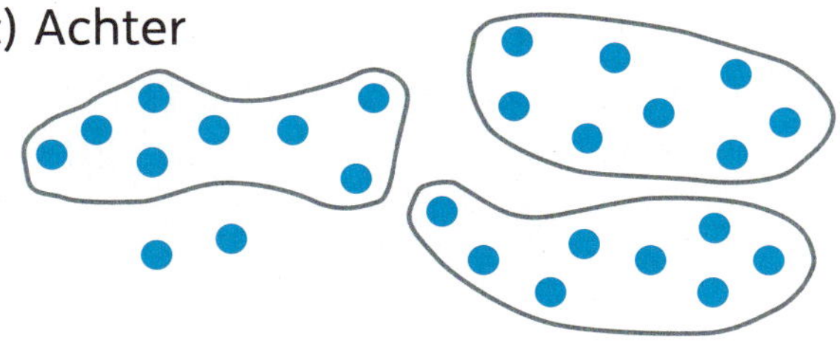 d) Fünfer

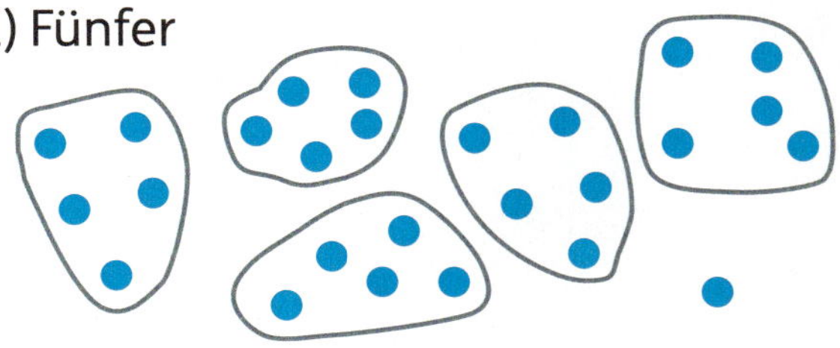

2 Zerlege immer 20 (28, 30) Plättchen in gleiche Gruppen.
 a) Vierer   b) Fünfer   c) Sechser   d) Siebener
 Schreibe immer zwei Aufgaben.

3 Schreibe immer zwei Aufgaben.
 a)

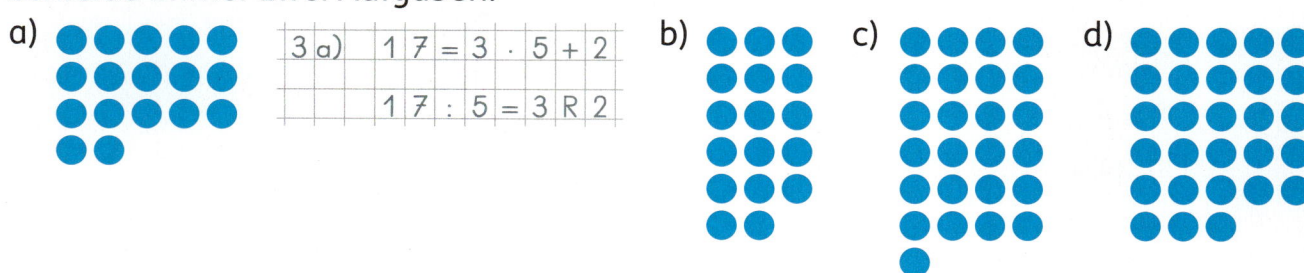

3 a)	1 7	=	3	·	5	+	2
	1 7	:	5	=	3	R	2

 b) c) d)

„Atom"-Spiel" im Schulhof oder in der Halle spielen, aus der Zerlegungsform die Restschreibweise ableiten. **1** Zerlegungen aus den Zeichnungen ablesen. Kurzschreibweise „R" für „Rest" einführen. **2** Mit Plättchen oder zeichnerisch lösen. **3** Zu jeder Darstellung zwei Aufgaben aufschreiben.

(K, D) → Arbeitsheft, Seite 80

4 Lege immer ein Plättchen dazu. Wie verändert sich der Rest? Erkläre.

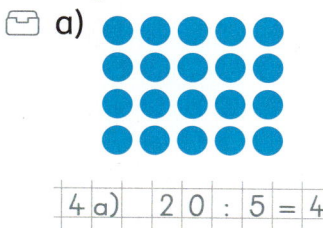

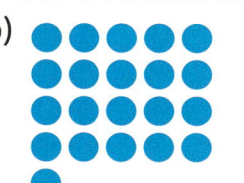

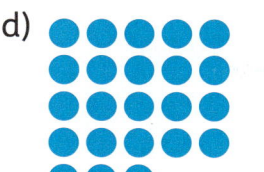

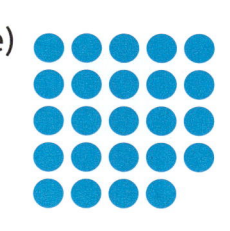

a) b) c) d) e)

```
4 a)   20 : 5 = 4
  b)   21 : 5 =
```

5 Setze fort.

a) 8 : 2
9 : 2
10 : 2
11 : 2
12 : 2

```
5 a)   8 : 2 = 4
       9 : 2 = 4 R 1
```

b) 12 : 3
13 : 3
14 : 3
15 : 3
16 : 3

c) 24 : 4
25 : 4
26 : 4
27 : 4
28 : 4

d) 15 : 5
16 : 5
17 : 5
18 : 5
19 : 5

6 a) 16 : 2
16 : 3
16 : 4
16 : 5

b) 15 : 3
15 : 4
15 : 5
15 : 6

c) 20 : 4
20 : 5
20 : 6
20 : 7

d) 40 : 4
40 : 5
40 : 6
40 : 7

e) 18 : 6
18 : 7
18 : 8
18 : 9

f) 28 : 7
28 : 8
28 : 9
28 : 10

7 Finde Geteiltaufgaben mit

a) Rest 1   b) Rest 2
c) Rest 5   d) Rest 9

```
7 a)   Rest 1            b)   Rest 2
       9 : 4 = 2 R 1          14 : 3 = 4 R 2
```

8 Was passiert mit dem Rest? Rechne und erzähle.

a) Die Oma gibt 30 € an Lara, Ole, Ben und Tim.
Die 4 Kinder teilen sich das Geld. ?

b) Henry hat zum Geburtstag 7 Freunde eingeladen.
Die Mutter hat 12 Muffins für die Kinder gebacken. ?

c) In der Turnhalle liegen 23 Bälle.
Immer 5 Bälle gehören in ein Netz. ?

d) 45 Kinder zelten gemeinsam.
In ein Zelt passen 8 Kinder. ?

e) Erfinde Rechengeschichten.

---

4 Aufgaben aufschreiben und lösen und anschließend die Beziehungen zwischen den Aufgaben erläutern.
5, 6 Beziehungen zwischen den Rechenaufgaben nutzen.   7 Geteiltaufgaben mit vorgegebenem Rest finden und notieren.   8 Unterschiedliche Rechnungen und Lösungen besprechen. Den Rest auf plausible Weise deuten.

(P, K, A, M, D)   → Arbeitsheft, Seite 80

Rückblick

Ich kann Aufgaben vergleichen, einfache Aufgaben zum Rechnen nutzen und Zahlen mit und ohne Rest teilen.

1 < oder > oder =? Vergleiche und erkläre.

a) 22 + 17 ◯ 40
   41 + 19 ◯ 60

b) 29 + 37 ◯ 30 + 38
   34 + 25 ◯ 35 + 24

c) 31 − 19 ◯ 10
   41 − 18 ◯ 20

d) 56 − 25 ◯ 50 − 20
   72 − 34 ◯ 74 − 32

e) 3 · 3 ◯ 10
   2 · 9 ◯ 20

f) 5 · 5 ◯ 20 + 4
   4 · 4 ◯ 20 − 4

g) 24 : 4 ◯ 5
   36 : 9 ◯ 5

h) 40 : 8 ◯ 20 : 4
   45 : 9 ◯ 45 : 5

2 Welche Zahlen passen? Schreibe auf. | 0 | 1 | 2 | 3 | 4 | 5 | 6 | 7 | 8 | 9 | 10 |

a) ■ · 2 < 10
   ■ · 8 < 40

b) ■ · 5 > 25
   ■ · 10 > 50

c) ■ · 7 < 25
   ■ · 7 > 25

d) ■ · 3 < 15
   ■ · 6 > 30

3 Teilen mit Rest.

a) 12 : 2
   13 : 2
   14 : 2
   15 : 2
   16 : 2

b) 12 : 3
   13 : 3
   14 : 3
   15 : 3
   16 : 3

c) 20 : 4
   21 : 4
   22 : 4
   23 : 4
   24 : 4

d) 20 : 5
   21 : 5
   22 : 5
   23 : 5
   24 : 5

e) 35 : 6
   36 : 6
   37 : 6
   38 : 6
   39 : 6

f) 35 : 7
   36 : 7
   37 : 7
   38 : 7
   39 : 7

4 Wie rechnest du? Schreibe den Rechenweg auf.

a) 42 + 39
b) 74 + 25
c) 38 + 16
d) 26 + 49
e) 53 − 49
f) 84 − 62
g) 95 − 78
h) 52 − 39

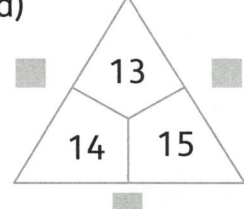

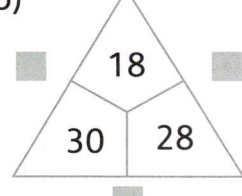

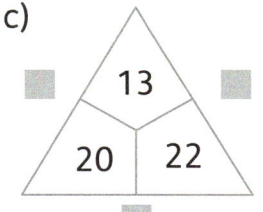

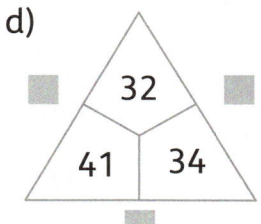

5
a) 13 / 14 | 15
b) 18 / 30 | 28
c) 13 / 20 | 22
d) 32 / 41 | 34

Wesentliche Aspekte des Kapitels noch einmal reflektieren.

(D) → Arbeitsheft, Seite 81

Forschen und Finden: Zahlenmuster

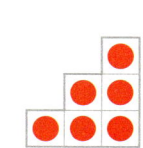

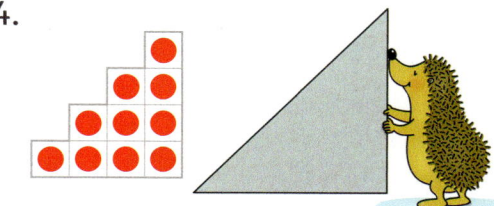

1 Dreieckszahlen.
1.   2.   3.   4.

a) Setzt fort. Zeichnet die nächsten Dreieckszahlen.

b) Rechnet. Wie viele Punkte hat jede Dreieckszahl?

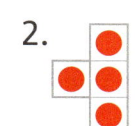

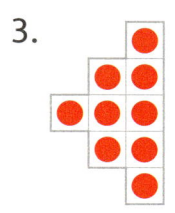

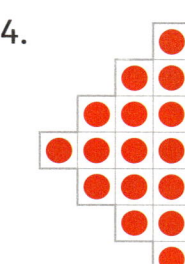

2 1.   2.   3.   4.

a) Setzt fort. Zeichnet die nächsten Treppenzahlen.

b) Rechnet. Wie viele Punkte hat jede Treppenzahl? Was fällt euch auf?

c) Vergleicht die Zahlen mit den Dreieckszahlen. Was fällt euch auf?

3 Rechnet immer benachbarte Dreieckszahlen zusammen. Was fällt euch auf?

1 + 3   15 + 21
3 + 6   21 + 28
6 + 10   28 + 36
10 + 15   36 + 45

4 Rechnet mit Dreieckszahlen und vergleicht.

a) 1 + 1   b) 3 + 3
   1 · 2   2 · 3

c) 6 + 6   d) 10 + 10
   3 · 4   ☐ · ☐

e) 15 + 15   f) ☐ + ☐
   ☐ · ☐   6 · 7

Eric: 6 + 6. Das ist das Gleiche wie 3 · 4.

---

1 Struktur der Dreieckszahlen besprechen. Anzahlen zeichnerisch und rechnerisch bestimmen und vergleichen.
2 Beziehungen zu benachbarten Dreieckszahlen entdecken und erklären.   3 Beziehung zu Quadratzahlen mit Material begründen.   4 Zwei Dreieckszahlen zusammenlegen, Plus- und Malaufgaben bestimmen und vergleichen.

(P, K, A, D) → Arbeitsheft, Seite 82

Maße bei Tieren

Störche

120 cm groß

Glücksbringer Klapperstorch

Flügelspannweite 2 Meter!

Störche fliegen am Tag etwa 200 – 300 km.

Ein Ei wiegt 110 g und ist 7 cm lang.

Nest (Horst) 1,5 m Durchmesser

32 Tage Brutzeit. 9 – 11 Wochen bleiben die Jungen im Nest.

Zugvögel fliegen im Herbst nach Spanien oder Afrika und kommen im Frühling zurück. Etwa 4500 km!

3 – 5 Eier

Gefahren: Strommasten, Drähte, Autos, Müll, wenig Nahrung

Ein Storch frisst am Tag zum Beispiel 10 – 15 Mäuse, 40 – 50 Regenwürmer und 70 Käfer.

Umweltschützer sorgen für Horste und Nahrungswiesen, beringen die Jungvögel und helfen verletzten Störchen.

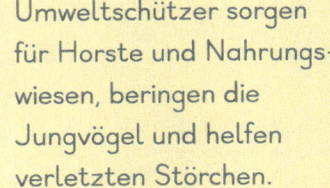

1 Lest die Informationen zu den Störchen.
   a) Wie viele Tage lang kümmern sich die Storcheneltern um ihre Jungen?
   b) Wie viele Mäuse fressen die Störche ungefähr in einer Woche?
   c) Findet weitere Fragen.

2 Wo hat sich die Anzahl der Storchenpaare und der Jungstörche von 2012 bis 2018 mehr als verdoppelt? Vergleicht und beschreibt.

Brutplatz	Jahr 2012		Jahr 2018	
	Anzahl der Storchenpaare	Anzahl der Jungstörche	Anzahl der Storchenpaare	Anzahl der Jungstörche
Oberbayern	25	43	61	133
Niederbayern	20	33	31	58
Oberpfalz	41	86	52	121
Oberfranken	27	53	54	118
Mittelfranken	89	237	199	541
Unterfranken	2	7	5	9
Schwaben	68	147	147	294

Weißstörche in Bayern 2012/2018, Quelle: Landesbund für Vogelschutz in Bayern e. V. (LBV)

Igel

Leben am Waldrand, in Hecken, in Laubhaufen, im Unterholz

Winterschlaf von November bis April

35 Tage Tragzeit, 4 – 5 Igelkinder

bis 30 cm groß

bis 1 kg schwer

Rollen sich bei Gefahr zusammen

trinken 42 Tage die Milch der Mutter

Igelbaby hat 100 Stacheln

Igel fressen: Schnecken, Regenwürmer, Spinnen

Gefahren: Autos, Dachs, Uhu

Im Alter von 4 Wochen verlassen die Igel zum ersten Mal das Nest.

8000 Stacheln, jede ist 3 cm lang.

Sind nachts auf Futtersuche, können bis zu 10 g zunehmen

Schwache und kranke Igel werden in einer Igelstation betreut.

3 Lest die Informationen zum Igel.
  a) Wie viele Monate macht der Igel Winterschlaf?
  b) Nach wie vielen Tagen verlassen die Jungen das Nest zum ersten Mal?
  c) Vergleicht die Länge des Igels mit der Länge eurer Füße. Was ist größer?
  d) Findet weitere Fragen.

4 Der Igel hält Winterschlaf. Der Körper verändert sich. Berechne die Unterschiede.

	Igel		Kind
	Winterschlaf	sonstige Zeit	
Körpertemperatur (ungefähr)	5 Grad	36 Grad	37 Grad
Herzschlag (ungefähr)	7 mal in 30 Sekunden	100 mal in 30 Sekunden	50 mal in 30 Sekunden
Atmung (ungefähr)	2 mal in 30 Sekunden	25 mal in 30 Sekunden	15 mal in 30 Sekunden

5 Wählt ein Tier. Sucht nach interessanten Zahlen. Erstellt ein Plakat. Findet Fragen und rechnet.

3 Informationen lesen, Aufgaben darstellen. Fragen beantworten, Skizzen als Bearbeitungshilfe nutzen, eigene Fragen formulieren, Zahlensätze finden, ggf. eigene Informationen zu Igeln sammeln, Kartei für die Freiarbeit erstellen.   4 Unterschiede berechnen und vergleichen.

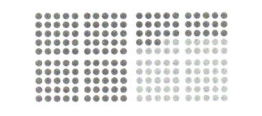

(K, A, M, D)

Maße am Körper

Ich bin 1m 20 cm groß. Das sind 120 cm. Also habe ich Kleidergröße 122.

Esra – Eva – Till

Körpergröße in cm	Kleidergröße
111 – 116	116
117 – 122	122
123 – 128	128
129 – 134	134
135 – 140	140
141 – 146	146
147 – 152	152
153 – 158	158
159 – 164	164

1
a) Ina ist 1m 37 cm groß. Welche Kleidergröße hat sie?

b) Ihre Freundin Paula ist 3 cm kleiner als Ina. Welche Kleidergröße hat sie?

c) Vor einem Jahr war Leo 1 m 25 cm groß. Er ist 7 cm gewachsen. Welche Kleidergröße hat er jetzt?

2

Name	Kleidergröße
Anna	134
Anton	134
Ben	140
Eric	134
Esra	128
Eva	122
Finn	128
Ina	140
Kim	122
Leo	134

Name	Kleidergröße
Lilly	134
Marta	128
Max	128
Metin	134
Mila	122
Murat	128
Noah	140
Paula	134
Sophie	134
Till	146

Strichliste

Kleidergröße	Anzahl der Kinder
1 2 2	III
1 2 8	IIII
1 3 4	IIII III
1 4 0	III
1 4 6	I

Schaubild
Anzahl der Kinder
122 128 134 140 146   Kleidergröße

a) Wie viele Kinder sind in der Klasse?

b) Welche Kleidergröße hat Lilly?

c) Wie viele Kinder haben Kleidergröße 128?

d) Welche Kleidergröße kommt am häufigsten vor?

e) Finde weitere Fragen.

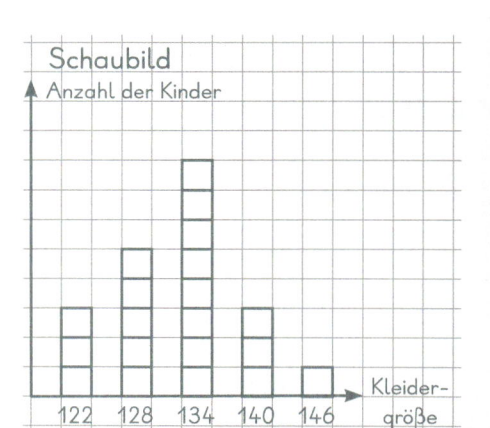

3 Untersucht in eurer Klasse die Verteilung der Kleidergrößen. Erstellt dazu eine Tabelle, eine Strichliste und ein Schaubild.

Praktische Erfahrungen zum Umgang mit dem Maßband sammeln lassen. **1** Sachaufgaben zur Körpergröße lösen. **2** Sachaufgaben mithilfe der Tabelle, Strichliste und Diagramm lösen. **3** Analog zu Aufgabe 2 eine Verteilung der eigenen Klasse erstellen. *Weiterführung und Vertiefung: Thema Gesundheit.*

(K, M, D) → Arbeitsheft, Seite 83

4 a) Welche Schuhgröße hast du?

b) Kims Fuß ist 19 cm lang. Welche Schuhgröße hat sie?

c) Die Füße von Sophie sind 3 cm größer als die Füße von Kim. Welche Schuhgröße hat sie?

d) Ben hatte vor einem Jahr Schuhgröße 34. Jetzt hat er 36. Um wie viele cm ist sein Fuß gewachsen?

> Mein Fuß ist größer als 20 cm, aber kleiner als 21 cm. Also habe ich Schuhgröße 33.

Fußlänge in cm	18		19	20		21	22	23
Schuhgröße	29	30	31	32	33	34	35	36

5 Verteilung der Schuhgrößen in einer Klasse.

Anna	34
Anton	33
Ben	36
Eric	35

Esra	33
Eva	31
Finn	33
Ina	36

Kim	31
Leo	35
Lilly	34
Marta	32

Max	32
Metin	35
Mila	29
Murat	33

Noah	36
Paula	34
Sophie	35
Till	37

a) Erstellt zu der Tabelle eine Strichliste und ein Schaubild.

b) Untersucht in eurer Klasse die Verteilung der Schuhgrößen. Erstellt dazu eine Tabelle, eine Strichliste und ein Schaubild.

6 a) Einige Kinder vergleichen ihre Kleidergrößen und Schuhgrößen. Was fällt euch auf? Erklärt.

b) Vergleicht eure Schuhgrößen mit den Kleidergrößen.

👕		👟	
Till	146	37	Till
		36	Ben, Ina
		35	Eric, Leo
Ina, Ben	140	34	Lilly
		33	Anton, Esra
Eric, Anton	134	32	Max
Lilly, Leo		31	
Max, Esra	128		

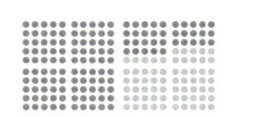

Tagesablauf: Stunden und Minuten

Der Stundenzeiger steht in der Mitte zwischen 9 und 10.
— Ben

Es ist halb 10.
— Ina

Es ist 9 Uhr 30.

Minutenzeiger — Stundenzeiger — Sekundenzeiger

Eine Stunde hat 60 Minuten.
1 h = 60 min

Eine halbe Stunde hat 30 Minuten.
Eine viertel Stunde hat 15 Minuten.

1 Welche Uhrzeiten kennst du schon? Stelle sie an der Lernuhr ein. Schreibe sie auf.

2 Beschreibe Lisas Tag. Wie spät ist es jeweils?

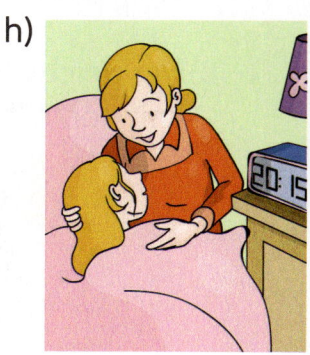

a) b) c) d) e) f) g) h)

3 Beschreibe deinen Tagesablauf.

Um 6.30 Uhr stehe ich auf.
Um 7.30 Uhr gehe ich zum Bus.

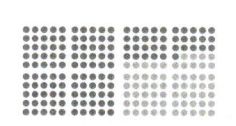

1 Besondere Uhrzeiten im eigenen Tagesablauf an der Lernuhr einstellen und dazu erzählen. 2 Lisas Tagesablauf beschreiben. Uhrzeiten ablesen und notieren. 3 Den eigenen Tagesablauf beschreiben. Die für die Kinder besonderen Zeitpunkte im Tagesablauf gemeinsam an der Tafel sammeln.

(K, D) → Arbeitsheft, Seite 84

4 Wie spät ist es?

a)

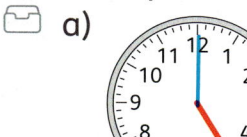

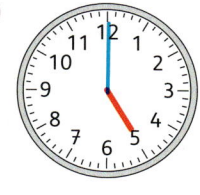

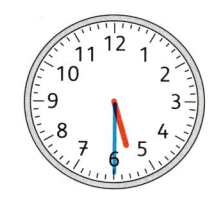

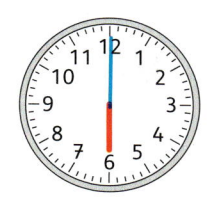

4a) 17.00 Uhr

b)

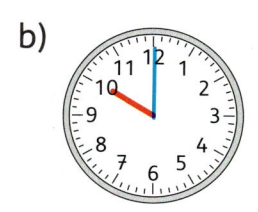

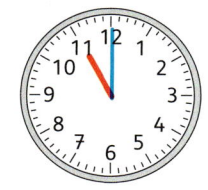

c)

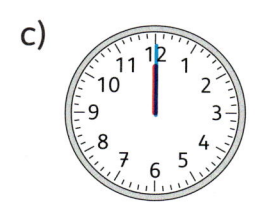

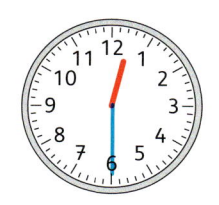

d) Stelle die Uhr. Schreibe die Uhrzeiten auf.

5 Welche Uhrzeiten gehören zusammen?

a) 9:30   b) 12:15   c) 16:45   d) 15:15   e) 21:30

1)   2)   3)   4)   5)

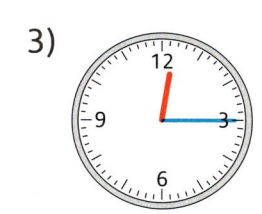

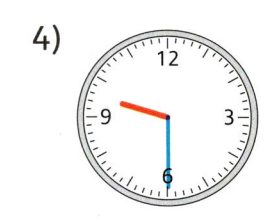

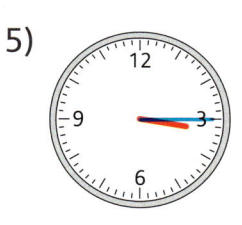

6 Wie viele Minuten sind seit der vollen Stunde vergangen?

a)

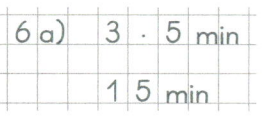

6a) 3 · 5 min
    1 5 min

b)   c)

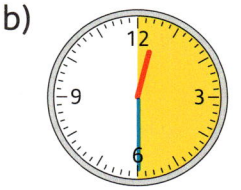

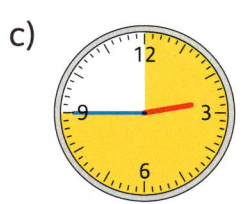

d)    e) 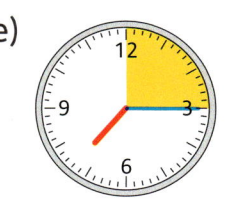   f) 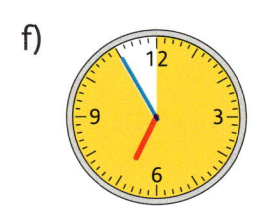   g)

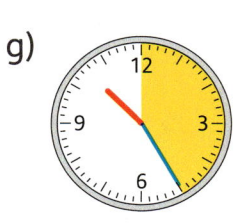

4 Uhrzeiten ablesen. Abfolge nutzen, um die nächste Uhrzeit abzulesen. Es gibt jeweils zwei Möglichkeiten. 5 Analoge und digitale Uhrzeiten miteinander vergleichen. 6 Verstrichene Minuten ablesen. Dabei werden auch Zeitspannen größer oder kleiner als 15 Minuten thematisiert.

(D) → Arbeitsheft, Seite 84

Zeitspannen: Uhrzeiten und Kalender

Öffnungzeiten

Montag:	geschlossen
Dienstag:	7.00 Uhr – 19.00 Uhr
Mittwoch:	9.00 Uhr – 20.00 Uhr
Donnerstag:	7.00 Uhr – 19.00 Uhr
Freitag:	10.00 Uhr – 21.00 Uhr
Samstag:	10.30 Uhr – 22.00 Uhr
Sonntag:	10.30 Uhr – 22.00 Uhr

In den Schulferien auch montags
von 9.00 – 20.00 Uhr geöffnet.

Geburtstagsfeiern an den Öffnungstagen
von 15.30 Uhr – 19.00 Uhr möglich.

Eintritt

3 € Kinder
6 € Erwachsene
4 € Kurzschwimmer (90 min)

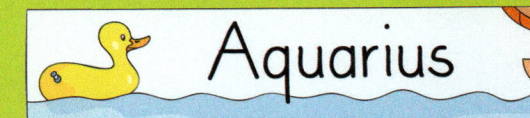

Aquarius

1 Wie viele Stunden hat das Schwimmbad jeden Tag geöffnet?

1) Montag: 0 Stunden
Dienstag: 12 Stunden
   7.00 Uhr →(12 Stunden)→ 19.00 Uhr
Mittwoch:

2 a) Paula geht am Freitag um 17.00 Uhr ins Schwimmbad.
Wie lange kann sie noch bleiben?

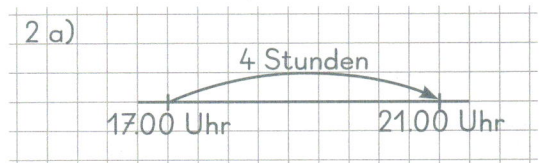

2 a)
17.00 Uhr →(4 Stunden)→ 21.00 Uhr

b) Ali geht am Samstag um 15.00 Uhr ins Schwimmbad.
Er kauft eine Kurzschwimmerkarte.
Zu welchem Zeitpunkt muss er spätestens das Schwimmbad verlassen?

c) Eva verlässt um 17.30 Uhr das Schwimmbad. Sie hatte eine Kurzschwimmerkarte.
Wann hat sie das Schwimmbad frühestens betreten?

d) Leo will seinen Geburtstag im Schwimmbad feiern.
Wie viele Stunden kann er seinen Geburtstag im Schwimmbad feiern?

e) Finn geht in den Ferien montags schwimmen.
Er kommt um 8.30 Uhr am Schwimmbad an.
Wie lang muss er warten, bis das Schwimmbad öffnet?

3 Finde Aufgaben. Rechne mit Zeitangaben.

1 Öffnungszeiten ablesen und Öffnungsdauer berechnen. Ggf. mit anderen Öffnungszeiten (heimisches Schwimmbad, Bücherei etc.) vergleichen. **2** Aufgaben mithilfe des Rechenstrichs lösen. Gemeinsam die Darstellungen und Lösungswege besprechen. **3** Eigene Aufgaben finden. Gemeinsam vergleichen.

(P, D, M) → Arbeitsheft, Seite 85

4 Wie viele Tage haben die Monate?
1. Monat: Januar, 31 Tage
2. Monat: Februar,
3. Monat:

Jan. 31, März 31, Mai 31, Juli 31, Aug. 31, Okt. 31, Dez. 31
Feb. 28, Apr. 30, Juni 30, Sept., Nov.

Kalender 2023

	Januar					Februar					März				
Mo		2	9	16	23	30	6	13	20	27	6	13	20	27
Di		3	10	17	24	31	7	14	21	28	7	14	21	28
Mi		4	11	18	25		1	8	15	22		1	8	15	22	29
Do		5	12	19	26		2	9	16	23		2	9	16	23	30
Fr		6	13	20	27		3	10	17	24		3	10	17	24	31
Sa		7	14	21	28		4	11	18	25		4	11	18	25
So	1	8	15	22	29	5	12	19	26	5	12	19	26

	April					Mai					Juni				
Mo		3	10	17	24	1	8	15	22	29	5	12	19	26
Di		4	11	18	25	2	9	16	23	30	6	13	20	27
Mi		5	12	19	26	3	10	17	24	31	7	14	21	28
Do		6	13	20	27	4	11	18	25	1	8	15	22	29
Fr		7	14	21	28	5	12	19	26	2	9	16	23	30
Sa	1	8	15	22	29	6	13	20	27	3	10	17	24
So	2	9	16	23	30	7	14	21	28	4	11	18	25

	Juli					August					September				
Mo		3	10	17	24	31	7	14	21	28	4	11	18	25
Di		4	11	18	25	1	8	15	22	29	5	12	19	26
Mi		5	12	19	26	2	9	16	23	30	6	13	20	27
Do		6	13	20	27	3	10	17	24	31	7	14	21	28
Fr		7	14	21	28	4	11	18	25	1	8	15	22	29
Sa	1	8	15	22	29	5	12	19	26	2	9	16	23	30
So	2	9	16	23	30	6	13	20	27	3	10	17	24

	Oktober					November					Dezember				
Mo		2	9	16	23	30	6	13	20	27	4	11	18	25
Di		3	10	17	24	31	7	14	21	28	5	12	19	26
Mi		4	11	18	25	1	8	15	22	29	6	13	20	27
Do		5	12	19	26	2	9	16	23	30	7	14	21	28
Fr		6	13	20	27	3	10	17	24	1	8	15	22	29
Sa		7	14	21	28	4	11	18	25	2	9	16	23	30
So	1	8	15	22	29	5	12	19	26	3	10	17	24	31

Neujahr 1. Januar, Karfreitag 7. April, Ostern 9./10. April, Maifeiertag 1. Mai, Christi Himmelfahrt 18. Mai, Pfingsten 28./29. Mai, Fronleichnam 8. Juni, Tag der Deutschen Einheit 3. Oktober, Allerheiligen 1. November, Weihnachten 25./26. Dezember

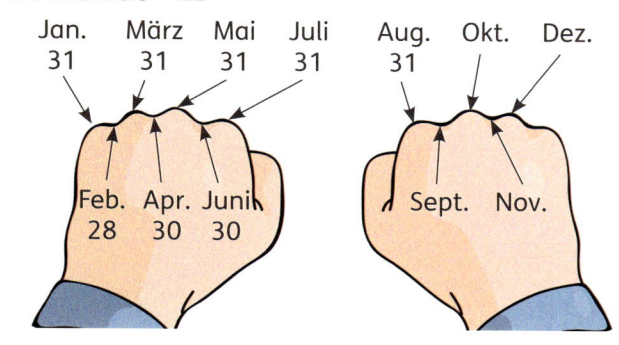

5 Welcher Wochentag ist es?
a) 31. Januar   *5 a) 31. Januar: Dienstag*
b) 14. Mai   c) 22. Juli
d) 3. Oktober   e) 24. Dezember

6 a) An welchem Wochentag hat Leo Geburtstag?
b) Leo feiert seinen Geburtstag am folgenden Samstag. Welches Datum ist das?

> Ich habe am 3. Juli Geburtstag. Ich feiere im Schwimmbad.
> Leo

7 Lilly hat am 13. August Geburtstag. Sie feiert ihren Geburtstag eine Woche später. Welcher Wochentag und welches Datum ist das?

8 a) Wann hast du Geburtstag? Welcher Wochentag ist oder war das in diesem Jahr?
b) Wie lange dauert es bis zu deinem Geburtstag?

9 a) Schreibe die Geburtstage deiner Familie und Freunde auf. An welchen Wochentagen haben oder hatten sie in diesem Jahr Geburtstag?
b) Wer hat von deiner Familie und deinen Freunden als nächstes Geburtstag? Wie lange dauert es noch?

10 a) Heute ist der 11. Juni. Meine kleine Schwester ist heute genau 6 Monate alt. Wann hat sie Geburtstag?

b) Heute ist der 15. April. In einem Monat und 14 Tagen habe ich Geburtstag. Wann ist das?

c) Heute ist der 1. Juli. Vor zwei Monaten und einem Tag hatte ich Geburtstag. Wann war das?

✽ d) Finde Rätsel.

---

4 Kalender für 2023 besprechen. Monatsnamen und -längen an „Faustregel" besprechen. 5 Datum schreiben. 6 Aufgaben rund um Geburtstage und Datum mithilfe des Kalenders und der linken Schulbuchseite beantworten. 10 Rätsel lösen, eigene Rätsel finden und einem Partner stellen.

(P, K, D, M) → Arbeitsheft, Seite 85

Bald ist Weihnachten

1 Zauberdreiecke. Die Summe der drei Zahlen an jeder Seite ist immer gleich.
a) Immer 100.

```
1 a)   Immer 100.
       3 0 + 6 0 + 1 0 = 1 0 0
       3 0 + ___ + 2 1 = 1 0 0
       1 0 + ___ + 2 1 = 1 0 0
```

b) Immer 100.   c) Immer 100. 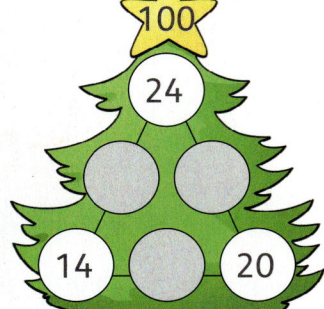   d) Immer 50. 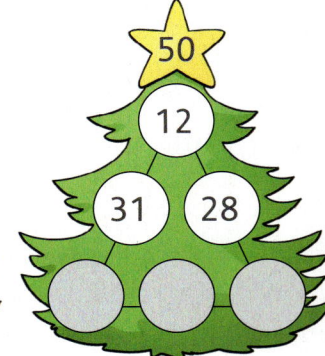   e) Immer 50.

(25, 15, 21)   (24, 14, 20)   (50; 12; 31, 28)   (50)

2 Probiert.
a) (50; 25, 35; 30)   (50; 26, 35; 31)   b) (100; 5, 15; 10)   (100; 15, 25; 20)

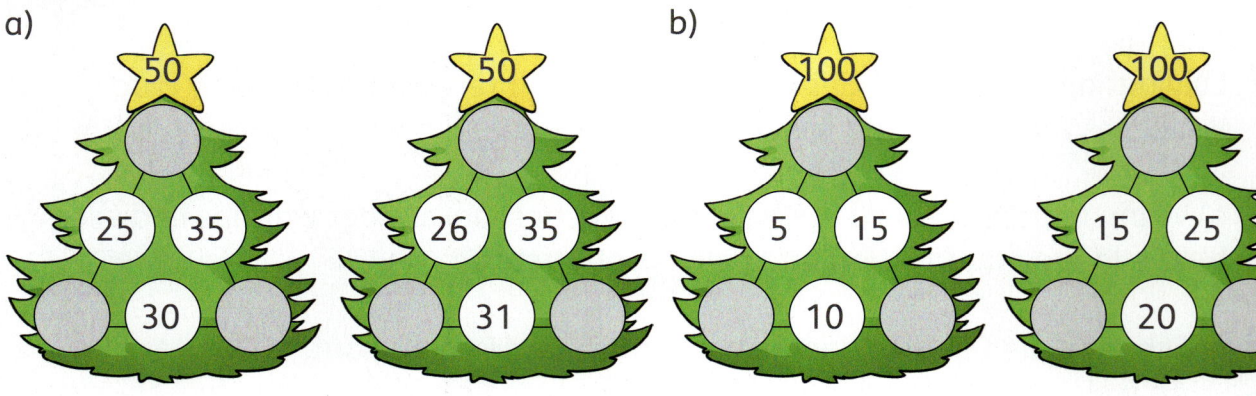

3 Findet Zauberdreiecke. Immer 100.
a) 5, 6, 7, 46, 47, 48
b) 11, 12, 33, 34, 55, 56
c) 5, 14, 31, 40, 46, 55
d) Findet weitere passende Zauberdreiecke.

140

1 Struktur des Zauberdreiecks erkennen: Alle Zahlen in einer Reihe ergeben die gleiche Summe. Fehlende Zahlen durch Ergänzen bestimmen. Anschließend Zauberdreiecke mit der Summe 100 bzw. 50 lösen.   2 Fehlende Zahlen durch Probieren bestimmen.   3 Kugeln so anordnen, dass die Summe 100 entsteht. Eigene Zauberdreiecke erfinden.

(P, K) → Arbeitsheft, Seite 86

○ **4** Welche Schablone gehört zu welchem Anhänger?

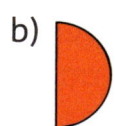

a) 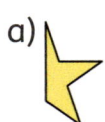   b)   c)

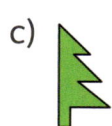

Kugel   Tannenbaum   Stern

○ **5** Stelle Weihnachtsbaumschmuck her.

1. Falte. Ecke auf Ecke und Seite auf Seite.
2. Zeichne einen halben Kreis.
3. Schneide aus.
4. Es entsteht ein Kreis.

5. Schneide 8 Kreise.
6. Klebe die Flächen zusammen.
7. Lege ein Band ein.
8. Es entsteht eine Kugel.

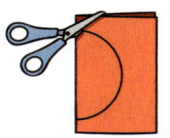

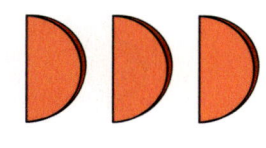

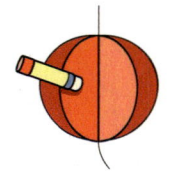

○ **6** Stelle einen Würfel als Verpackung her.

1. Schneide aus.
2. Falte die Kanten.
3. Klebe den Würfel an den Kanten zusammen.
4. Es entsteht ein Würfel als Verpackung.

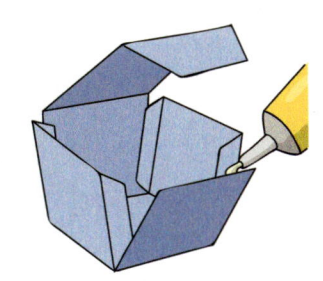

○ **7** Stelle die Karte her.

1. Falte Ecke auf Ecke und Seite auf Seite.
2. Zeichne ein großes Dreieck und viele halbe Kreise.
3. Schneide.
4. Klebe.

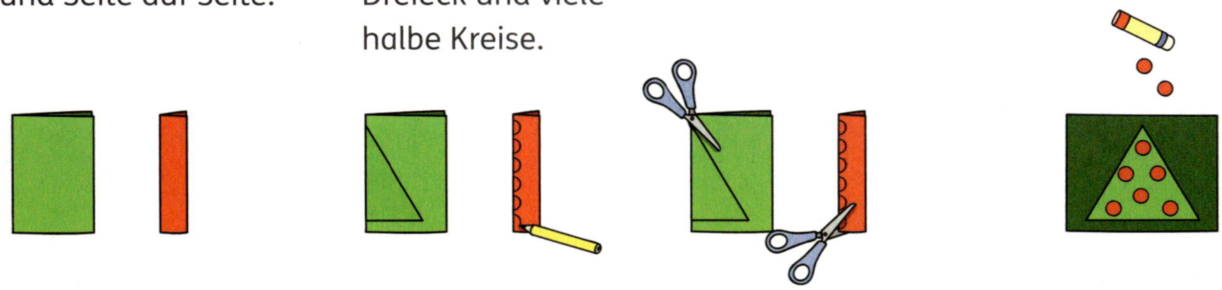

4, 5 Weihnachtsbaumschmuck nach Anleitung herstellen. **6** Würfel als Verpackung bauen. **7** Karte nach Anleitung herstellen.
Weiterführung und Vertiefung: Thema Haushaltsführung.

■ (P, K) → Arbeitsheft, Seite 86

Bald ist Ostern

Und schon hoppeln die Hasen
mit Pinseln und Tuben
und schnuppernden Nasen,
aus Höhlen und Gruben
durch Gärten und Straßen
und über den Rasen
in Ställe und Stuben.

Erich Kästner

1 Zeichne, schneide aus und klebe zusammen.

Wie viele verschiedene Ostereier findest du?

2 Ordne die Eier am Plan. Erkläre, warum es genau 9 sind.

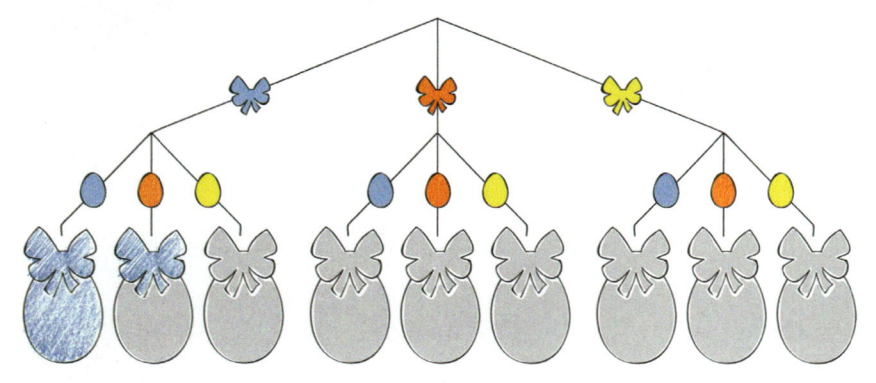

3 Eine weitere Farbe für die Schleife kommt hinzu.
Wie viele Eier findest du?

142

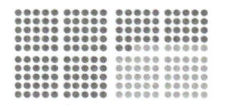

1 Verschiedene Schmuckeier probierend finden.   2, 3 Anzahl der Schmuckeier mit Baumdiagramm systematisch ermitteln.
Weiterführung und Vertiefung: Thema Haushaltsführung.

(P, K, A, D)   → Arbeitsheft, Seite 87

4 Male verschiedene Hasen. Ohren, Kopf und Körper sind braun oder weiß. Finde alle Möglichkeiten.

Solche Hasen gehören nicht dazu, sie sind **unmöglich**:

5 Hasenspiel für zwei Spieler.

Spielmaterial:
8 braun-weiße Hasen
3 Wendeplättchen (braun-weiß)
1 Becher zum Werfen

Anleitung:
Ein Spieler sucht sich vier Hasenkarten aus. Der zweite Spieler nimmt die übrigen. Werft abwechselnd mit drei Plättchen.
Jeder Spieler darf nach seinem Wurf einen Hasen von sich umdrehen, der genauso viele braune und weiße Körperteile hat, wie der Wurf vorgibt. Wer zuerst alle seine Hasen umgedreht hat, der hat gewonnen. Beim nächsten Spiel darf der Verlierer zuerst die Hasen wählen.

Zwei braune und ein weißes Plättchen. Also darf ich diesen Hasen umdrehen.

a) Spielt mehrere Runden. Was fällt euch auf?
b) Warum ist es **unwahrscheinlicher**, einen einfarbigen Hasen zu erwürfeln als einen verschiedenfarbigen?

6 Noah und Mila spielen. Wer hat die größere Chance zu gewinnen? Begründe.

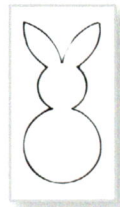

---

4 Verschiedene Hasen probierend finden. Anschließend auf Vollständigkeit überprüfen. 5 Wendeplättchen bemalen oder bekleben, so dass eine weiße und eine braune Seite entstehen. Hasenspiel spielen. Erklären, warum die Hasen unterschiedlich häufig umgedreht werden. 6 Chancen vergleichen.

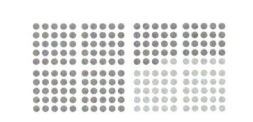

(P, K, A, D) → Arbeitsheft, Seite 87

Quellennachweis

Assies, Juliane, Berlin, **Cover**; **4.5**; **5.1**; **6.2**; **6.3**; **7.1**; **7.2**; **8.1**; **8.2**; **8.3**; **9.1**; **9.2**; **10.2**; **10.3**; **10.4**; **10.5**; **10.6**; **11.1**; **11.2**; **13.1**; **13.2**; **14.2**; **14.3**; **14.8**; **15.1**; **15.2**; **15.4**; **15.7**; **15.9**; **15.12**; **15.14**; **16.1**; **17.1**; **19.6**; **20.1**; **21.1**; **22.1**; **23.1**; **24.1**; **24.2**; **24.3**; **24.4**; **25.3**; **25.4**; **26.1**; **26.2**; **26.4**; **28.1**; **28.3**; **29.2**; **30.2**; **30.3**; **31.2**; **32.1**; **32.2**; **32.4**; **33.1**; **35.2**; **36.23**; **36.33**; **36.34**; **37.2**; **37.5**; **37.6**; **38.4**; **39.5**; **39.9**; **39.10**; **39.11**; **39.12**; **39.13**; **39.14**; **39.15**; **39.16**; **41.2**; **42.1**; **42.3**; **43.1**; **43.3**; **44.1**; **44.2**; **45.1**; **45.2**; **46.1**; **47.1**; **48.1**; **49.1**; **51.1**; **52.2**; **52.3**; **52.4**; **53.1**; **54.1**; **56.1**; **56.2**; **57.1**; **57.3**; **58.1**; **58.2**; **59.1**; **59.2**; **60.1**; **60.2**; **60.3**; **62.1**; **63.1**; **64.1**; **64.3**; **65.1**; **65.2**; **67.2**; **67.3**; **68.1**; **68.2**; **69.1**; **70.1**; **70.8**; **71.14**; **71.15**; **71.16**; **71.17**; **71.18**; **72.1**; **72.2**; **74.1**; **75.1**; **76.1**; **76.2**; **76.3**; **76.4**; **76.5**; **77.1**; **77.3**; **78.1**; **78.2**; **79.1**; **79.2**; **79.3**; **80.1**; **80.3**; **80.4**; **81.1**; **81.3**; **82.1**; **82.2**; **82.3**; **83.13**; **83.14**; **84.1**; **84.6**; **85.1**; **85.17**; **85.18**; **85.19**; **85.21**; **85.24**; **86.1**; **86.7**; **86.8**; **86.9**; **86.10**; **87.1**; **88.1**; **88.2**; **88.3**; **88.4**; **89.1**; **90.2**; **90.3**; **92.2**; **92.3**; **94.2**; **94.3**; **95.1**; **95.2**; **96.2**; **97.2**; **97.5**; **99.4**; **100.1**; **100.2**; **100.3**; **100.4**; **101.1**; **102.1**; **102.2**; **104.1**; **105.1**; **106.2**; **106.6**; **107.2**; **107.3**; **107.5**; **107.6**; **107.7**; **108.1**; **108.2**; **109.3**; **109.4**; **110.1**; **110.2**; **110.3**; **110.4**; **110.5**; **112.1**; **112.2**; **113.1**; **114.1**; **114.3**; **114.4**; **115.1**; **115.2**; **115.3**; **116.1**; **116.2**; **116.3**; **116.4**; **116.6**; **116.10**; **116.15**; **116.16**; **116.20**; **116.21**; **116.24**; **116.25**; **117.4**; **117.5**; **117.6**; **117.8**; **117.9**; **117.10**; **117.11**; **117.13**; **117.15**; **118.1**; **118.2**; **118.3**; **118.4**; **119.1**; **121.6**; **122.1**; **122.2**; **123.3**; **123.4**; **124.2**; **124.3**; **126.1**; **128.1**; **129.3**; **129.4**; **129.5**; **131.1**; **131.2**; **131.3**; **134.1**; **135.1**; **135.7**; **136.4**; **136.5**; **136.6**; **136.7**; **136.8**; **136.9**; **136.10**; **136.11**; **138.1**; **139.1**; **140.1**; **140.10**; **140.11**; **141.1**; **141.2**; **141.3**; **141.4**; **141.5**; **141.6**; **141.7**; **142.1**; **142.2**; **142.3**; **142.4**; **143.2**; **143.7**; **143.8**; **143.9**; **143.11**; **143.12**; **143.13**; **143.14**; **143.16**; **143.17**; **143.18**; **143.19**; Christian Günther Fotodesign, Leipzig, **12.1**; **12.2**; **12.3**; **12.4**; **21.2**; **21.3**; **21.4**; **21.5**; **21.6**; **37.1**; **55.6**; **55.7**; **71.12**; **71.13**; David Ausserhofer, Wandlitz, **55.1**; **55.2**; **55.3**; **55.4**; **55.5**; **55.8**; **55.9**; Erich Kästner: Der April (3. Strophe). Aus: Die dreizehn Monate. Zürich: Atrium-Verlag, 2011, **142.1**; Fotolia.com, New York (mbridger68), **133.2**; (Michael Fritzen), **132.1**; **132.2**; (Peter Hermes Furian), **71.1**; **71.2**; (remar), **20.5**; (SG- design), **71.3**; (tinadefortunata), **75.3**; Franjos Spieleverlag - Franz-Josef Herbst, Lichtenau-Henglarn, **75.4**; Getty Images Plus, München (PhotoMelon/iStock), **20.4**; Hath, Jessica Alice, Horben, **38.2**; Jens Schacht, Düsseldorf, **38.5**; **38.6**; **38.7**; **38.8**; **38.9**; Klett-Archiv, Stuttgart, **14.7**; **14.35**; **14.36**; **15.11**; **17.127**; **20.7**; **36.71**; **36.74**; **36.76**; Marcus Nührenbörger - Autor, Coesfeld (Marcus Nührenbörger), **38.1**; **38.3**; Picture-Alliance, Frankfurt (Lothar Lenz/OKAPIA), **133.3**; ShutterStock.com RF, New York, NY (Mr. SUTTIPON YAKHAM), **133.1**; (ninsiri), **75.2**; (Now Design), **75.5**; stock.adobe.com, Dublin (Alexandr_DG), **20.6**; Thinkstock, München (Meinzahn), **25.2**; (Waldemarus), **20.3**; ullstein bild, Berlin (imageBROKER / FB-Rose), **25.1**; 123rf Germany, c/o Inmagine GmbH, Nidderau (Bogdan Ionescu), **20.2**; (Oleksandr Farion), **71.4**
Euro-Banknoten: © Europäische Zentralbank Frankfurt